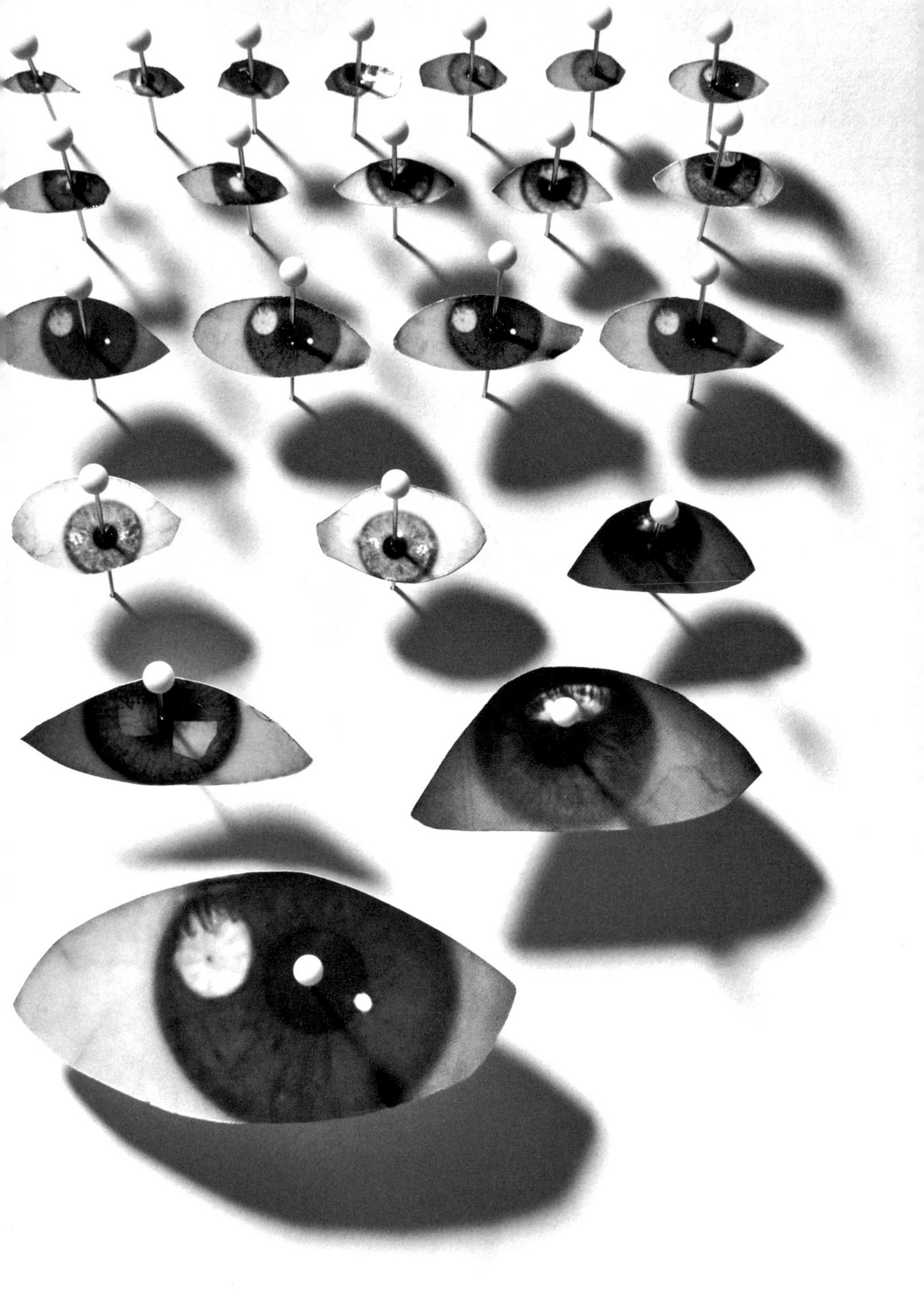

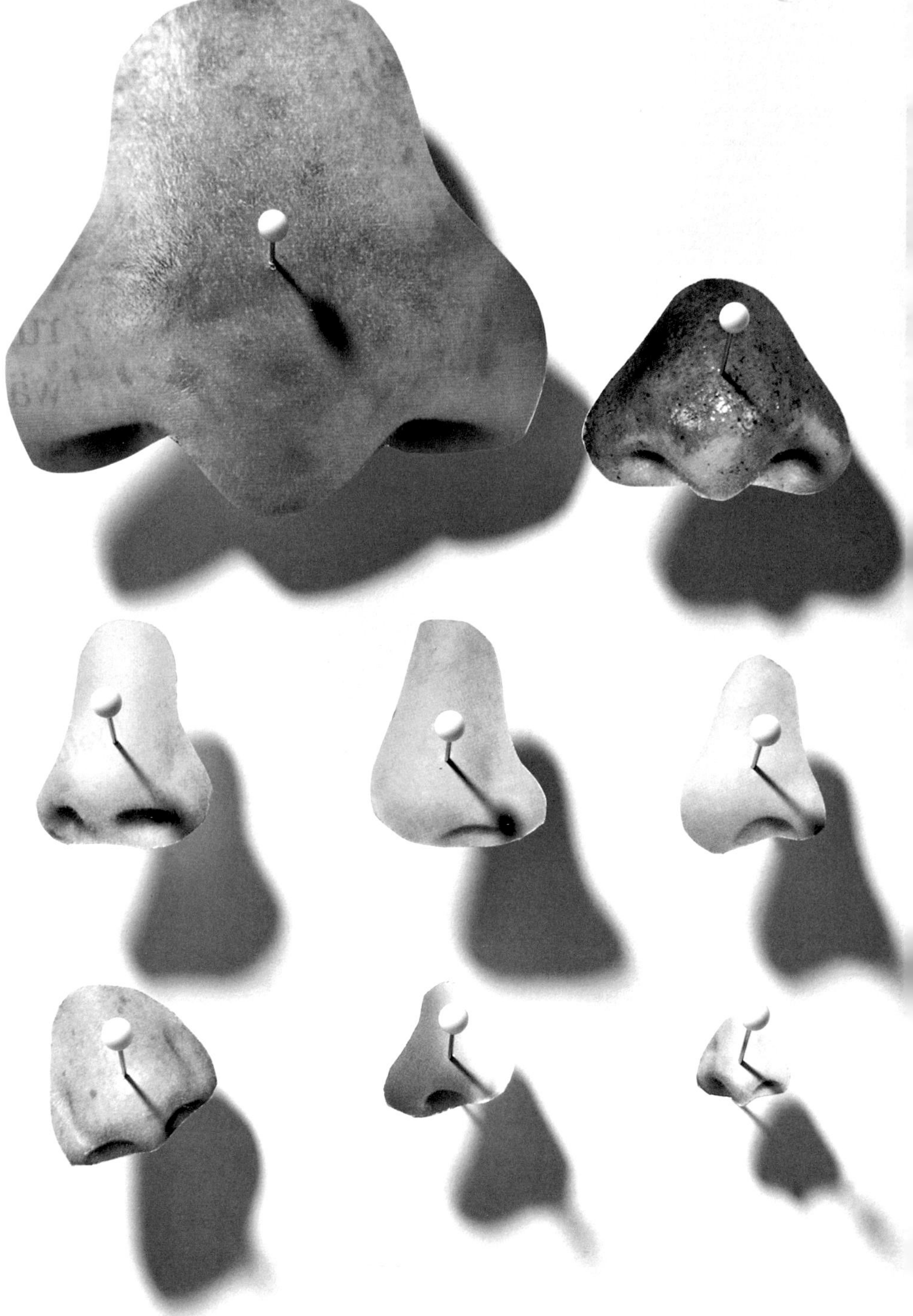

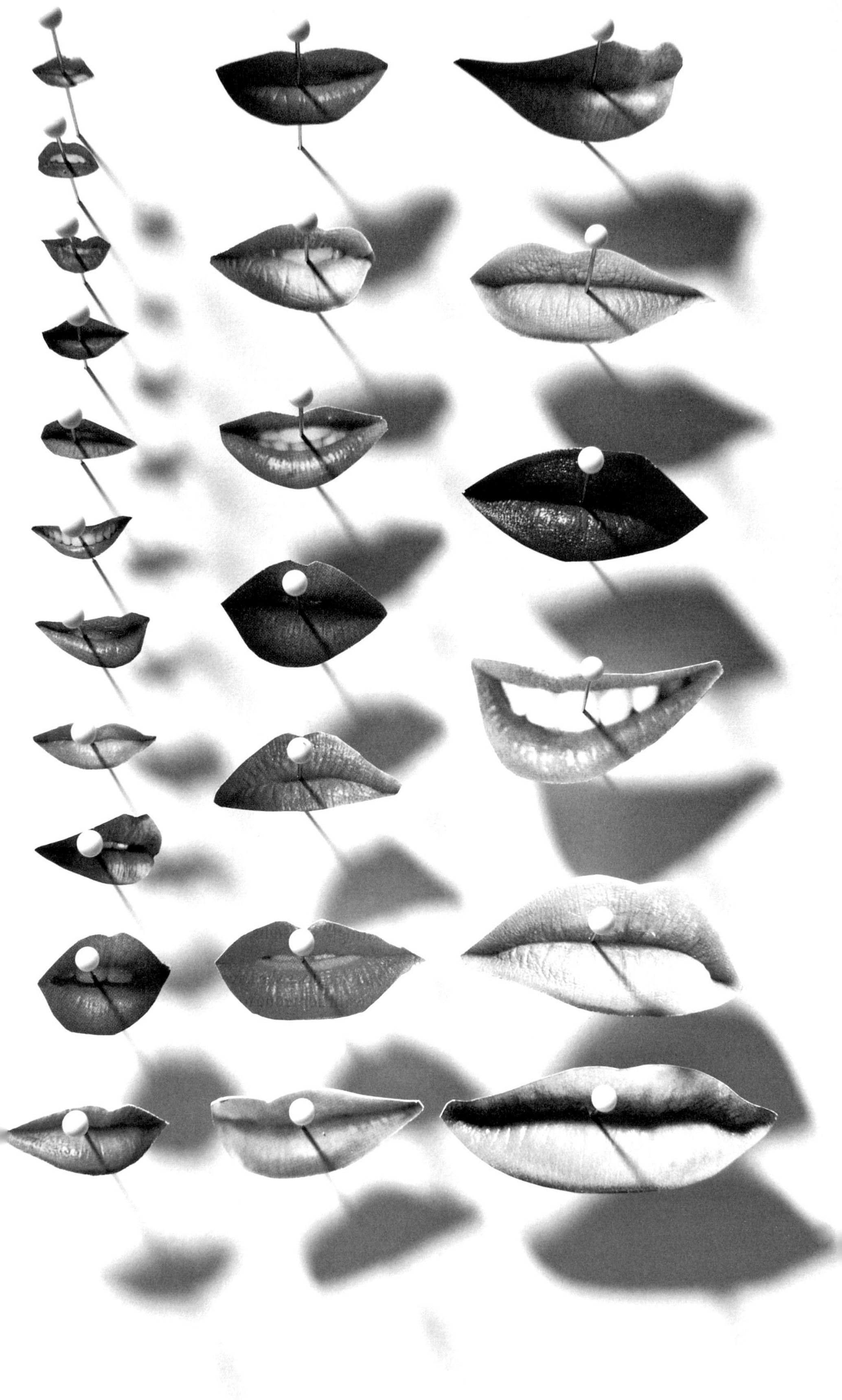

Ethics in Aesthetics?

jovis

Ethics in Aesthetics?

ANNETT ZINSMEISTER (ED.)

edition weißenhof

jovis

Content

10

247

Impressum

Konzept und Redaktion: Annett Zinsmeister
Gestaltung, Satz und Umschlagmotiv: Hannah Häußer, www.hhaeusser.de | Jakob Lauer, www.jakob-lauer.de
Übersetzung: Lucinda Rennison (Deutsch–Englisch), Ursula Haberl (Englisch–Deutsch), Rae Walter in association with First Edition Translations Ltd, Cambridge: Essay Michaela Ott (Deutsch–Englisch)
Lithografie: Bild1Druck, Berlin
Druck und Bindung: DZA Druckerei zu Altenburg GmbH

Bibliografische Information der Deutschen Nationalbibliothek. Die Deutsche Nationalbibliothek verzeichnet diese Publikation in der Deutschen Nationalbibliografie; detaillierte bibliografische Daten sind im Internet über http://dnb.d-nb.de abrufbar.

Mit freundlicher Unterstützung der Staatlichen Akademie der Bildenden Künste Stuttgart.

Weißenhof-Institut, Staatliche Akademie der Bildenden Künste Stuttgart, Am Weißenhof 1, D-70191 Stuttgart
www.weissenhof-institut.abk-stuttgart.de

jovis Verlag GmbH, Kurfürstenstraße 15/16, 10785 Berlin
www.jovis.de

ISBN 978-3-86859-191-0

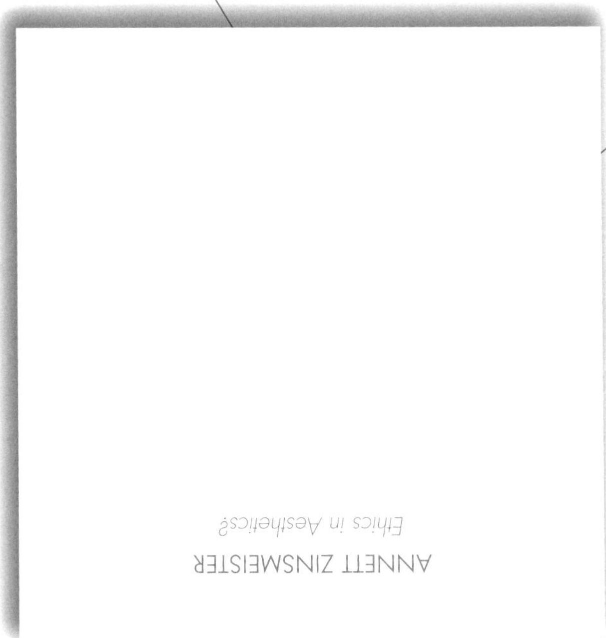

ANNETT ZINSMEISTER

Ethics in Aesthetics?

The Interrelation of Ethics and Aesthetics | Ethics[1] – "the moral" – refers to a normative concept of good, correct action, which is manifest in our habits and customs. Since Socrates and Aristotle, ethics has been a central theme in philosophy,[2] and without it religion, politics, and social models are inconceivable. The term aesthetics, derived from the Greek *aisthesis*, means perception or feeling. Generally speaking, we understand aesthetics as a doctrine or rather theory of beauty, as well as of insight or sensory perception. They are regarded as the basic foundation to all artistic training and to numerous textbooks of proportion and design. The link between, or rather, the interplay of aesthetics and ethics has been a recurrent theme in philosophical

discourse since antiquity: in Greek antiquity *kalokagathia* (then a neologism from *kalós* = beautiful, and *(k)agathós* = good) referred to the combination of beauty and goodness as perfection and to the desirable ideal of an admirable personality; for example, the good being manifest in the beautiful, being revealed as the truth. The beautiful is the "home" of the good.[3] Our idea, or rather, our ideals of beauty have been associated with the human body since antiquity. There is a long history of classifications and evaluations of physical beauty, which has been directly associated with the good, with ethical actions, as well as positive human characteristics and virtues, since Socrates circa 2,500 years ago. Aristotle promised to himself catharsis – a purification of the soul – from beauty, and here he placed great hope in the arts. In the Renaissance, a striving to perfect mankind and society became key in the concepts of art theo-

Bildenden Künste Stuttgart, wo sie seit 2009 das Weißenhof-Institut leitet. Tätigkeitsschwerpunkte: Kunst, Architektur, Kultur- und Medienwissenschaft. Publikationen u.a.: *Gestalt der Bewegung* (Hg., 2011) *update! 90 Jahre Bauhaus – was nun?* (Hg., 2010), *City + war. A trip to Sarajevo* (2008), *welt[stadt]raum. Mediale Inszenierungen* (Hg., 2007), *constructing utopia. Konstruktionen künstlicher Welten* (Hg., 2005). www.annett-zinsmeister.de

ry and artistic practice. Perfect proportions and the model of a harmonious order served as tools to create the ideal human being, ideal architecture, and an ideal society. The dialectics of being and semblance – beauty and dignity – appeared in a multifaceted way in the works of Leonardo da Vinci, Leon Battista Alberti, Marsilio Ficino, and many others. Looking back to the original formulation of concepts, and to the texts that have elucidated either the connections or incompatibility between ethics and aesthetics for thousands of years leads us today, in the twenty-first century, to classifications for comparison: "The interrelation of aesthetics and ethics is [thus] differentiated according to the following possibilities: either aesthetics is denied any con-

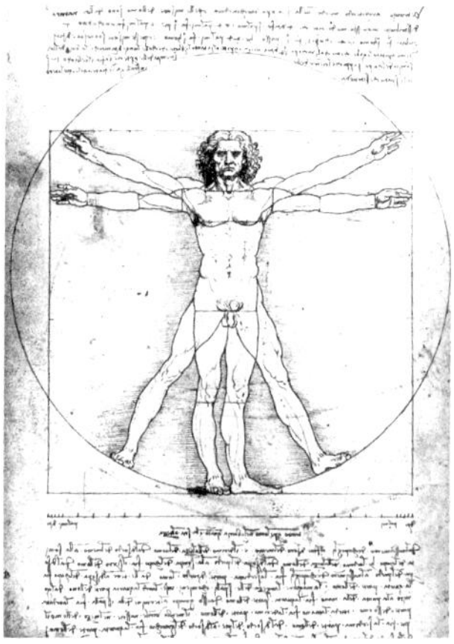

LEIKO IKEMURA ist Künstlerin und seit 1991 Professorin an der Universität der Künste Berlin. Internationale und nationale Gruppen- und Einzelausstellungen, u.a.: *Korekara oder Die Heiterkeit des fragilen Seins*, Museum of Asian Art, Berlin Dahlem (2012), *Transfiguration*, National Museum of Modern Art, Tokyo (2011), *Perspectives of Contemporary Painting: 12 Horizons*, Tokyo Station Gallery (2010). Auszeichnungen und Preise u.a.: August Macke Preis (2009), Kunstpreis Iserlohn (2007). Publikationen u.a.: *Leiko Ikemura* (2010), *Leiko Ikemura. Tag. Nacht. Halbmond* (2008), *umi no ko* (2006). www.leiko.info

DERRICK DE KERCKHOVE arbeitete mit Marshall McLuhan als Übersetzer und Co-Autor und war 1983 bis 2008 Leiter des McLuhan Program in Culture and Technology. Er beschäftigt sich mit Fragen der Kommunikation und Kunst zwischen Technologie und Medienkommunikation. Derzeit forscht er an Wirkungen der Technologie auf das menschliche Bewusstsein. De Kerckhove ist der Vater von *Angel_F*, Autonomous Non Generative E-volitive Life_Form. Publikationen u.a.: *The Skin Of Culture* (1995), *The Architecture of Intelligence* (2000), *McLuhan neu lesen: Kritische Analysen zu Medien und Kultur im 21. Jahrhundert* (Hg. mit Martina Leeker und Kerstin Schmidt 2008).

RAINER LESCHKE ist Professor für Medienwissenschaften an der Universität Siegen. Weitere Lehrtätigkeit an den Universitäten Siegen, Bochum, Klagenfurt, Basel und Innsbruck. Für seine Promotion wurde er von der Universität Bochum mit dem Wissenschaftspreis ausgezeichnet. 1998 Habilitation mit dem Thema „Reproduktionszyklen der Literatur". Publikationen u. a.: *Medien und Formen. Zu einer Morphologie der Medien* (2010), *Medienwissenschaft hörbar. Eine akustische Einführung (2006), Einführung in die Medientheorie* (2003), *Einführung in die Medienethik* (2001).

MICHAELA OTT ist seit 2005 Professorin für Ästhetische Theorien an der Hochschule für Bildende Künste Hamburg. Forschungsschwerpunkte: poststrukturalistische Philosophie, Ästhetik und Politik, Ästhetik des Films, Theorien des Raums und der Affekte. Publikationen u. a.: *Hollywood. Phantasma/Symbolische Ordnung in Zeiten des Blockbuster-Films* (2005), *Deleuze – Zur Einführung* (2005), *„Raum" in: Ästhetische Grundbegriffe* (2004), *Ästhetik und Politik*, (Hg. mit Harald Strauß 2009), *Affizierung. Zu einer ästhetisch-epistemischen Figur* (2010).

CÉSARE PEEREN ist Architekt und gründete 1997 zusammen mit Jan Jongert 2012Architecten in Rotterdam. Er studierte Architektur an der TU Delft. 2012Architecten entwickelt Produkte, Strategien und Architektur, die einen Übergang zu einer nachhaltigen Gesellschaft ermöglichen sollen. Das Büro erhielt zahlreiche Auszeichnungen für seine innovativen Projekte. www.2012architecten.nl | www.superuse.org

ANNETT ZINSMEISTER ist Künstlerin und Autorin und lehrt seit 2003 als Professorin an der Kunsthochschule Berlin Weißensee, der Bergischen Universität Wuppertal und an der Staatlichen Akademie der

tribution to ethics at all, or this is not the case. The first of these fundamental alternatives is that of *anti*-aesthetic ethics; the second position, recognizing aesthetics as a component of ethics, can be termed *partial*-aesthetic ethics."[4] I have deliberately expressed the theme *Ethics in Aesthetics?* as a question, for the concepts and their changing interrelations mean we cannot refer to any clear idea or social consensus, but must make every effort to define a concept and our own position. Accordingly, this volume brings together some very different positions and contradictory approaches.[5] Ethical and aesthetic concepts need to be renegotiated continually. They are based on concepts of the ideal and necessarily question the boundaries of perception when those concepts change. An increase in the number of ethics commissions being set up signals that, to a growing degree, we seem to require committees of experts in order to delegate assessments and decisions con-

Autorenverzeichnis:

STEPHAN BOHLE ist selbstständiger Berater für Kommunikation und Nachhaltigkeit und unterstützt Unternehmen und Organisationen bei der Entwicklung nachhaltiger Geschäftsmodelle. 2008 gründete er den Think Tank futurestrategy und veröffentlicht mit der Journalistin Jutta Nachtwey das E-Journal *Best of Green Business*. Lehrtätigkeiten in Nachhaltigkeitsmanagement, Nachhaltigkeitsmarketing und Green Design. Mitglied in der Gesellschaft für Nachhaltige Ökonomie und seit 2010 im Beirat der Deutschen Umweltstiftung.

CHRISTIAN DEMAND ist freier Publizist und Herausgeber des *Merkur. Deutsche Zeitschrift für Europäisches Denken*. 1986–95 freier Komponist. 1995–06 Hörfunkjournalist beim Bayerischen Rundfunk. Promotion und Habilitation in Philosophie (Schwerpunkt Ästhetische Theorie). 2003–05 Gastprofessor für philosophische Ästhetik an der Universität für angewandte Kunst Wien. 2006–12 Professur am Lehrstuhl für Kunstgeschichte der Akademie der Bildenden Künste in Nürnberg. Publikationen u.a.: *Die Beschämung der Philister: Wie die Kunst sich der Kritik entledigte* (2003), *Wie kommt die Ordnung in die Kunst?* (2010).

RAPHIE ETGAR gründete 1999 das Museum on the Seam als erstes soziopolitisches Museum zeitgenössischer Kunst in Israel und ist als künstlerischer Leiter und Kurator tätig. 1990–99 war er künstlerischer Leiter und Künstler im S. Fischer Verlag. Er studierte Kunst an der Bezalel Academy of Art in Jerusalem. Kuratierte Ausstellungen u.a.: *Dead end* (2005), *equal and less equal* (2006), *bare life* (2007), *heartquake* (2008), *nature and nation* (2009), *the right to protest* (2010), *west end* (2011). www.mots.org.il

RENATE FLAGMEIER ist seit 1991 Kuratorin im Werkbundarchiv Berlin. Studium der Kunstwissenschaft und der Romanischen Literaturen in Berlin und Paris. Museologische Bildungsarbeit u.a. für die Museumsakademie Joanneum in Graz und die Bundesakademie für kulturelle Bildung Wolfenbüttel. Lehraufträge an der Universität der Künste Berlin, der Fachhochschule Joanneum in Graz und der FH Potsdam. Kuratierte Ausstellungen u.a.: *Kampf der Dinge – eine Ausstellung im 100. Jahr des Deutschen Werkbunds* (2007). www.museumderdinge.de

JOHAN HOLTEN ist seit 2011 Direktor der Staatlichen Kunsthalle Baden-Baden. Von 2006 bis 2011 war er Direktor des Heidelberger Kunstvereins. Zuvor studierte er Kunstgeschichte und Kulturwissenschaft an der Humboldt-Universität zu Berlin. Seit 2011 ist er Mitglied der Jury der Kulturstiftung des Bundes. Publikationen u.a.: *Geschmack – der gute, der schlechte und der wirklich teure.* (2011), *Collaboration Vermittlung Kunst Verein: Modellprojekt der ADKV zur Förderung zeitgemäßer Kunstvermittlung* (2010), *Dellbrügge & de Moll – Artist Migration Berlin* (2006). www.kunsthalle-baden-baden.de

cerning our lives – whether their nature is medical, technical, political, religious, or social.

Beauty is a notion also tied to value concepts, every bit as much as the notion of *ethics*. Increasingly, discussions of the ideals and norms of beauty raise ethical questions. This may be illustrated particularly well with the example of how we handle the human body, especially when art makes a contribution. In this context, one realizes clearly the transience and debatable nature of beauty, or our (ideal) notions of beauty. Today, the preservation or even creation of beauty, whatever one may understand by it, prepares the ground for an international beauty industry with an rapidly growing turnover. So it may be surprising, but is scarcely astonishing, that when one enters the term *beauty* on the Internet, advertisements for plastic surgeons are the first hits to appear. The medical market focusing on beauty is booming all over the world; indeed,

legen Prof. Uli Cluss für die gute Zusammenarbeit in der gemeinsamen Betreuung. Ein besonderer und persönlicher Dank gilt Christine Nasz für ihre engagierte und hervorragende Projektkoordination der Publikation, Adeline Seidel für ihren tatkräftigen Einsatz in der Vorbereitung und Durchführung des Symposiums sowie Regina Fasshauer, die in der Endphase des Buchprojektes eingestiegen ist und umgehend wertvolle Unterstützung geleistet hat.

Annett Zinsmeister, Stuttgart | Berlin 2012

it has already become a political issue. In the USA alone since 2000, the number of plastic surgery operations and cosmetic interventions has risen by 59 percent: according to a study by the American Society of Plastic Surgeons (ASPS), we can expect a rise from 12 to almost 55 million surgical interventions by the year 2015. Of all the plastic surgery in 2007, 5 percent was carried out on young people between the ages of thirteen and nineteen, and these figures are rising.[6] In Germany, there have been repeated demands for a ban on plastic surgery on minors: in May 2012, the Federal Ministry of Health rejected the demanded ban, for constitutional reasons among others, as it is so difficult to draw a line between medically or psychologically necessary and purely aesthetically motivated operations. Although discussions of this kind are being contested politically all around the world, the issues are handled in very different ways. In

Danksagung

Diese Publikation basiert auf dem gleichnamigen Symposium, das das Weißenhof-Institut im Dezember 2011 an der Staatlichen Akademie der Bildenden Künste in Stuttgart veranstaltet hat. Das Weißenhof-Institut wurde 1980 gegründet und hat sich zu einer Institution entwickelt, die als interdisziplinäre Plattform den Diskurs zwischen Theorie und Praxis sowie unterschiedlichen Disziplinen innerhalb der Hochschule mit diversen Veranstaltungen und Publikationen befördert. Der Staatlichen Akademie der Bildenden Künste gilt ein besonderer Dank für die Finanzierung und Förderung des Instituts. Dies ist die dritte Publikation (nach: *Update! 90 Jahre bauhaus – was nun?* 2010 und *Gestalt der Bewegung* 2011), die in der eigens gegründeten edition weißenhof im jovis Verlag Berlin erscheint. In nur wenigen Monaten ist es uns gelungen, die Vorträge der Veranstaltung in dem vorliegenden Sammelband nun einer breiteren Öffentlichkeit zugänglich zu machen, dank dem engagierten Einsatz aller Beteiligten. Mein großer Dank gilt allen Autoren, die ihr Vortragsmanuskript überarbeiteten und in einen druckfertigen Text verwandelten, sowie den Autoren, die für den Band einen neuen Beitrag verfasst haben. Dem jovis Verlag Berlin sei gedankt für die professionelle Kooperation, das Lektorat und die freundliche Betreuung, sowie Lucinda Rennison, Ursula Haberl und Rae Walter für die Übersetzungen. Das Buch wurde von Hannah Häußer und Jakob Lauer, Studierende der Akademie, gestaltet und bis zur Drucklegung bearbeitet. Ihnen gilt ebenso mein Dank wie meinem Kol-

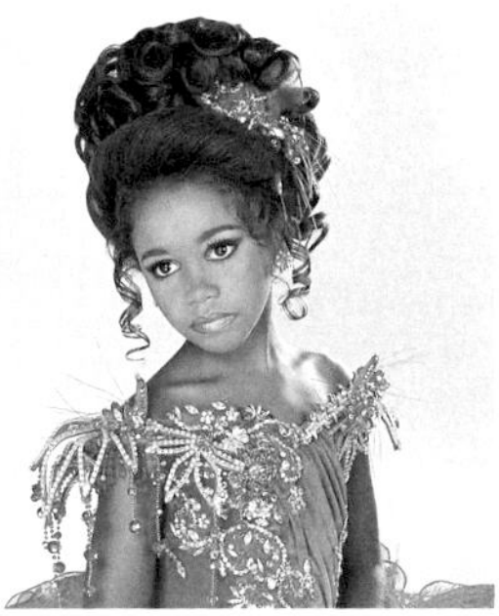

the USA, for example, there have been beauty contests for children since 1921, when they were first devised as a concept of tourism in Atlantic City. The search for *The Most Beautiful Child* and – from the nineteen-sixties – for *Little Miss America* promoted American families' desire to travel and show off their children in this increasingly successful competition in numerous cities. The commercial success of these events and the legal gray area in which they are possible prevent protection of the children's psychological and physical inviolacy; indeed, the greatest threat obviously comes from their own parents.[7] Competitions of this kind measure beauty according to the degree of alteration or alienation of a child-like face; they propagate a visual transformation of real children into simulations of desira-

schen in das System hinein- und wieder heraustransportieren. Nach eingehender Analyse kann man jene Punkte im System identifizieren, bei denen man eine Abkürzung nehmen könnte. Diese Abkürzungen nennen wir *Cyclifiers*. Jeder *Cyclifier* steht für eine Möglichkeit, das System nachhaltiger und stabiler zu machen, und häufig ergibt sich daraus eine Geschäftsidee. Zurzeit sammeln wir Beispiele für *Cyclifiers* auf der Website *cyclifier.org*. Dort findet man u.a.: eine Restaurantkette, die ihren Kaffee sammelt, um essbare Pilze zu züchten; eine Pipeline, die industrielle Abwärme für Haushalte sammelt; eine Website, die den Austausch von Abfallprodukten erleichtert; eine Organisation, die Lebensmittelabfälle sammelt und an Arme verteilt, und ein öffentliches Schwimmbad in einem Warmwasserspeicher. Der Vorteil dieser Vorgehensweise ist, dass man nicht das gesamte System neu organisieren muss, sondern es durch die Einführung einer größeren Zahl von *Cyclifiers* schrittweise umwandeln kann. Anders gesagt ist dies ein System, bei dem man die vorhandenen Infrastrukturen, Städte und Gebäude wiederverwenden und sie verbessern kann – und so unsere Gebäude und Städte in Ökosysteme umwandeln kann.

Abbildungen: S. 229, 230: Fotografien von Césare Peeren | S. 229: Metamorphose eines Insekts | S. 230: Ein Baum als Wassertransportsystem – Baum in Coimbra | S. 231: Ölraffinerie, Fotografie von Edvard Burtynsky | S. 234: Aus den Rotoren von Windkraftanlagen gefertigtes Wikado-Spielfeld in Rotterdam, Fotografie von Allard van der Hoek © 2012Architecten

ble women. The aim here is not a striving for unity of form and being, but a separation or contradiction between external appearance and inner maturity and serenity. It is scarcely any wonder, therefore, that current plastic surgery is also enjoying a run of children wishing to emulate their idols and thus wishing to look, for example, like a pop star, presumably in the hope that their identity can also be changed via their external appearance. What clothing and cosmetics have been expected to simulate up until now, can be achieved by surgical intervention today. It is also possible to earn money by exploiting the horror factor and displaying this in various reality TV shows.

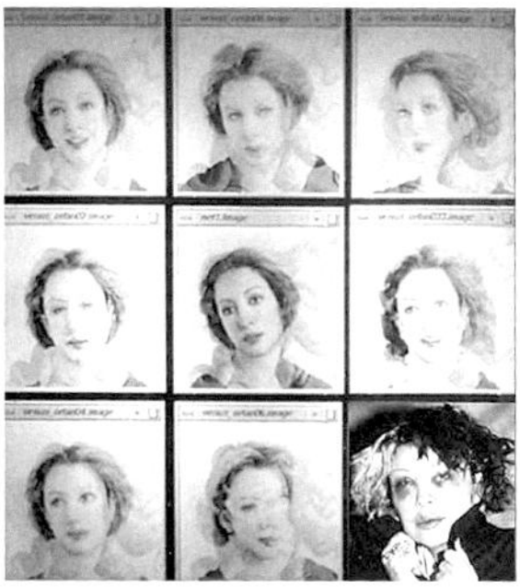

The French conceptual artist Orlan makes use of plastic surgery as a performative means to an artistic purpose. Orlan has

Gemüse, Obst und Honig für ein Restaurant liefern, das im Erdgeschoss des Gebäudes untergebracht ist. Dieses Projekt ist ein Ergebnis der sechsjährigen Mitarbeit in einer Gruppe, die es sich zur Aufgabe gemacht hat, urbane Landwirtschaft in Rotterdam anzuregen. Urbane Landwirtschaft mag aus dem monokulturell geprägten Blickwinkel, der die Grundlage unserer Wachstumswirtschaft ist, unwirtschaftlich erscheinen. Aber da praktisch kein Transportbedarf besteht, sich dafür aber eine große Menge von Vorteilen für den landwirtschaftlichen Betrieb wie auch für die Stadt ergeben, ist dies meiner Meinung nach eine wirtschaftlich attraktive und nachhaltige Alternative. Die Materialnutzung beim *Worm*-Projekt, wie auch bei allen anderen Projekten, die wir bisher durchgeführt haben, steht beispielhaft für unsere Methodik des *superuse* (Super-Nutzung). Wir konnten beweisen, dass es möglich ist, Abfall auf kosteneffiziente Weise für Architektur und Design wiederzuverwenden und damit eine neue, attraktive Ästhetik zu schaffen. Die anderen Aspekte des *Worm*-Projekts – effiziente Belüftungssysteme und urbane Landwirtschaft – sind erste Schritte in unserem Versuch, die Einstellung zur Abfallwiederverwendung weiter voranzubringen. Wir nennen das *Recyclicity*, ein Forschungsprojekt, bei dem wir Mittel und Werkzeuge entwickeln, um unsere Gebäude und Städte in Ökosysteme zu verwandeln. Eines dieser Werkzeuge ist die „metabolische Analyse“. Wir stellen uns ein Gebäude, ein Gebiet, eine Stadt oder ein Land als ein System mit einer „Grenze“ vor und analysieren die Ströme, die in das System hinein- und aus ihm herausfließen. Normalerweise stellt sich heraus, dass wir dieselbe Menge an Wasser, Energie, Ressourcen, Geld und Men-

been using her body as artistic material since 1978. From 1990 to 1993, Orlan had her face changed several times by means of plastic surgery: "I was the first artist to use aesthetic surgery as a medium and deviate aesthetic surgery of its purpose: getting better and younger. I wished an operational gesture which had never been made and set up an intervention which was not considered to bring beauty. I decided to use the literalness of the performance to express the violence done to the body, especially to women's bodies."[8] Orlan had these "aesthetic" interventions made according to the pattern

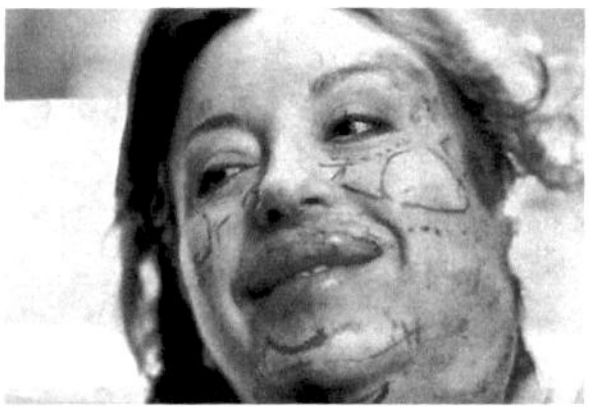

of famous images of women in art history, such as the portrait of the *Mona Lisa* by Leonardo da Vinci, Botticelli's *Venus*, *Diana*, *Europa*, *Psyche*, etc. *Omniprésence* was the title of her seventh plastic surgery performance in 1993, and was broadcast live

trachtet, macht das Material lediglich zehn Prozent der Umweltauswirkungen aus. Belüftung, Beleuchtung, Kühlung und Heizung sind für die anderen 90 Prozent verantwortlich ... Um den Bedarf an Beleuchtung zu reduzieren, platzierten wir die Büros entlang der Fassade und öffneten alle Fenster, die zuvor verblendet gewesen waren. Auch das Ladengeschäft wurde an der Fassade angeordnet. Die Konzerthalle, die Studios und Lagerräume wurden hingegen in den dunkleren Gebäudeteilen platziert. Installiert wurden ausschließlich LED-Leuchten oder Lampen mit geringem Energieverbrauch. Alle Funktionen, die entlang der Fassade angeordnet wurden, werden natürlich belüftet, während die Konzerthalle über ein Wärmeaustauschsystem mit 90-prozentiger Effizienz belüftet wird. Die zehn Prozent Wärme, die in diesem System „verloren" gehen, werden zukünftig zusammen mit allen restlichen Wärmeverlusten ebenfalls genutzt werden – durch das Dach des Gebäudes: Der Besitzer des Gebäudes wurde durch unsere Denkweise inspiriert und beauftragte uns, die Umweltleistung des Gebäudes zu verbessern. Wir untersuchten die nach innen und außen gerichteten Strömungen und entschieden, auf dem Dach einen kleinen Bauernhof zu bauen. Die verloren gegangene Wärme würde hierbei genutzt werden, um ein Gewächshaus zu beheizen. Außerdem würde die hohe Konzentration von CO_2 in der Abluft aus dem Belüftungssystem das Gemüse schneller wachsen lassen. Das Wasser für die Pflanzen wird durch Fische gedüngt, die in einem Teich auf dem Dach leben. Sämtlicher organischer Abfall der Nutzer dieses Gebäudes wird kompostiert und als Dünger für die Erde verwendet. Der kleine Bauernhof wird seinerseits Hühner, Fisch,

per video to galleries in Paris and New York, to the McLuhan Center in Toronto, and to Banff Multimedia Center, and documented in a photographic installation and thus made available to a wide audience: *Ceci est mon corps … ceci est mon logiciel* (This is my body … this is my software).[9] Here, plastic surgery becomes a sculptural tool with which to create something evading customary, historical ideals of beauty. Orlan is concerned with standardized, cultural ideals of beauty and, on the basis of her plastic surgery operations staged as performances, she makes clear their finite nature and violence by using a drastic artistic language. By employing the human body as artistic material, she touches palpably on the ethical limits of concepts of beauty and the ideal.

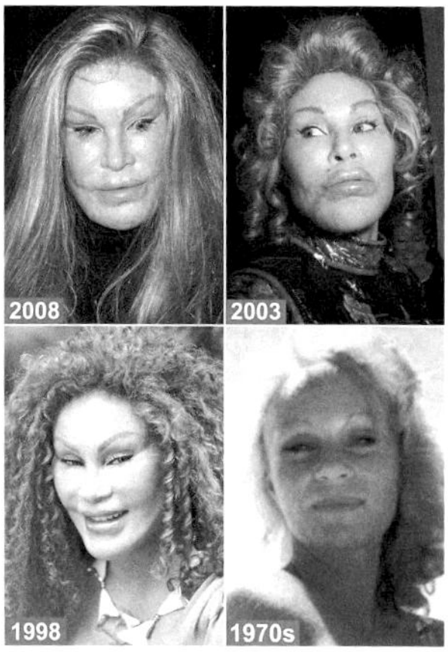

Almost twenty years later, the plastic re-formation of one's own face – e.g., according to animal models – has today become almost everyday culture: Jocelyn Wildenstein, a wealthy socialite, became sadly infamous as the so-called *Woman with Cat's Face* following her numerous surgical interventions, or rather disfigurements. Ideal and reality, perfectionism and obscenity, here the desire for individual beauty appears as the safest way to a complete lack of taste. Optical transformations of the body beyond the usual interventions are *en vogue* and certainly present in the media. The extreme and the ugly are seen to garner attention, thus granting the protagonists entries in the *Guinnes Book of Records* and appearances on television. The noticeable increase in tattoos and piercings in the past ten

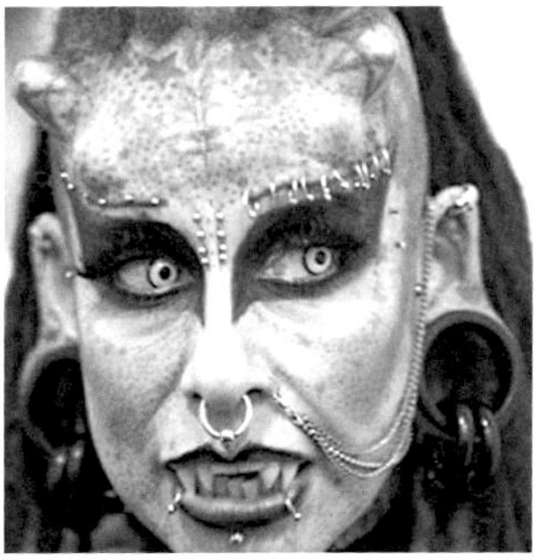

Jahre fortbestehen könnten. Die 35 Meter langen Rotoren wurden in zwei Teile zerschnitten und zum Bau von Türmen und Tunneln verwendet. Sie wurden so zusammengestellt, dass sie Sicherheitszonen für verschiedene Spielformen darstellen. Durch die Wiederverwendung dieser Art von Material sparen wir nicht nur die Ressourcen, die normalerweise für den Bau eines Spielplatzes benötigt werden. Die ausgemusterten Rotoren – 200 Stück jährlich in Holland, 30.000 weltweit – stellen außerdem ein ernsthaftes Recyclingproblem für die Industrie dar.

Die *Villa Welpeloo*, ein Einfamilienhaus in Enschede, wurde aus einem Gerüst von Stahlträgern gebaut, die von einer Textilfabrik „geerntet" wurden. Dazu kamen das Holz von Kabelrollen, das als Fassadenverkleidung genutzt wurde, und andere Materialien. Insgesamt entstand das Haus zu 80 Prozent aus Abfallmaterialien. Wir untersuchten die Auswirkungen auf die Umwelt durch die Wiederverwendung des Holzes und des Metalls: Das Holz stammte ganz aus der Nähe der Villa, musste aber transportiert werden, um es „platonieren" zu lassen. Dabei werden die Kiefernholzplanken gekocht, wodurch sie so haltbar wie tropisches Hartholz werden. Für dieses Verfahren nutzt Plato International überschüssige Energie von einer Fabrik nebenan. Wenn man diese vier Zentimeter dicke Fassadenverkleidung mit einer normalen, zwei Zentimeter dicken Holzverkleidung vergleicht, zeigt sich, dass sie nur einen Bruchteil der CO_2-Emissionen der nicht-recycelten Alternative verursacht. Im Vergleich zu einer Fassade aus importierten tropischen Hölzern wäre der Unterschied sogar noch viel größer. Und dabei berücksichtigen wir noch nicht einmal die ethischen Konsequenzen der

years turns into a truly borderline experience for the viewer in the case of many "wearers" of such body jewelry. A beast of prey presumably also acted as a model for the so-called *Vampire Woman*, Maria Jose Cristerna – a Mexican mother of four children and former lawyer – who came to terms with personal experiences of abuse by undergoing extreme physical transformations. Here, the transience and disputable nature of beauty or rather the (ideal) notions of beauty are made clear, and we see the influence exerted by mediatization and globalization. What part is played by the significance of the religious and cultural background to tattoos and piercing? In *Ta Moko's* case, for example, she cites the tattooing tradition of the Māori in New Zealand, in which even

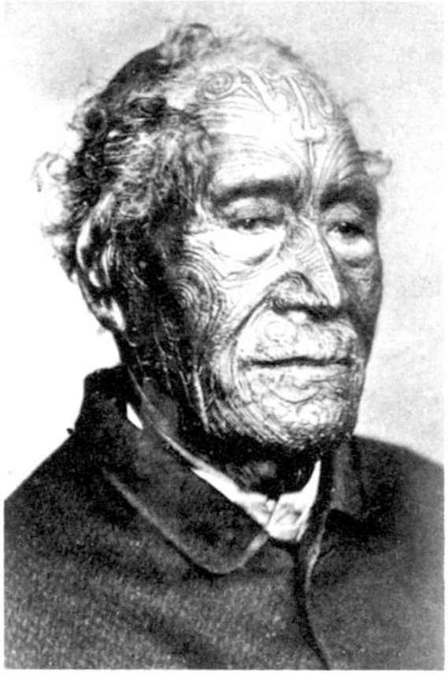

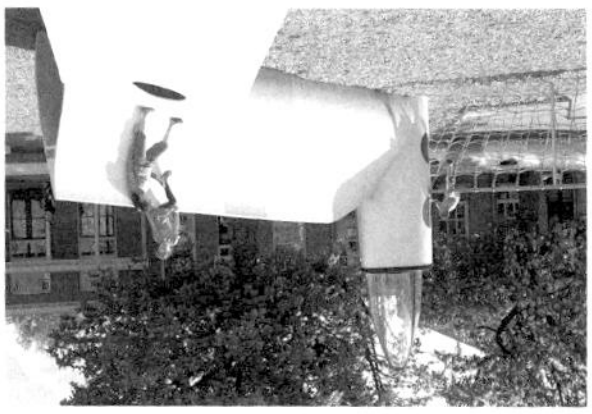

und werden effizient aus einem umlaufenden „Korridor" bedient. Das Verkaufspersonal kann sämtliche Waren direkt erreichen, und da das Podest erhöht ist, müssen sich die Mitarbeiter nicht herunterbeugen, um den Kunden beim Anziehen der Schuhe zu helfen. Für diese Funktionalität wurden ergonomische Gesichtspunkte und eine effiziente Nutzung von Ressourcen in einem Entwurf verbunden: Praktische und ethische Überlegungen führen zu einem ästhetischen Design. Ein weiteres Material waren die Holzabschnitte, aus denen wir das Podest zusammensetzten. Es entstand eine ergonomisch geformte Sitzinsel zum Anprobieren von Schuhen. Ihre Form und die sehr glatte Oberfläche erforderten eine arbeitsintensive Verarbeitung. Angesichts des benötigten Zeitaufwands und der elektrischen Ausrüstung war die Herstellung ökonomisch wie ökologisch nicht sehr effizient. Also zeigte uns dieses Projekt, dass wir nach Materialien suchen sollten, die ohne viel Arbeitsaufwand für eine neue Funktion umgestaltet werden können.

Für einen Kinderspielplatz in Rotterdam benötigten wir große Mengen an Material, um den Kindern Raum für ihr Lieblingsspiel zu geben: in einem Labyrinth Fangen zu spielen. Wir fanden heraus, dass jedes Jahr bei etwa drei Prozent aller Windkraftanlagen die Rotorblätter aus Sicherheitsgründen ausgetauscht werden müssen. Kleine Risse im Polyester verwandeln diese 3500 Kilogramm schweren Plastikobjekte in eine Gefahr in der Höhe, während sie am Boden möglicherweise ohne Probleme noch 200

the face is embellished with symbols of cultural myths of creation using extremely painful processes. This kind of body art is usually based on religious and spiritual traditions or rituals of community. Or it is a matter of artificial ideals of beauty, like the so-called lip plates that are worn among various African peoples, such as the Mursi in Ethiopia, to give women – in addition to great pain – men's respect.

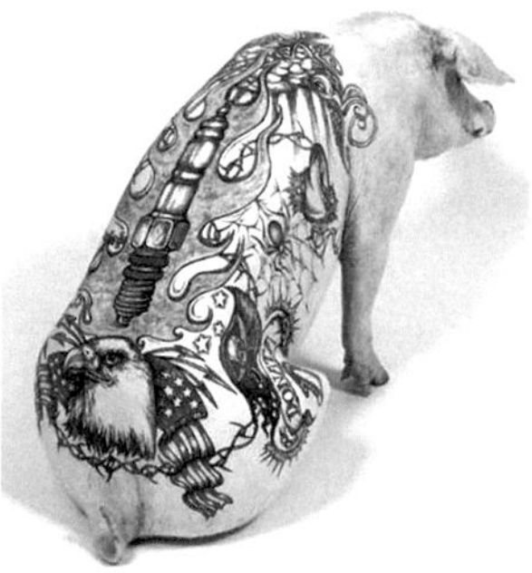

Belgian artist Wim Delvoye tattoos pigs as art and runs his own pig farm in China, referring to it as his *Artfarm*. In 1993, he began to design pigskins, and since 1997, he has been tattooing live pigs as well. He is interested in the question of values, the mechanisms of an animal's increase in value, for example, as a work of art. Trivialities, including the labels of luxury brands,

gesehen, hätten wir am Ende wesentlich mehr Ausschuss gehabt. Darüber hinaus bestimmten die Transportvorgaben und die Minimalgrößen für menschlichen Gebrauch das *Miele*-Objekt. Funktionalität ist nicht allein aus praktischen Gründen notwendig. Wenn man ein Projekt aus den umweltfreundlichsten Materialien oder, wie in unserem Fall, aus Abfallprodukten entwirft, aber wegen der Begeisterung für ein interessantes Material der Funktionalität weniger Aufmerksamkeit schenkt, wird das Projekt letzten Endes nicht nachhaltig sein. Ein nicht perfekt funktionierendes Objekt wird kürzer verwendet werden als ein sehr funktionsfähiges. Also versuchen wir, die verschiedenen Aspekte immer so weit wie möglich abzuwägen. Hinsichtlich der Nachhaltigkeit ist es unerlässlich, dass ein Projekt voll funktionsfähig ist und seine Funktionalität nicht unter den Beschränkungen leidet, die ihm durch die Verwendung von Abfallmaterialien auferlegt sind. Mit anderen Worten: Ein schlecht funktionierendes Objekt aus perfektem Abfallmaterial wird als hässlich empfunden werden, sobald die „Abfalldesign-Mode" vorüber ist. Man kann die Leute eine Zeit lang mit einer modischen Optik täuschen, aber zeitloses Design entsteht so nicht.

Für den *Duchi Shoeshop* „ernteten" wir 400 Autofrontscheiben aus einer Fabrik, die jährlich ca. 12.000 solcher Scheiben ausmustert und wegwirft. Aus den Frontscheiben wurden Regale für die Lagerung und Präsentation der Schuhe gemacht. Durch die Anordnung der trapezförmigen Scheiben zu einem kreisrunden Grundriss konnten wir den Konstruktionsaufwand minimieren und damit gleichzeitig eine sehr funktionale Raumaufteilung erreichen. Die Kunden sitzen auf einem Podest in der Mitte

decorate the shaved animals, which are often given a tattoo at a young age, for this image grows with the pig. On June 21, 2007, one of his pigs was sold at a Christie's auction for 71,662 dollars.[10]

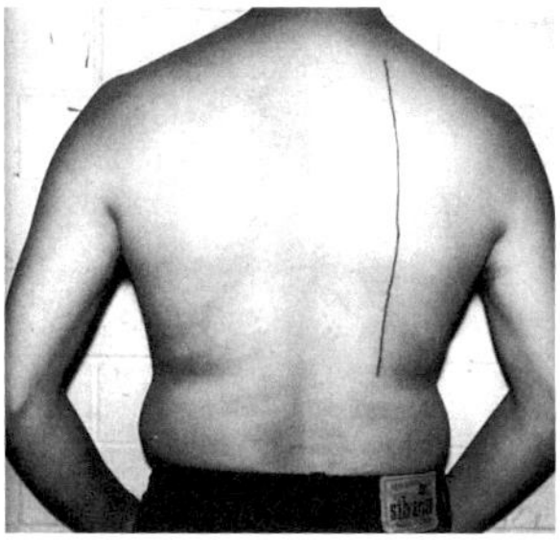

The Spanish conceptual artist Santiago Sierra goes a step further. When creating his work *A line of 30 cm tattooed on a remunerated person, Calle Regina 41, Mexico City, May 1998*, he looked for a person who "did not have any tattoos and did not intend to have any done but was prepared only because of the money to bear a sign on his skin for the rest of his life. The person was paid 50 dollars for it." In the work *Line 160 cm long tattooed onto four people*,[11] he extended the tattooing action to four people. Sierra's written concept of this work reads: "Four heroin addicts agreed, for a shot of heroin, to have themselves tattooed.

alien, die an dem jeweiligen Standort zur Verfügung stehen. Genauso wie ein Vogel sein Nest aus Zweigen und Gräsern baut, die um den Baum herum liegen, begannen wir damit, unsere Objekte aus den Abfallprodukten herzustellen, die in direkter Umgebung des Projekts zu finden waren. Hierfür entwickelten wir ein einfaches Werkzeug: die *Harvest Map* („Erntekarte"). Auf einer *Harvest Map* werden Daten über lokale Ströme von Abfallprodukten gesammelt. Ebenso führten wir auch einen Katalog für standortspezifische Abfallmaterialien ein. Mit Hilfe dieses Wissens kann dann ein Entwurf ausgearbeitet werden. Damit wird der Entwurf also teilweise vom Material bestimmt. In gewisser Weise gestaltet das Material das Projekt, der Designer gibt lediglich die Richtung vor und die Abfallprodukte zeigen die effizienteste Ausarbeitung auf. Durch diese Arbeitsweise steigern wir die Nachhaltigkeit unserer Projekte in unterschiedlicher Form. Mit Hilfe der Harvest Map wählen wir ausschließlich Materialien aus, die nicht erst über weite Strecken transportiert werden müssen. Und indem unsere Entwürfe dem „Willen des Materials" folgen, brauchen wir auch weniger Energie, um das Material für unsere Zwecke umzugestalten. Unser erster Auftrag im Kunstbereich war die *Miele-Raumstation*, eine architektonische Installation aus Waschmaschinen. Die Waschmaschinen wurden in einem Gebrauchtwarenladen „geerntet", der in derselben Straße lag wie unsere Werkstatt. Durch die 60-Zentimeter-Standardgröße der Waschmaschinen war entschieden, dass die Segmente der Raumstation 60 Zentimeter breit sein würden. Dies erscheint offensichtlich; aber hätten wir zuerst einen endgültigen Entwurf gemacht und uns dann nach einem Material um-

Prostitutes usually demand 2,000 to 3,000 pesetas for fellatio, which is between 15 and 17 dollars, while the price of a shot of heroin is 12,000 pesetas, corresponding to approx. 67 dollars." Sierra links criticism of the "system of payment" with a critique of the notion that art is a field untouched by social reality. Thus, with reference to his work entitled *Ten People paid to masturbate* (2000), Sierra declares: "It is [n]ot the moment of production that is debasing, but the system of remuneration. We don't regard it as debasing to masturbate, but we do if someone is being paid for it. From the standpoint of the person paid, it is all the same to him whether it is a matter of producing semen or screws."[12] In his works, Sierra exhibits a way of treating the human body that has departed strictly from any aesthetic and ethical premises. Dutch artist Joep van Lieshout also cultivates an extremely provocative, borderline treatment of his material, the body,

wir einmal, eine Ölraffinerie völlig unvoreingenommen zu betrachten und sie mit einem Baum zu vergleichen – ist sie wirklich hässlich oder halten wir sie nur für hässlich, weil wir wissen, was sie der Natur antut? Was macht den Baum unserer Auffassung und unserem Schönheitsempfinden nach schöner als die Raffinerie? Seine Funktionen – etwa, dass er Luft atmet, Sonnenenergie aufnimmt, dem Wind standhält – haben seine Form definiert. Ich denke, dass die meisten von uns eine Vorstellung von Schönheit haben, die davon abhängt, wie viele dieser Funktionen in die Gestaltung einfließen. Wenn wir mit einem Entwurf beginnen, analysieren wir daher zunächst die verschiedenen Ebenen, das, was wir ‚Strömungen' nennen, die für den Entwurf wichtig sind. Diese Ebenen werden in den Entwurf und in den Entstehungsprozess integriert und die Ästhetik des Projekts entwickelt sich aus den Vorgaben von Ergonomie, Funktionalität, Materialität, Energieeffizienz, Wirtschaftlichkeit, praktischer Anwendbarkeit.

Mit diesen Überlegungen als Ausgangsbasis machte sich 2012Architects vor 15 Jahren daran, nach Ansätzen für eine ganzheitliche, nachhaltige Architektur zu suchen. Wir fingen mit sehr kleinen Projekten an, wie der Innengestaltung von Ladengeschäften, Kunstinstallationen und Möbel. Für diese Form der Arbeit beschränken sich die relevanten Ebenen, die integriert werden müssen, auf Funktionalität, Ergonomie und Material. In der Natur entstehen Dinge allein aus den Materi-

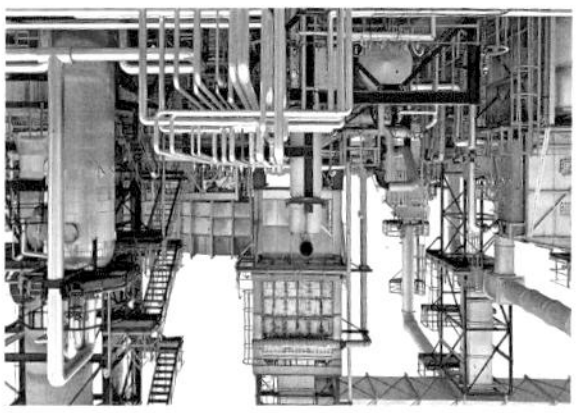

and space: in 1995, he founded an artists' collective in order to "question the role of the artist as a genius and isolated individual." The group received a lot of attention when it established the city-state *AVL-Ville* in Rotterdam's port area. The project, which saw itself as a "provocative counter-design to state rule and monopoly", was an integrated artistic concept with a delineated village structure including container-like buildings, its own currency, an autarkic structure of self-sufficiency, and its own constitution and flag. Independence in the form of self-sufficiency and anarchy, but also self-regulation, are recurrent themes in Lieshout's work. Even though no limits are set for art, these projects become borderline

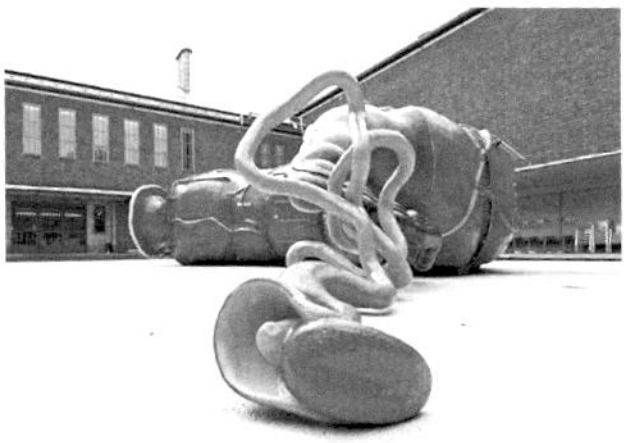

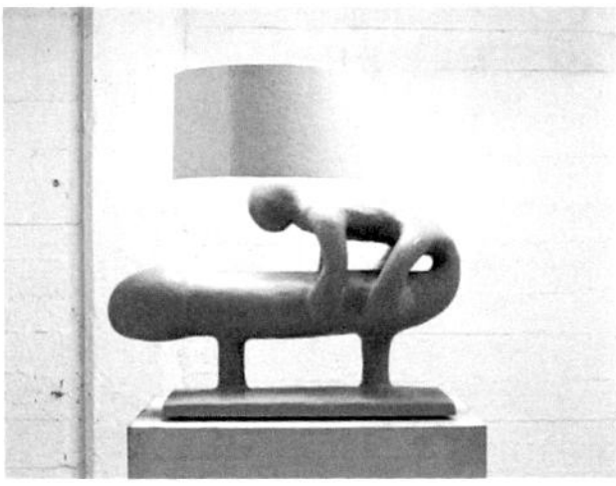

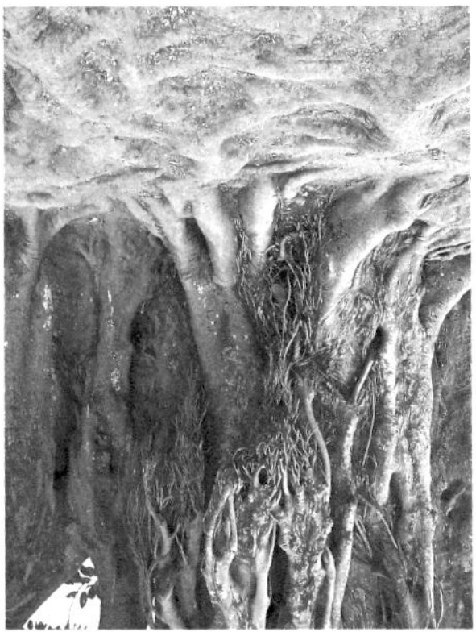

Neues ersetzt. Und auch dieser Umgang mit unserer Umgebung hat eine große Verschwendung zur Folge. Ein weiterer bemerkenswerter Aspekt bei der Betrachtung der Natur ist, dass, obgleich niemand sie mit einer bestimmten ästhetischen Vorstellung vor Augen entworfen hat, sie zumindest als ausdrucksstark gilt, von den meisten Menschen sogar als schön empfunden wird. Dies bringt mich zu einer anderen Definition von Ästhetik. Ein Objekt, wie ein Gebäude oder eine Stadt, erreicht in meinen Augen ein umso höheres Maß an Ästhetik, je mehr Funktionen es erfüllt. Das „Design" der Natur ist hierfür das beste Beispiel, da es eine unendliche Zahl an Funktionen in eine Gestalt integriert. Für uns ist der Anblick von industrieller Architektur genauso faszinierend wie der eines Baumes. Wir entwerfen eine Ölraffinerie nicht, um etwas Schönes zu erschaffen, sondern um Rohöl effizient in verschiedene Bestandteile zu verarbeiten, und unserer Ansicht nach erzeugen wir damit viel mehr Schönheit als mit moderner Architektur. Objektiv betrachtet könnte man sagen, man erreicht mit einem derart funktionalen Ansatz eine expressive, mehrdeutige Form der Ästhetik. Ob sie einem gefällt oder nicht, ist abhängig vom Material und von unserem Wissen – wie zum Beispiel das Wissen, dass die Industrie die Umwelt belastet; Industrie ist „schlecht" und das lässt uns ihre Ästhetik negativ bewerten. Aber versuchen

actions or experiences, impossible to bring into line with our notions of ethics and aesthetics.

Creating Taste. Education towards the Beautiful and the Good | The idea of education towards the beautiful and the good has accompanied the history of ethics and aesthetics since the very beginning, and looking at the examples presented here, this appears desirable to many. But it is worth taking a further look into history: while there were hopes for a refinement of the human soul when viewing the beautiful in art during antiquity, since then attempts to educate towards the beautiful, the good, and the moral individual have passed through a wide spectrum of sometimes even violent conceptions. They call for an essay of their own, like many of the topics touched upon by the question of *Ethics in Aesthetics?* Let us revert to Friedrich Schiller, who – in his writings *On Grace and Dignity* (1793) and *On the Aesthetics*

weitreichend auszubauen. In unserem Nahrungssystem beispielsweise gilt ein Verlust von 60 Prozent der produzierten Nahrung als „akzeptabel“. Der Verbrauch an Kraftstoff und Dünger, der für Produktion, Transport und Verarbeitung von Lebensmitteln benötigt wird, spielt dabei keine wesentliche Rolle, da Ressourcen im Vergleich zu den Arbeitskosten immer noch günstig sind. Durch den Ausbau aller Teile des Produktionssystems war es möglich, trotz der Ineffizienz des Systems immer noch Gewinn zu erzielen. Dieses Wachstumsszenario wurde durch den scheinbaren Überfluss an Ölreserven noch weiter angetrieben, der auch einer der Hauptgründe dafür ist, dass wir so viel verschwenden. Was würde passieren, wenn wir von der Natur lernen und anfangen würden, in zyklischen, zusammenhängenden Systemen zu denken? Oder besser noch, was wäre, wenn wir uns selbst als Teil der Natur und ihrer Systeme begreifen und unsere Systeme mit den Systemen der Natur verbinden würden? Eine weitere typische Eigenschaft der Natur ist, dass sie sich in einem scheinbar endlosen Wandlungsprozess befindet. Aber der Mensch hat es sich zur Gewohnheit gemacht, anstatt „alte“ Produkte wie Stadt, Architektur, Möbel, Mode und anderes zu transformieren, das Alte vollständig auszurangieren und es durch ein neues, „besseres“ Konzept zu ersetzen. Sobald ethische Vorstellungen einer vergangenen Epoche einem neuen Ideal gewichen sind, werden alle Objekte, die in ihrer Ästhetik an sie erinnerten, durch

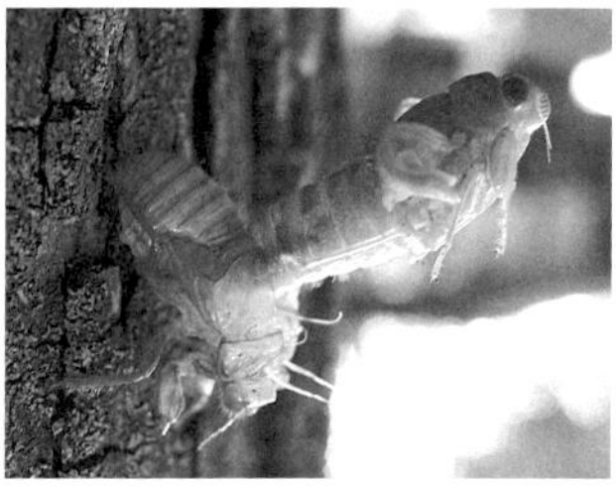

Education of Man in Letters (1793–95) – initially returned to the ideals of Greek antiquity: "As grace is the expression of a noble soul, so is dignity the expression of elevated feeling."[13] Schiller's thesis that the approach of grace is "as a beauty not given by nature, but rather produced by the subject", triggered a discussion of the significance or exclusion of the naturally beautiful. At the end of the nineteenth century, nature moved back to the focus of ideal notions of life, which was expressed in education based on life reform. One important organ of the emerging Life Reform Movement was a magazine established in Dresden in 1887, *Der Kunstwart*.[14] Its founder, Ferdinand Avenarius (a nephew of Richard Wagner), wanted – in the spirit of integrated reform concepts – to offer an "overview of

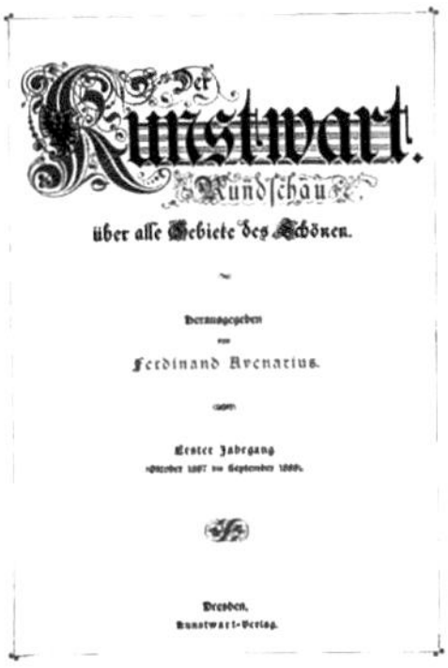

CÉSARE PEEREN

Superuse! Die Wiederkehr der Dinge

Ein Großteil der Bevölkerung verbringt die meiste Zeit in ständig expandierenden Megastädten wie etwa Seoul. Wir bezeichnen diese dicht besiedelten Ballungsräume immer noch als „moderne" Städte. Vor 100 Jahren war diese Art der Stadt tatsächlich modern, weil sie neue industrielle Techniken nutzte, um der neuen Arbeiterklasse komfortable Wohnverhältnisse bieten zu können. Heutzutage klingt der Begriff „moderne" jedoch eigenartig, da sich unsere Bedürfnisse völlig verändert haben. Die Urbanisierung bringt sowohl ethische als auch ästhetische Probleme mit sich: Um die Natur nicht zu zerstören, war es nach Ansicht der Vertreter der Moderne erforderlich, die Städte weiter zu verdichten, um die wachsende Bevölkerung aufzunehmen. Die „reine" Natur sollte dagegen in „Schutzgebieten" unberührt bleiben. Dies schien ein logischer Ansatz zu sein. Als die Abgase der Industrialisierung begannen, unsere Gesundheit zu gefährden, entschieden die Stadtplaner, die Industrie von der Städtebildung, von Erholung und Landwirtschaft zu trennen. Als Stadtkind wusste ich nicht viel über die Natur. Als ich dann begann, die Natur in meiner Freizeit zu erkunden, erkannte ich, dass im Gegensatz zur Organisation unserer „lebenserhaltenden Systeme" Stadt, Industrie und Landwirtschaft alle Prozesse in der Natur auf die eine oder andere Art zyklisch und miteinander verbunden sind. Unsere industrialisierte Gesellschaft hat sich darauf spezialisiert, erfolgreiche, aber einfache und lineare Systeme

every area of the beautiful" for the design and aesthetics of environmentally suitable approaches to life. The cultural paper felt obliged to educate people in a moral-aesthetic way, and made a comprehensive creation of taste into its aim – from literature to painting, music, the theater, photography, and even products of the everyday world. In this context, deterrence seemed an effective means with which to point the correct way from aesthetic aberrations to good taste. From the beginning of the twentieth century, the image of the enemy of beautiful everyday culture was known as the "Hausgreuel" (domestic atrocity). "If we wish to know what constitutes good taste, first we must abolish bad taste."[15] Art historian Gustav Edmund Pazaurek was one protagonist who saw himself as a guardian of "good objects" and devoted himself to ostracizing errors in taste, primarily in the field of arts and crafts. To this purpose, he established a spe-

de/2011/46/Kapitalismus (letzter Zugriff: 28.03.2012) | Weizsäcker, Ernst Ulrich von (2010): Faktor Fünf, München: Droemer, S. 42 | Winterfeld, Uta von (2011): „Vom Recht auf Suffizienz", in: Werner Rätz, Tanja von Egan-Krieger u.a. (Hg.) (2011): Ausgewachsen! Ökologische Gerechtigkeit. Soziale Rechte. Gutes Leben. Reader zum Attac-Kongress „Jenseits des Wachstums", Hamburg: VSA Verlag, S. 57–65.
Abbildungen: S. 216: Mark Whitfield © 2011 Mark Whitfield for The burning house, http://the-burning-house.com | S. 219: Allotinabox © 2012 Allotinabox | S. 222: designerscouts © 2010 Swap Market flyer by designerscouts berlin

cial department in the Königliches Landes-Gewerbe-Museum in Stuttgart and committed himself to enlightening the public about which domestic items were objects of horror, what characterized such objects, and what distinguished them from the "good objects". This was all in the spirit of the German Werkbund, which had propagated new aesthetics for consumer goods on the basis of morally argued quality criteria since its foundation in 1907, thus developing its own program for the education of taste.[16] The Werkbund's style of argumentation can be seen, among other things, in texts by architect and artist Paul Schultze-Naumburg, one of the co-founders of the German Werkbund, who complained in the aforementioned magazine *Kunstwart* about the successive deformation of German landscapes by contemporary architecture.[17] It was possible to read of a "school of taste" in catalogues of art gallery collections as early as 1771, as

sierten Welt, eine Studie des Wuppertaler Instituts für Klima, Umwelt, Energie, Frankfurt: Fischer Taschenbuch Verlag, S. 213 | Bundespreis Ecodesign (2012): http://www.bundespreis-ecodesign.de, Berlin | Diamond, Jared (2006): Kollaps, Frankfurt: Fischer Verlag | European Commission (2009): „Sustainable and responsible business", auf: http://ec.europa.eu/enterprise/policies/sustainable-business/ecodesign/index_en.htm (letzter Zugriff: 28.03.2012) | Friedmann, Thomas L. (2010): Eine Agenda für das 21. Jahrhundert, Frankfurt: Suhrkamp, S. 77 | Fromm, Erich (1979): Haben oder Sein, München: dtv, S. 80 | Glauber, Hans (2006): „Langsamer, weniger, besser, schöner", in: Hans Glauber (Hg.) (2006): Langsamer, weniger, besser, schöner, München: oekom verlag | Handelsblatt (2012): „Vergleichsweise schwache Entwicklung des Werbemarktes in Deutschland", auf: http://www.absatzwirtschaft.de/content/Communication/news/_b=76262,_p=1003214,_t=fthighlight,highlightkey=Strategy+Analytics (letzter Zugriff: 27.03.2012) | Hüther, Gerald (2011): Was wir sind und was wir sein konnten, Frankfurt: Fischer Verlag | Ismar, Georg und Humml, Simone (2011): „Gipfel schließt Fahrplan für neues Abkommen", auf: http://www.sueddeutsche.de/wissen/un-konferenz-in-durban-gipfel-beschliesst-fahrplan-fuer-neues-klimaabkommen-1.1231492 (letzter Zugriff: 28.03.2012) | Kunze, Anne (2012): „Schrott ist verfügbar", in: Die Zeit, Nr. 13, S. 39-41 | zur Lippe, Rudolf (1987): Sinnenbewusstsein – Grundlegung einer anthropologischen Ästhetik, Reinbek: Rowohlt | Leonard, Annie (2010): Story of Stuff, Berlin: Econ, S. 57 | Lutz, Manfred (2012): Wie lernen Gesellschaften heute?, Wuppertal: Wuppertaler Institut für Klima, Umwelt, Energie | McDonough, William (2012): „Design is the first signal of human intention", auf: www.mcdonoughpartners.com/design_approach/philosophy (letzter Zugriff: 28.03.2012) | McKinsey (2012): „Automobilindustrie: Online-Kommunikation als strategischer Wachstumsmarkt", auf: www.mckinsey.de/html/presse/2012/20120228_PM_Mobility_Future.asp (letzter Zugriff: 28.03.2012) | Meadows, Dennis L., et al. (1972): Die Grenzen des Wachstums. Bericht des Club of Rome zur Lage der Menschheit, Stuttgart: Deutsche Verlags-Anstalt | Müller, Michael (2003): „Grand Hotel am Abgrund: in der Auseinandersetzung zwischen liberalem Kapitalismus und sozialer Demokratie muss die SPD ihr programmatisches Defizit beseitigen", in: SPW (2003): Zeitschrift für sozialistische Politik und Wirtschaft, Dortmund, S. 29–31 | OECD (2012): Environmental Outlook to 2050, OECD Publishing | Schmidt-Bleek, Friedrich (2007): Nutzen wir die Erde richtig?, Frankfurt: Fischer Verlag, S. 45 | Packard, Vance (1964): Die große Verschwendung, Frankfurt und Hamburg: Fischerbücherei | Pinzler, Petra (2011): „Noch mehr ist nicht genug", auf: http://www.zeit.de/2011/39/Wachstum (letzter Zugriff: 28.03.2012) | Toblacher Thesen 1998: „Schönheit – Zukunftsfähig Leben" (These 12), in: Hans Glauber (Hg.) (2006): Langsamer, weniger, besser, schöner, München: Oekom Verlag, S. 38 | Uchatius, Wolfgang (2010): „Kapitalismus in der Reichtumsfalle", auf: www.zeit.

they sought to fulfill their educational task through the mediation of art. "The judgment of taste and recognition of the beautiful [experienced] considerable social revaluation with the *Critique of the Power of Judgment* by Immanuel Kant [1790], which concurred with the founding of the first public museums."[18] And so art became a mediator between a formal aesthetic canon and a moral canon of values, developing into the ideological tool of an ethical education employing aesthetic means. In the second half of the twentieth century, however, this exploitation for the purposes of ideology appears to have been broken fundamentally. Taste is no longer linked to ethical but to commercial values.[19] Since the works of Andy Warhol, at the latest, an increasing merger between art and functional goods aesthetics, between artistic and commercial production cannot be denied, and in the twenty-first century, this has blurred the dividing line between

nachhaltig ist) zugestanden werden, damit sie sich aus der tragischen Armut befreien können. Leider ist gerade in den Schwellenländern der sogenannte „American Way of Life" das große Vorbild und führt zu einer weiteren Verschärfung der ökologischen Krise. Deshalb ist es wichtig – auch unter globalen Gesichtspunkten –, dass der Einsatz für eine nachhaltige Entwicklung letztendlich für alle „trendy" und „sexy" wird. Die Kommunikation muss konsistent erfolgen, das heißt kontinuierlich auf allen medialen Kanälen (TV, Radio, Print, Internet) und nicht punktuell. Notwendige Veränderungen können uns gelingen, damit wir auch in Zukunft in einer lebensfreundlichen Umwelt leben können. Ich möchte mit einem Ausschnitt aus den sogenannten „Toblacher Thesen" schließen, die in den 1990er Jahren anlässlich der *Toblacher Gespräche* verfasst wurden und aktueller denn je sind: „Statt uns vom schönen Schein der Konsumwelt verführen, betrügen, einlullen zu lassen, und uns dabei selber zu betrügen, brauchen wir eine persönliche und gemeinschaftliche Ästhetik des Maßes, der Einfachheit und der Gelassenheit. Überzeugend sind wir für uns und die anderen, wenn wir unsere Sinne für das Schöne und Nachhaltige schärfen und diese Lebenskunst weitergeben. Machen wir uns gemeinsam auf den Weg. Die Zukunft beginnt jetzt." (Toblacher These 12, 1998:38) Und wie schaffen wir das? It's the design, stupid!

Literatur: Aicher, Otl (1991): Die Welt als Entwurf, Berlin: Ernst & Sohn | Braungart, Michael/McDonough, William (Hg.) (2008): Die nächste industrielle Revolution, Hamburg: EVA | Brot für die Welt/Evangelischer Entwicklungsdienst/BUND (Hg.) (2009): Zukunftsfähiges Deutschland in einer globali-

the categories of free and applied art. "What is art? What does art want? What is art for?" the recipient asks himself. The fact that art as a moral instance made the viewing of art itself into a question of morality and forced the recipient's subordination allows us to see a more positive aspect of liberation in the deterioration of any sublime concept of art.[20]

The Aesthetics of Opposition? Art as Means and Mediator | But despite, or perhaps because of its profanation or updating, art is again capable of fulfilling its original task with respect to politics and society – raising questions, breaking taboos, and initiating discussions, in particular – following a long silence on such matters. Now it is the artist's viewpoint and his representation that return our attention to the suppressed, hidden, or concealed; whether reflective, confrontational, or emotional, artistic contributions often become political

Kommunikation für Umwelt- und Sozialaktivitäten oder Umweltevents; Informationen über den Umwelteinfluss und Sozialverträglichkeit von Produkten/Services; eine Verkaufspromotion, die umweltbezogene Aspekte kommuniziert; Unterstützung eines strategischen Konsums oder Begeisterung für nachhaltige Entwicklung erzeugen. Wie lassen sich diese nun emotional und begeisternd vermitteln? Zuerst gilt nach wie vor ein uraltes Gesetz der Kommunikation: Kenne möglichst genau die Menschen, die du ansprechen möchtest. Auch in der Nachhaltigkeitskommunikation ist mit der Gießkannen-Methode nichts zu erreichen. Möchte ich den Teenager, die Familie mit ihren minderjährigen Kindern, die Alleinerziehende oder das ältere Ehepaar, das seit ein paar Jahren in Rente ist, ansprechen? Wir sollten immer konkrete Handlungsoptionen für den Rezipienten aufzeigen. Bisher haben wir versucht, den „Klimawandel zu verkaufen", aber keiner hat ihn uns abgenommen. Darum wird es sehr wichtig sein, über eine reine Informationsvermittlung hinaus, emotionale Geschichten zu finden, mit denen die Menschen sich identifizieren können und die ihnen erstrebenswert scheinen. Diese lassen sich am besten anhand von ausdrucksstarken Bildern erzählen anstatt mit Kurvendiagrammen oder Tabellen. Der Klimawandel betrifft jeden. Die Zusammenhänge sind kompliziert, aber sie sind darstellbar. Die Menschen der Industrienationen sollten sich mit den Themen der Nachhaltigkeit identifizieren können, Gemeinsamkeiten finden und die Möglichkeit erhalten, aktiv an einer nachhaltigen Lebensweise zu arbeiten. Den Entwicklungsländern muss im Zuge des intergenerativen Gerechtigkeitsprinzips Wachstum (auch wenn es weniger

and impossible to evade in social and scientific discourse.[21] Is it not the elevated, the sublime in art – with its fine differentiation from beauty – that touches, captivates, or moves us; stimulating our spirits and possibly leading, in an environment of permanent over-stimulation in the media, to a positive turn in our struggle for the dwindling resource of attention? I have been prompted to consider this type of question repeatedly in my own artistic practice. In the project *War and City* (1997-2007), I entered into debate with images of violence, with the question of aesthetics and their effectiveness. What can the image's aesthetics convey in a representation of violence? Do they have a "counter-productive" effect as the diffuser of brutal reality, or is it not that very same aesthetic pictorial language that

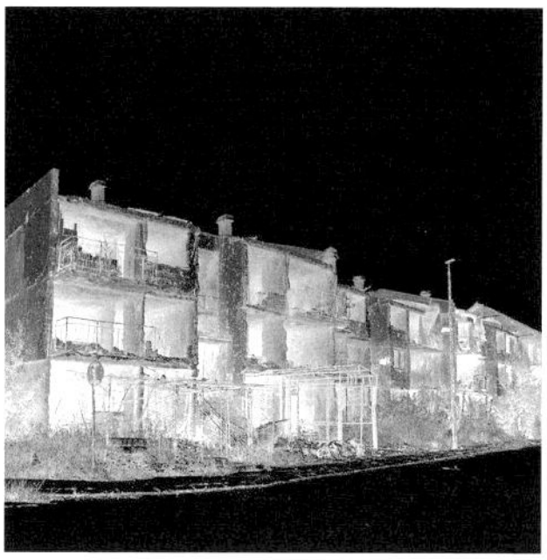

Fragen gestellt werden: Wie wollen wir in Zukunft leben? Was ist uns wirklich wichtig im Leben? Was macht das Leben lebenswert? Die Industrienationen wissen seit Jahrzehnten, dass mehr Wachstum uns nicht *mehr* befriedigt. (Pinzler 2011) Wir müssen daher die bisherigen Erkenntnisse, etwa jene zum Klimawandel, in Geschichten übersetzen, die ein Bild entstehen lassen, wie die Welt in 20 oder 50 Jahren aussehen wird, wenn wir so weitermachen wie bisher. Nicht noch mehr Diagramme, Charts oder Temperaturkurven sind nötig, sondern Geschichten, die die Menschen berühren. Wir müssen die Lösungen, die uns bekannt sind, in attraktiver Erzählform den Menschen stärker zugänglich machen und sie dafür *begeistern*. Denn solange die Werbeindustrie es schafft, die aufregenderen Geschichten zu erzählen (*höher, schneller, weiter*), werden die damit verbundenen Haltungen und Lebensstile mehr Aufmerksamkeit bekommen und bevorzugt werden: So wollen etwa laut einer jüngst erschienenen McKinsey-Studie über 70 Prozent der Befragten an einem eigenen Auto festhalten. Sie sind überzeugt, dass ihnen das Auto im Vergleich zu anderen Luxusgütern die größte Wertschätzung einbringt. (McKinsey 2012) Aber wie sehen Geschichten des *Langsamer, Weniger, Besser* und *Schöner* aus? Wie muss eine Nachhaltigkeitskommunikation konzipiert sein? Wie kann erreicht werden, dass ein Lebensstil des Maßhaltens und der Genügsamkeit erstrebens- und begehrenswert wird? Ich möchte versuchen, anhand meiner langjährigen Erfahrung in der Kommunikationsbranche ein paar Punkte dafür zu formulieren. Das Umweltprogramm der Vereinten Nationen hat sechs Themeninhalte einer Nachhaltigkeitskommunikation ausgemacht: PR und

lays open the wounds with its focus and heightening, capable of visualizing the unmentionable? Certainly both questions must be answered in the affirmative, and precisely this constitutes the complex demand made on artists: they must find an adequate language beyond ethical-moral exaggerations and any universal definition of beauty. Obviously, it is the same subjective, ethical rejections in the definition of beauty that trigger those exciting and controversial discussions that reflect the manifold character of our social state. What freedom to act do artists and designers enjoy with respect to environmental catastrophes, existential crises, and political conflicts? In this context, one strategy is to direct public attention rather than embrace suppression, silence, and forgetfulness.

Sustainability. Possibilities of Design for the Future | But there is also the possibility of direct inter-

fünf Prozent. (Kunze 2012:39–41) Es wird immer offensichtlicher, dass wir bei der Lösung der Probleme nicht nur auf technische Lösungen vertrauen können, sondern dass die eigentliche Herausforderung darin besteht, die *Verhaltensweisen* der Menschen zu ändern. Design hat primär die Aufgabe, mit energie- und ressourceneffizienten sowie mit konsistenten und dematerialisierten Konzepten Lösungen für die Bedürfnisse und Probleme der Menschen zu finden. Insbesondere das Kommunikationsdesign muss umgehend mit daran arbeiten, das Verhalten der Menschen so zu beeinflussen, dass es einem nachhaltigen, suffizienten Lebensstil dienlich ist. Geht das? Ist eine mentale Umprägung möglich? Der Neurobiologe Gerald Hüther von der Universität Göttingen forscht seit einiger Zeit intensiv dazu, und sein Befund lautet: Es

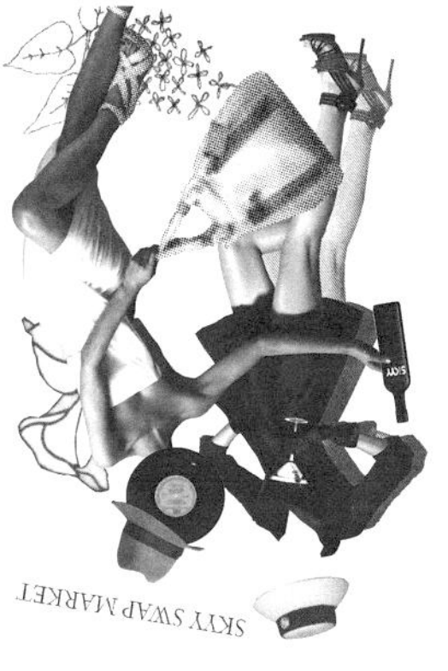

ist möglich. Wir können unser Verhalten grundlegend ändern, wir brauchen aber dafür die sogenannten neuroplastischen Botenstoffe. Diese werden nur aktiv, wenn uns emotional etwas bewegt. Wir müssen uns für etwas begeistern, erst dann entsteht Doping für das Hirn. (Hüther 2011) Das Thema „Nachhaltige Entwicklung" braucht deshalb eine andere, eine zusätzliche Form der Vermittlung, der bisher kaum Beachtung geschenkt wurde. Jenseits von Zahlen, Daten und Fakten muss für den Menschen erfahrbar werden, um was es geht, was auf dem Spiel steht. Es müssen mehr

vention, and there has been a recent cumulation of architectural and design projects reacting to catastrophic conditions of a many types, which could certainly be evaluated as a "return of the social."[22] As one early example, we can cite Japanese architect Shigeru Ban, who developed architecture for emergency accommodation after the catastrophic earthquake in Kobe in 1995. The simple, intelligent concept of his *paper-tube* structures is based on constructions made of filled cardboard tubes, which are transformed and reused as cheap building material in acute emergency situations. The Rural Studio

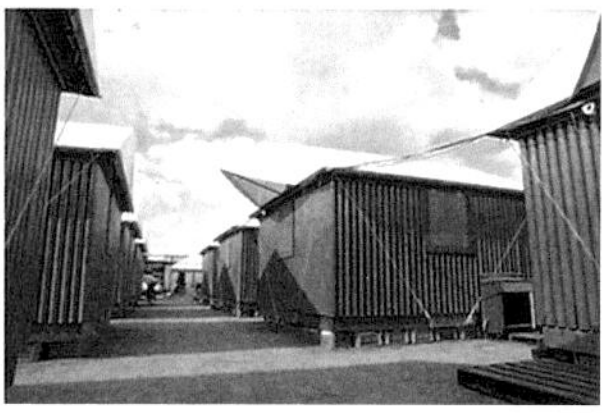

has also made a name for itself with its creative social commitment. The undergraduate design studio at Auburn University in Alabama, founded in 1993 by architects Samuel Mockbee and D. K. Ruth, aims to convey to its students the great

auf dem Markt an und möchte Agenturen und Unternehmen ermutigen, ökologisches Design als Gestaltungsprinzip in den Arbeitsalltag zu integrieren. Die vom Bundesumweltministerium, Umweltbundesamt und dem Internationalen Designzentrum Berlin gemeinsam entwickelte Kriterienmatrix für den Bundespreis ECODESIGN kann als Orientierung für Designschaffende dienen. Sie stellt die wesentlichen Parameter für ökologisches Design entlang des Lebenszyklus dar und hat das Potenzial, zum allgemeinverbindlichen Maßstab zukünftigen Designschaffens zu werden. (Bundespreis Ecodesign 2012) Auch die EU hat mit der Ecodesign-Richtlinie einen Rahmen vorgelegt, innerhalb dessen die Prinzipien, Bedingungen und Kriterien für die Festlegung ökologischer Anforderungen hauptsächlich an energiebetriebene Produkte (EuP: Energy-using Products), wie Fernsehgeräte, Computer, Kühlschränke oder Klimageräte, festgelegt werden. (European Commission 2009)

Schlussbetrachtung | Warum werden die von mir kurz skizzierten – und zum Teil lang bekannten – Lösungen nicht im großen Maßstab umgesetzt? Warum verschlechtert sich der Zustand der Erde trotz der Einigkeit darüber, dass wir so wie bisher nicht weitermachen können, zunehmend? (Ismar und Humml 2011) Viele Menschen haben sich an einen beeindruckenden Wohlstand gewöhnt. Der soll offenkundig erhalten bleiben. Der oft untersuchte Abstand zwischen Umweltbewusstsein und Umwelthandeln spricht für sich: Fast zwei Drittel der Befragten in Deutschland finden Umweltschutz wichtig, aber nur acht Prozent beziehen Ökostrom. (Lutz 2012) Alle kaufen angeblich Bio-Lebensmittel, aber der Bio-Anteil am Lebensmittelmarkt beträgt keine

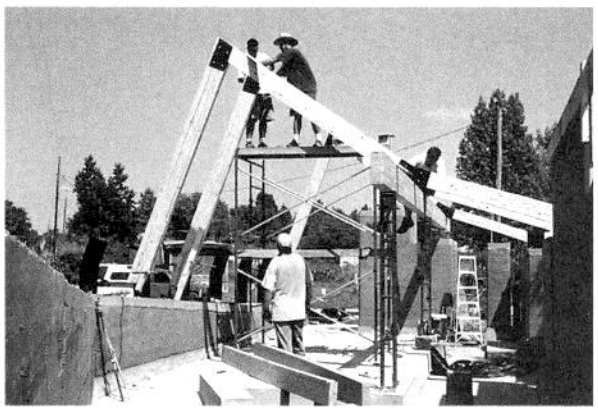

social responsibility inherent in the architectural profession.[23] In an exemplary teaching program, undergraduate students design houses for the poor, predominantly black population in the so-called *blackbelt* in western Alabama. About five projects are realized within the studio each year. Since its foundation, Rural Studio has built more than eighty houses. In order to keep the costs of building low and to develop an architecture with sustainable premises, the studio champions *reuse* and *recycling*. One interesting example is a house made with walls comprising balls of old paper. Rural Studio was able to establish in tests that these firmly pressed balls of paper have more resistance to fire than some traditional building materials.

Sustainability is one of the most important subjects in the practice of design today, as the preservation of our envi-

Transportwege insgesamt Emissionen reduziert. Design hat großen Einfluss in der Konzeptphase von Problemlösungsstrategien, indem es verstärkt auf Dematerialisierung setzt und Dienstleistungen und Services konzipiert statt singulären Produkten. Design kann bei der Materialbeschaffung und -verwendung Einfluss haben, indem es zunehmend recycelte oder erneuerbare Materialien einsetzt, keine toxischen Stoffe verwendet und Cradle-to-cradle-Konzepte anwendet. In der Produktion kann Design darauf einwirken, dass Produktionsverfahren mit viel weniger Energie entwickelt werden, dass weniger Ressourcen (Ressourceneffizienz) ge- und verbraucht sowie dass weniger Gifte eingesetzt werden und dass die Produktlösungen eine Komponentenfähigkeit aufweisen (zum Beispiel, dass einzelne Elemente bei Verschleiß austauschbar sind). Am *Point of Sale* muss Design dafür sorgen, dass erheblich weniger Verpackungsmaterial eingesetzt wird. Die Werbung muss umweltfreundliches Verhalten stärker fördern und strategischen Konsum unterstützen. Design sollte dafür sorgen, dass der Gebrauch der Produkte langfristig angelegt ist, dass die Produkte von zeitlosem Design, weniger modisch und reparabel sind. Und in der Entsorgung kann intelligentes Design nach dem Vorbild des Cradle-to-cradle-Prinzips erreichen, dass Materialien und Einzelteile wieder Ausgangsbasis für neue Stoffkreisläufe werden.

Kriterien eines Nachhaltigkeitsdesigns | Der im Januar 2012 neu geschaffene Bundespreis *Ecodesign* bietet Orientierung und hilft, Wissen über die Umweltauswirkungen eines Produktes oder einer Dienstleistung während seines/ihres gesamten Lebenszyklus zu verbreiten. Er strebt eine bessere Positionierung ökologischen Designs

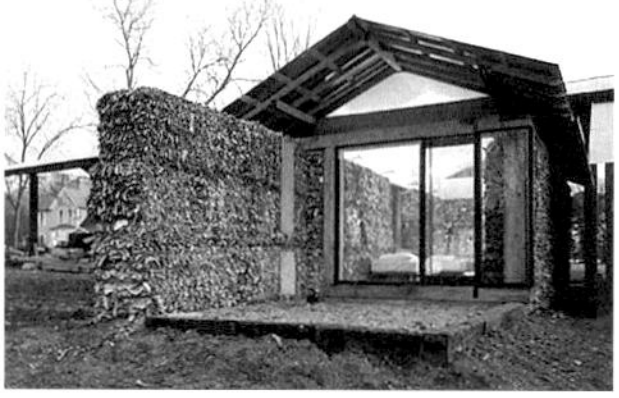

ronment is one of the central demands made on all designers to ensure a future worth living in.[24]

What sort of contribution can art, design, and architecture make to sociocritical discussions and political debates? Is "more ethics, less aesthetics", the motto of Massimiliano Fuksas at the Architecture Biennial in Venice in 2000, truly decisive? Or could "more aesthetics", on the contrary, lead to and promote greater consideration of ethical responsibilities and dimensions in architecture, art, and design? Does one include the other or even exclude it, or are such associations, observations, and claims no longer up-to-date? In this volume, artists, designers, scientists, and the directors of some well-known institutions are given a say on the matter; they examine the interrelations of ethics and aesthetics in phi-

ler, Ökonomen und Designer an Lösungen und Strategien, die uns zu einer nachhaltigen Entwicklung verhelfen könnten – angefangen bei den Effizienzstrategien, die den Ressourcen- und Energieverbrauch erheblich reduzieren können: „Die grundlegende Prämisse von Faktor Fünf ist, dass Menschen nicht Treibstoff oder Autos wollen, nicht Kilowattstunden oder Kohlekraftwerke, nicht Elektronen oder Glühbirnen, nicht Blechbüchsen oder Aludosen, sondern die ‚Dienstleistung' dahinter, die diese Dinge bieten: Mobilität, Energie, Licht oder die Möglichkeit zur Lagerung von Nahrungsmitteln. Ein ganzheitlicher Ansatz in Entwicklung, Konstruktion und Design eröffnet ein weites Feld aufregender Möglichkeiten. Statt überbordender Lieferungen von Waren und Dienstleistungen, elegante Pakete mit hohem Komfort und wenig Abfall." (Weizsäcker 2010:42) Konsistenzstrategien vermeiden Abfall und organisieren Stoffströme in Kreisläufe oder setzen solare Energie ein. (Braungart, Michael, McDonough, William 2008) 80 Prozent des Umwelteinflusses von Produkten, Gebäuden etc. werden bereits während des Designprozesses festgelegt (zum Beispiel Inhaltsstoffe, Anteile von toxischen Chemikalien, Energie zur Herstellung und zur Benutzung, Lebensspanne, Entsorgung, Einfluss der Menschen auf ihre Werte und Handlungen). Design hat Einflussmöglichkeiten auf den Vertrieb, indem es auf lokale Materialien setzt, durch intelligente Lagerungs- und Transportlösungen Energie spart und durch kürzere

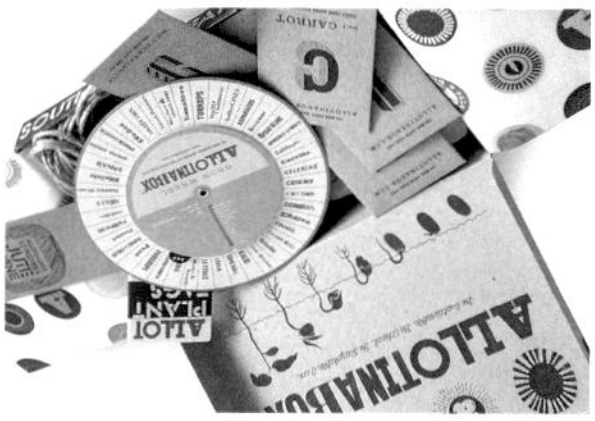

losophy, art and design, as well as in curatorial practice. In three sections, projects and positions in art, architecture, and design are presented: they all face up to ethical questions and either search for or reject aesthetic answers.

Notes | Literature: **1** (Ancient Greek ἠθική (ἐπιστήμη) ēthikē (epistēmē) from ἦθος ēthos **2** Cicero translated êthikê as philosophia moralis and Aristotle introduced the term ethics as a description of a philosophical discipline that judges human actions and derives binding guidelines from those same actions. Ethics, as well as legal, state, and social philosophy are regarded as "practical philosophy" by contrast to "theoretical philosophy" like logic, epistemology, and metaphysics. **3** Plato (360–346 B.C.): "Philebos", in: Loewenthal, Erich (ed.,1982): Platon – Sämtliche Werke Vol. III, Heidelberg: Lambert Schneider **4** Früchtl, Josef (1996): "Die Möglichkeiten einer ästhetischen Ethik der Natur", in: Zimmermann, Jörg (ed.): Ästhetik der Naturerfahrung, Stuttgart: Fromann-Holzboog, p. 60. More detail on this in the "Habilitationsschrift" by Früchtl, Josef (1996): "Ästhetische Erfahrung und moralisches Urteil. Eine Rehabilitierung." Frankfurt/Main: Suhrkamp **5** On the philosophical foundation and relations between ethics and aesthetics, see the essays in this volume by Michaela Ott (2011): "Aesthetics and Ethics in Philosophy and Art", p. 76, and Rainer Leschke (2011): "The Beautiful Semblance of the Good and the Goodness of Beautiful Semblance. The

und Emissionshandelssysteme belegen Umweltbelastungen mit einem Preis und lassen umweltschädliche Aktivitäten kostspieliger werden als umweltfreundlichere Alternativen. *Die Preise von Gütern und Produkten müssen den tatsächlichen Wert von Naturgütern und Ökosystemleistungen besser widerspiegeln:* Durch die Bestimmung des Werts und des richtigen Preises für natürliche Ressourcen und die ökosystemaren Dienstleistungen, die sie erbringen, kann eine nachhaltigere Nutzung dieser Ressourcen erreicht werden. *Es müssen proaktive und effektive Vorschriften und Standards eingeführt werden*: Normen (zum Beispiel für die Luftqualität, die Abwassereinleitung und für Fahrzeugemissionen, ergänzt durch baurechtliche Vorschriften für die Energieeffizienz), Verbote (zum Beispiel von illegalem Holzeinschlag oder Handel mit gefährdeten Arten, von Ansiedlungen in Naturschutzgebieten, von bestimmten toxischen Pestiziden) und planungsrechtliche Instrumente (wie Raumplanungsvorschriften und Umweltverträglichkeitsprüfungen). *Es müssen die umweltschädlichen Subventionen beseitigt werden:* Viele umweltschädliche Aktivitäten werden vom Steuerzahler subventioniert. So werden zum Beispiel die Herstellung und der Verbrauch fossiler Brennstoffe in zahlreichen Ländern immer noch in gewissem Maße subventioniert. Dies läuft im Wesentlichen darauf hinaus, dass CO_2-Emissionen gefördert, Anstrengungen zur Bekämpfung des Klimawandels unterminiert und energietechnologische Lösungen der Vergangenheit für die Zukunft festgeschrieben werden. (OECD 2012)

Einflussbereich des Designs | Spätestens seit der Veröffentlichung der Studie *Die Grenzen des Wachstums* durch den Club of Rome (Meadows 1972) arbeiten Wissenschaft-

Precarious Relationship between Aesthetics and Ethics", p. 46 **6** It is remarkable that often it is not the young people themselves who want the operation but their parents, as pediatric surgeon Julia Corcoran from Northwestern University in Chicago explains. Weigelt, Nada / dpa: press release dated 08.09.2008, at: http://www.n-tv.de/politik/Selbst-Kinder-unterm-Messer-article21328.html (last access: 09.08.2012) **7** Films on this subject: Shari Cookson (director): Living Dolls: The Making of a Child Beauty Queen (TV documentary film, USA 2001) and Jonathan Dayton, Valerie Faris (directors)/Michael Arndt (screenplay): Little Miss Sunshine (prize-winning feature film, USA 2006) **8** http://theirishcritic.com/new-york-theatre/feminism-and-representation-an-interview-with-orlan (last access: 21.07.2012) **9** For more detail on the work of Orlan, cf.: Orlan 1964–2001, exhib. cat. ARTIUM de Alava, Centro-Museo Vasco de Arte Contemporaneo, Salamanca 2002 **10** http://www.artinfo24.com/shop/artikel.php?id=139 **11** Witte, Sonja (2011): "Indiz der Wirklichkeit. Über die Kunst der Ware keine sein zu wollen", in: extrablatt-online http://www.extrablatt-online.net/archiv/ausgabe-6/sonja-witte-indiz-der-wirklichkeit.html (last access: 20.11.2011) **12** http://www.santiago-sierra.com (last access: 09.08.2012) **13** Friedrich Schiller (1879): "Über Anmuth und Würde", in: Schillers Sämtliche Werke, vol. 4, Stuttgart: J.G.Cotta'sche Buchhandlung, pp. 454–496 **14** Der Kunstwart. Rundschau über alle Gebiete des Schönen; Monatshefte für Kunst, Literatur und Leben. Munich. 1st edition 1887 to 50th edition 1936/37 **15** Pazaurek, Gustav Edmund (1909): "Geschmacksverirrungen im Kunstgewerbe. Guide to this Department in the Landes-Gewerbe-Museum Stuttgart", scan of the 3rd edition 1919, at:

durchgängig vom Staat gefördert als Mittel, noch schönere Verpackungen zu machen, den Konsum mit noch mehr Produkten anzuheizen, die man gar nicht haben will, die Oberflächen der oft oberflächlichen Dinge noch bunter und attraktiver zu machen und das Dasein zum Absolvieren von ständig sich ändernden Moden zu erniedrigen." (Aicher 1991:25)

Was wir tun müssen | Jared Diamond hat untersucht, warum Gesellschaften in der Geschichte der Menschheit überleben oder untergehen. Er hat fünf Faktoren ausgemacht, die an einem Zusammenbruch einer Gesellschaft mitwirken: Umweltschäden, Klimaveränderungen, feindliche Nachbarn und freundliche Handelspartner. Der fünfte Faktor ist der alles Entscheidende: wie eine Gesellschaft auf ihre Umweltprobleme reagiert. Dabei erwachsen die Reaktionen einer Gesellschaft aus ihren politischen, wirtschaftlichen und sozialen Institutionen sowie aus ihren kulturellen Werten. Diese Institutionen und Werte haben Einfluss darauf, ob die Gesellschaft ihre Probleme lösen kann oder überhaupt zu lösen versucht. (Diamond 2006) Noch haben wir ein Zeitfenster von circa 10 bis 20 Jahren, um angemessen auf die vielfältigen Probleme zu reagieren und eine lebenswerte Welt auch für zukünftige Generationen zu erhalten. Wir kennen die Bereiche, in denen sich ein Wandel vollziehen muss: in der Politik, in der Wirtschaft (Innovationen, Technik) und in der Gesellschaft. Welche Rolle Design dabei spielen kann, möchte ich nachfolgend skizzieren und welche Politikinstrumente notwendig sind, auf die Design nur wenig beziehungsweise lediglich indirekt Einfluss hat. *Die Umweltverschmutzung muss verteuert werden:* Wirtschaftliche Instrumente wie Umweltsteuern

http://de.wikisource.org/wiki/Geschmacksverirrungen_im_Kunstgewerbe (last access: 09.08.2012). The exhibition Böse Dinge. Eine Enzyklopädie des Ungeschmacks, curated by Imke Volkers, was shown in the Werkbundarchiv / Museum der Dinge in 2009–10 and adopted the categorisation of errors in taste coined by Pazaurek. **16** Details on this can be found in the essay by Renate Flagmeier / Werkbundarchiv Berlin (2011): "Good and Bad Objects from the Perspective of the Deutscher Werkbund", p. 124 **17** Details on this can be found in the essay by Christian Demand (2011): "Architectural Criticism as Lay Preaching: How Paul Schultze-Naumburg Berated the Sins of Modern Building", p. 106 **18** Holten, Johan (2011): "Geschmack – eine Einführung", in: Geschmack, der gute der schlechte und der wirklich teure, Staatliche Kunsthalle Baden-Baden. Cologne: Walther König, p. 15 **19** For more detail on this, cf. the essay by Johan Holten / Kunsthalle Baden-Baden (2011): "Good, Bad, and Truly Expensive Taste. The Part Played by Ethics in Twenty-first-century Aesthetics", p. 148 **20** Ullrich, Wolfgang (2003): "Tiefer hängen", Berlin: Wagenbach **21** For details on this, cf. the essays by Leiko Ikemura (2011): "What Moves Us and What Can We Move?" p. 174; Raphie Etgar / Museum on the Seam Jerusalem (2011): "Socio-political Contemporary Art as a Medium of Criticism and Protest: The Museum on the Seam as a Test Case", p. 166; and Derrick de Kerckhove: "The Ethics of the Aesthetics of Global Art", p. 188 **22** Lepik, Andres (2011): "Moderators of Change. Architektur, die hilft", Ostfildern: Hatje Cantz **23** Samuel Mockbee: "If architecture is going to nudge, cajole, and inspire a community to challenge the status quo into making responsible changes, it will take the subversive leadership of academics and

Konsum von Dingen zu verdoppeln, die ihm wenig oder gar kein Vergnügen bereiten – abgesehen davon, dass sie seinen Reichtum repräsentieren. (Müller 2003:29–31) Die Designer und ihre Auftraggeber haben erreicht, den Erwerb von Gütern zum alles entscheidenden Lebenselixier zu erheben. Die Politikwissenschaftlerin Uta von Winterfeld spricht sogar von dem Gesetz des „Immer-alles-haben-wollen-Müssens". (Winterfeld 2012: 57–65) Und sie haben die Produkte so konzipiert, dass sie nach wenigen Jahren entweder kaputtgehen – sogenannte eingebaute Obsoleszenz – oder altmodisch wirken. (Packard 1964) Der Designer Otl Aicher beklagt diese Tatsache in seinem Buch *Die Welt als Entwurf*: „Die Welt ist in einem eigenartigen Zustand. Wir entdecken das Waldsterben, tun alles mögliche dagegen, und es nimmt weiter zu. Wir entdecken Schadstoffe in unserer Atmosphäre, wir tun alles mögliche dagegen, und die Verseuchung nimmt weiter zu […]. Wir produzieren jede Menge Müll und giftige Abfallstoffe, wir tun alles mögliche dagegen, aber Gifte und Müll wachsen zu Bergen an, die wir kaum noch beseitigen können. Wir wollen den Ausstoß von Kohlendioxyd reduzieren, aber die Welterwärmung nimmt zu […]. Hier wäre Design gefragt, denn wir sprechen von Produkten, die ausschließlich von Menschen hergestellt werden. Hier wäre Design gefragt, das kritisch ist, Dinge in Frage stellen kann, das analytisch ist und Wurzeln aufdecken kann. Stattdessen wird Design heute

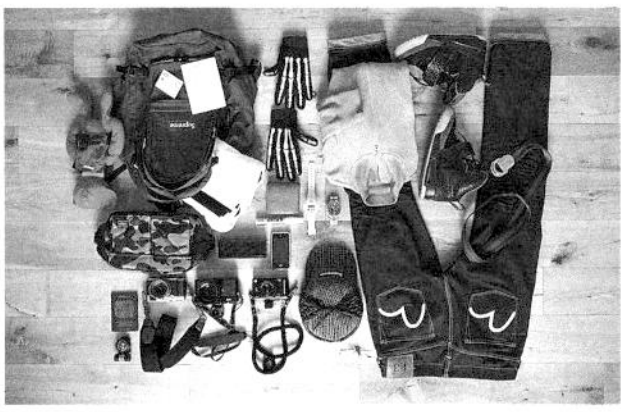

practitioners who keep reminding students of the profession's responsibilities." at: http://apps.cadc.auburn.edu/rural-studio/ (last access: 09.08.2012) **24** On this, cf. the essays by César Peeren / 2012Architecten (2011): "Superuse. The Return of Objects", p. 218 and Stephan Bohle (2011): "It's the Design, Stupid!" p. 202

List of illustrations: p. 14: Leonardo da Vinci: The Vitruvian Man, Study of proportions from Vitruvius around 1490, Venedig Gallerie dell' Academia, Inv.228, Popham, Arthur (1946:215) cf. also: Zöllner, Frank: Leonardo da Vinci | p. 18: Susan Anderson: High Glitz, portrait series by Mini Beauty Queens Susan Anderson, 2009 | p. 19: Orlan: In-between Venus and Orlan | p. 20: plastic surgery as a performance | p. 21: Jocelyne Wildenstein | p. 22: Vampire Woman Maria Jose Cristerna | p. 23: Tāmati Wāka Nene, Māori chief, Hokianga New Zealand | p. 24: Wim Delvoye: Donata stuffed | p. 25: Santiago Sierra: Line of 30 cm tatooed on a remunerated person, Calle Regina 41, Mexico City, May 1998 | p. 27: Atelier van Lieshout: BarRectum, 2005 | p. 27: Atelier van Lieshout: Fertility Lamp, 2009 | p. 29: cover page of Der Kunstwart | p. 34: Annett Zinsmeister: Lost Homes, 2007 | p. 36: Shigeru Ban: Paper Log Houses | p. 37: Rural Studio: Community Center, Masons Bend, 2000 | p. 38: Rural Studio: The Cardboard Pod_01, 1997-2001

gerätschaften erreicht. Der Ökonom und Einzelhandelsanalytiker Victor Lebow forderte deshalb, dass man den Kauf und den Gebrauch von Waren in Rituale verwandeln und sein Selbstwertgefühl im Konsum suchen muss, um die Leute am Kaufen und die Fabriken am Produzieren zu halten. In immer schnellerem Tempo sollten Dinge konsumiert, verbrannt, ersetzt und weggeworfen werden. (Leonard 2010:57) Die Werbeindustrie sorgte mit unendlich vielen Werbebotschaften über Jahrzehnte dafür, dass wir unseren Stellenwert in der Gesellschaft über den Besitz von Gütern definieren und ständig auf der Suche nach dem Neuen sind. Erinnern wir uns an den berühmten Sparkassenspot mit dem Motto: „Mein Haus, mein Auto, meine Yacht." Oder an die Kampagnen in jüngerer Zeit, die die Haltung eines Großteils der Bevölkerung zementierte und zum Kult erhob: „Geiz ist geil." Und ebenso ist alles Neue geil – so die implizite Botschaft: „Heute kauft man, um wegzuwerfen. Verbrauchen, nicht bewahren, lautet die Devise. Ob es sich um ein Auto, ein Kleidungsstück oder ein technisches Gerät handelt, man kauft es, und nachdem man es einige Zeit benützt hat, ist man es leid und brennt darauf, sich das neueste Modell zuzulegen." (Fromm 1979:76) Das Resultat ist, dass der durchschnittliche Deutsche heute 10.000 Gegenstände besitzt. (Uchatius 2010) Dass dieser billige Güterwahn nur auf Kosten anderer Menschen und der Umwelt möglich ist, sehen nur wenige ein. Wirtschaftswissenschaftler John Stuart Mill stellte sich schon im 19. Jahrhundert die Frage, warum es ein Grund zum Feiern sein soll, wenn ein Mensch, der sowieso schon reicher ist, als irgendjemand sein muss, die Möglichkeit erhält, den

mafolgen zu verhindern. So ist Klimaschutz auch zu einem Menschenrechtsthema ersten Ranges geworden. (Brot für die Welt, o.a. 2009:213)

Design – Wegbereiter der Zerstörungs- und Verschwendungsgesellschaft | Heute sind die reichsten 20 Prozent der Weltbevölkerung für 76 Prozent des weltweiten Konsums verantwortlich und verbrauchen 75 Prozent der globalen Rohstoffe (Leonard 2010:57). Friedrich Schmidt-Bleek merkt dazu an: „Bereits im Jahre 1990 verbrauchte jeder Deutsche etwa 70 Tonnen fester Materialien aus der Umwelt und 500 Tonnen Wasser. Für die US-Amerikaner und die Finnen sind die Beträge höher. Wenn der Rest der Menschheit einen Verbrauch in dieser Höhe erreicht, werden wir kaum noch die Kraft haben, uns um Staatsfinanzen, Globalisierung, Renten und Arbeitslosigkeit große Gedanken zu machen. Wir werden voll damit beschäftigt sein, das nackte Überleben in einer immer menschenfeindlicher werdenden Umwelt zu sichern.“ (Schmidt-Bleek 2007:45) Von Design und Werbung angeheizt, haben sich in den westlichen Industrieländern Konsumgesellschaften formiert, deren Lebensstil von einem Großteil der Menschen in der übrigen Welt nachgeeifert wird. (Friedmann 2010:77) Das Beratungsunternehmen Strategy Analytics geht in seinem neuesten *Global Advertising Forecast* davon aus, dass die weltweiten Werbeausgaben im Jahr 2012 um 4,9 Prozent auf 465,5 Milliarden US-Dollar steigen werden. (Handelsblatt 2012) Die Werbemaschinerie läuft auf Hochtouren. Diese rasante Entwicklung hat vor allem nach dem Zweiten Weltkrieg Fahrt aufgenommen. In den USA hatten die Fabriken enorme Kapazitäten für die Produktion von Kriegs-

Misere herauszuführen, in die es sie hineingelockt hat. Ich verstehe Design dabei nicht in seiner beschränkten Definition als Entwicklung eines Produkts oder Verschönerung einer Oberfläche. Design ist nach dem Architekten William McDonough vielmehr das erste Zeichen menschlicher Absicht. (McDonough 2012) Und Absicht wiederum ist das Motiv oder der Beweggrund des Handelns. Design entsteht, wenn Menschen handeln.

Aber schauen wir uns zunächst den Zustand der Welt an: Der jüngste OECD-Umweltausblick hat sich die Frage gestellt, wie die Umwelt im Jahre 2050 aussehen wird. Die Weltbevölkerung wird um weitere zwei Milliarden auf neun Milliarden Menschen angestiegen sein. Der Energiebedarf wird um 80 Prozent höher sein als heute und zu über 85 Prozent aus fossilen Energieträgern gespeist werden. Folglich werden auch die CO_2-Emissionen um 50 Prozent zunehmen. Die daraus resultierende Erwärmung der Erdatmosphäre wird die Niederschlagsmuster verändern, die Gletscher- und Permafrostschmelze verstärken, den Meeresspiegel anheben und die Intensität und Häufigkeit von extremen Wetterlagen und -phänomenen, zum Beispiel von Hitzewellen, Flutkatastrophen und Wirbelstürmen, auch in unseren Breitengraden erhöhen und zum wichtigsten Beschleunigungsfaktor des Schwunds der biologischen Vielfalt werden. (OECD 2012) Damit stellt der Klimawandel einen Angriff auf die wirtschaftlichen, sozialen und kulturellen Menschenrechte großer Bevölkerungsgruppen auf der Welt dar. Die Erderwärmung unter zwei Grad Celsius im Vergleich zum vorindustriellen Niveau zu halten, ist nach allgemeiner Auffassung geboten, um drastische Kli-

STEPHAN BOHLE

It's the Design, Stupid!

Ästhetik meint nach Rudolf zur Lippe das Sinnenbewusstsein, die Beteiligung aller Sinne an dem Empfinden, Wahrnehmen und Gestalten von Welt. (Zur Lippe 1987) Die entscheidende Frage aber lautet: Was für eine Welt wird für das Empfinden, Wahrnehmen und Gestalten übrig bleiben, wenn die Menschheit die Auszehrung der Erde so weiterbetreibt wie bisher? Wir haben es zugelassen, dass die westlichen Gesellschaften einen Lebensstil pflegen, der auf Verschwendung und Zerstörung basiert. Wir definieren unser Selbstwertgefühl über Konsum und über den Besitz von Gütern. (Leonard 2010:57) Erich Fromm brachte das auf den Punkt: „Ich bin, was ich habe." (Fromm 1979:80) So kann es nicht weitergehen. Das ist keine Option. Wir brauchen eine Diskussion um Werte, Haltungen und Einstellungen.

Ich möchte die Frage „Ethics in Aesthetics?" aus der Designperspektive betrachten. Sie spielt eine zentrale Rolle in der Diskussion um das *richtige* Zivilisationsmodell. Hier die Konsumgesellschaft, die attraktiv und verführerisch daherkommt, aber nicht zukunftsfähig ist – und dort eine nachhaltige Gesellschaft, die noch attraktiver sein müsste, um einen breiten Konsens zu erreichen. (Glauber 2006) Meine erste These lautet: Design hat einen maßgeblichen Anteil daran, dass die Welt sich in einem bedrohlichen Zustand befindet. Meine zweite These lautet: Design kann ein Motor für Veränderung sein und muss die Verantwortung annehmen, die Menschen aus der

The Interrelation of Ethics and Aesthetics

RAINER LESCHKE

The Beautiful Semblance of the Good and the Goodness of Beautiful Semblance. The Precarious Relationship between Aesthetics and Ethics

MICHAELA OTT

Aesthetics and Ethics in Philosophy and Art

RAINER LESCHKE

The Beautiful Semblance of the Good and the Goodness of Beautiful Semblance. The Precarious Relationship between Aesthetics and Ethics

In 1790, in other words directly after the French Revolution, a rigorous moralist from Königsberg not best known for his artistic expertise, Immanuel Kant, elevated "the beautiful to a symbol of the morally good" (Kant 1790:297)[1] and so created one of the few intellectual links between the beautiful and the ethical. Most probably, the reason for this encroachment of the ethical on the beautiful was the fact that even for Kant, the good could not remain purely abstract but required some possibility of imagination. Nonetheless, this idea remains open in a manner actually quite unlike the linguistic pedant Kant: for the beautiful is not the morally good itself but, at best, it is suitable as a symbol. Ultimately, therefore, it remains caught in its own sphere – i.e., the sphere of effective representation. It appears there is no direct

access from this sphere to the heart of the matter – that is, to the morally good. Certainly the idea that one could – as Adorno once put it – "warm oneself ethically …" (Adorno 1967:503) on a work of art, remains premature. While Kant looked to distance, as it were, the relationship between the aesthetic and the ethical using the buffer of symbolism, Schiller, who mistrusted the rigorous moralist on principle, puts things far more succinctly in this context: in his work, there is no doubt that art should fulfill ethical tasks. Indeed, it is only art in those places where it intervenes morally. However, it is a very special intervention that Schiller envisages here: his idea of the play drive as the heart of the aesthetic is also enormously charged in a normative sense, as it is conceived as a kind of shock absorber within a system of competing moral claims, as a fender intended to protect us from both the depths of aristocratic morality and the petty arrogance and bigotry of bourgeois virtue enthusiasts. Behind the function of conveying and moderating morality that Schiller imposes on the game of art, ultimately there is a rather deep-reaching dis-

Raum und Zeit zu entwickeln, gewähren uns globale Künstler heute Zugang zu unserer neuen räumlichen Situation, dem Planeten selbst.

Anmerkungen: **1** Abb. http://apod.nasa.gov/apod/image/0011/earthlights2_dmsp_big.jpg **2** Oder auch an der Vision der ersten fossilen Strahlung auf das Universum, eine sogar noch größere, noch verwirrende Emotion: http://irfu.cea.fr/Sap/en/Phocea/Vie_des_labos/Ast/ast.php?t=fait_marquant&id_ast=2798 Oder für genauere Informationen: http://en.wikipedia.org/wiki/Big_Bang **3** http://www.poodwaddle.com/clocks/worldclock/ **4** Dieses Erlebnis trug umgehend zur Erweiterung meiner Interpretation von Raum bei. **5** Es ist mir fast peinlich, nur einige Künstler beispielhaft auszuwählen, quasi zufällig, wobei mir durchaus bewusst ist, dass ich Dutzende oder mehr ausgelassen habe, die zumindest mit einem ihrer Werke bewusst unsere potenziellen Gefühle für den globalen Schauplatz ansprechen wollten. Die hier erwähnten wurden in erster Linie ausgewählt, um das Konzept besser erklären zu können.

trust of morality as such. In fact in his opinion, morality is not good per se, indeed rather the opposite: too much morality, according to Schiller, could be just as damaging politically as too little. And as many as 200 years later, this obviously well-founded distrust of the guardians of virtue led to Niklas Luhmann's "warning against morality".[2] For as a rule, social systems do not sicken due to a deficit but to a surplus of morality, as we learn from a brief look at authoritarian systems, which all pretend tremendous morality. On the other hand, social revolutions rarely get by without some accompanying moral music, which Schiller knew from the morality-saturated terror of the French Revolution, and we can observe in every political activity that strikes up a fundamentalist tune. While Kant, therefore, models the relation between ethics and aesthetics more on mediation, Schiller – like many after him – envisages the political-moral intervention of art. However, this intervention never becomes categorical or concrete in his work, since it has no available norms or values of its own. Instead, the political assignment always re-

logie in das Verhältnis zwischen unserem Bewusstsein und unseren „natürlichen" Wurzeln, der unsere Verbundenheit untereinander und die Wahrnehmung der planetaren Dimension unseres Daseins stört. Allein diese Wahrnehmung erfordert einen qualitativen Sprung auf eine andere Vorstellungsebene. Damit Menschen diese höhere Wahrnehmungsebene erreichen können, brauchen sie Modelle, und die Aufgabe der globalen Kunst ist es, ihnen diese Modelle zu bieten.

Das Bedürfnis, Gesamtheit ebenso wie Materie darzustellen, ohne dabei die Verbindung zu geistigen Prozessen zu verlieren, ist der Grund dafür, dass die Erdkugel so häufig in New-Media-Kunstwerken und -Installationen auftaucht. Die meisten Werke und Installationen der globalen Kunst versuchen, das Gefäß-Inhalt-Verhältnis zwischen Mensch und Planet umzukehren. Denker und Designer wie auch Künstler teilen die planetare Sensibilität der globalen Kunst, ohne dabei in die Falle der oberflächlichen Mystik der New-Age-Philosophie zu tappen. Roy Ascott, Pierre Lévy, Jean-Marc Philippe (†), Howard Rheingold, Steward Brand, Lynn Margulis, Joel de Rosnay, Peter Russell, Frijthoff Capra, Mohammed Yunus, Joi Ito und viele andere vertreten leidenschaftlich die Ansicht, dass die Menschen ihre Wahrnehmung der Realität korrigieren müssen. Wie schon vor und im Zuge der Renaissance arbeiten Künstler, Forscher und Philosophen nun erneut daran, die psychologischen und sozialen Reaktionen der Menschen den neuen Verhältnissen ihrer Zeit anzupassen. Während jedoch bildende Künstler, Musiker, Schriftsteller, Dichter und Dramatiker den Menschen damals helfen wollten, eine bessere Vorstellung von ihrer Position in

mains formal: art is conceived as a protective cover to be drawn over the terror of morality, intended to protect us from the enthusiasm of the virtuous, whatever their shade. Here, art is comparatively moderate in moral terms, despite its great formal-aesthetic radicalism, so that it succeeds in moderating the terror of virtue. Although Schiller lays out his aesthetic intervention into the system of competing moral impositions in a relatively indirect manner, and art is obliged to cope within this system without its own intrinsic value – merely modulating existing values – this goes a decisive step further than the simplest conceivable model of connection between aesthetics and ethics: that is, beyond the notion of the virtuousness of any kind of ideology, according to which only the ethically faultless can display aesthetic qualities. From a historical viewpoint, such direct short circuits between aesthetics and ethics generally end as short circuits are prone to: that is, in aesthetic disaster. Unprotected flirting with morality and ethics, therefore, does not appear truly positive for art in particular. As a rule, art with moral padding

oder Angst und Verantwortung über die Ebene von Schuld und Scham hinaus bis zur Dimension des menschlichen Daseins auf der Erde. Tatsache ist – nolens volens –, dass die Welt in einem global-elektronischen Umfeld mein Hinterhof geworden ist. Ich persönlich mag die vertikale Vernetzung von Medien missbilligen, die sich mehr für Gewinne als für mein Wohlergehen interessieren. Ich muss aber anerkennen, dass ich von ihnen bis zu einem gewissen Grad profitiere und dass ich allein schon durch die Nutzung ihrer Dienste die Verantwortung für ihre Existenz mittrage. Ich mag die ungerechte Abhängigkeit fortschrittlicher industrieller Wirtschaftssysteme vom Waffenhandel missbilligen, die die Welt zu einem weniger sicheren Ort gemacht hat, aber ich kann auch frei meine Meinung dazu äußern und darüber entscheiden, ob ich mein Geld oder meinen Einfluss zur Unterstützung solcher Praktiken einsetzen möchte. Ich mag entschieden gegen Fundamentalismus oder die Zerstörung des Regenwalds am Amazonas eintreten – aber um die Auswirkungen dieser Missstände auf die Gesundheit der Erde spüren und beherrschen zu können, muss ich sie zuordnen können. Das heißt, ich muss anerkennen, dass sie ebenso wie ich selbst Teil des Schicksals dieses Planeten sind, den ich bewohne und von dem ich abhänge. In psychologischer Hinsicht ist diese Situation nicht wirklich neu. Die meisten vorzeitlichen Stämme haben, selbst im primitivsten Kontext, ein Weltkonzept entwickelt, das auf Ganzheitlichkeit beruht – eine Kosmologie. Und selbst die antiken Griechen hatten – ohne die hochentwickelten Werkzeuge, die uns heute zur Verfügung stehen – eine bessere Vorstellung von der Erde als wir heute. Es ist genau jener Eingriff der Techno-

enjoys considerably shorter half-life periods than its less obviously normatively engaged colleagues. As soon as its ideological carrier has disappeared from the scene, it wanders quasi automatically from art galleries into depots and the poison cabinets of historical museums. Morality obviously only agrees with art in carefully calculated, homoeopathic doses. Now, as Lessing remarks, we Germans "suffer from no lack of systematic books …" (Lessing 1766:165), but there is obviously very little that is systematic in this particular relationship between ethics and aesthetics – which appears to have a system in its turn. Because the relationship of the two, as is noticeable from my initial view of the territory to this point, is precarious in many cases and quite unclear in every case, there is a need to provide some system in retrospect despite Lessing's doubts. And in the following, I intend to do precisely that.

First of all: the beautiful, the aesthetic, and the beautiful in art do not always concur perfectly. In Kant's concept of the aesthetic, ideas that would be separated later – that is, the beauti-

leicht – aber das ist Thema einer anderen Betrachtung – ebenso auf greifbaren und propriozeptiven wie auf vornehmlich visuellen Wahrnehmungen basieren. Es reicht nicht aus, die Welt auf eine andere Art zu „sehen", wir müssen sie auch neu „spüren" können.

Die Erde ist nicht nur ein Konzept, sie ist auch eine physische Realität. Unsere mentalen Prozesse sollten diesen Körper mit einbeziehen und nicht ausschließen, als wäre er lediglich ein biologisches Unterstützungssystem für etwas Wichtigeres, das in unseren Köpfen passiert. Die Einbeziehung des Körpers und die Notwendigkeit eines physischen Mitwirkens an einem Großteil der technologischen Kunst sind nicht dem Zufall geschuldet. Es sind auch keine Begleiterscheinungen: Sie sind vielmehr die Botschaft des Mediums. Interaktivität ist nicht irgendein Kunstgriff – sie ist Vorbote einer neuen Beziehung zwischen Kunst und Öffentlichkeit. Globale Kunst impliziert, dass der Benutzer selbst der wahre Inhalt sowohl der Kunstform als auch des Mediums Erde ist. Dies steht in radikalem Widerspruch zur Intention jeglicher Kunstformen der Renaissance und der meisten nachfolgenden Kunstströmungen. Diese verbannten den Betrachter (Benutzer) vom Schauplatz (von der Bühne, aus der Theorie), trennten Denken und Fühlen voneinander und untermauerten die künstliche Unterscheidung zwischen objektiver Welt und den subjektiven Reaktionen darauf. Im Zentrum eines existenziellen Mahlstroms zu stehen, mag nicht immer eine insgesamt angenehme oder ansprechende Empfindung sein, aber es wäre Teil der Voraussetzung für ein kollektives Überleben. Die Idee dahinter wäre eine Erweiterung der Gefühle Schmerz

ful in art and the aesthetic, i.e. the sublime – were still conceived as one. And so, if we are to tackle the issue systematically, it is first necessary to determine the relation of the aesthetic – that is, whatever can be perceived by the senses – to the ethical. In Kant's writing the aesthetic functions in the shape of the sublime, in a primarily quantitative manner, which – transferred to the senses – means that it is about occurrences of sensory overload. Among other things, Kant exemplifies such experiences of sensory overload with the raging, boundless ocean,[3] but today we are more likely to refer to action movies and computer games, the functional principle of which is based on similar over-exertion of our sensory capacities. The quantitative overtaxing of our perceptual apparatus and the ultimate triumph of good sense despite such sensory *overload* envisaged by Kant may be a relatively reliable effect, but its ethical implications are rather limited. The only question that might have some normative significance is what sensory tortures may one inflict upon one's audience – but even here, as a result of simple habit, the histori-

Kunst zu einem Co-Autor geworden? Ist globale Kunst die nächste Phase von Internetkunst, eine Art Erweiterung derselben um die analoge Seite der Realität? 8. *Urheberschaft*: Wie steht es um die Urheberschaft in der globalen Kunst? Handelt es sich um eine Form komplexer Mitgestaltung, die die wahren Eigenschaften der Interaktion durch Web 2.0+ widerspiegelt? 9. *Merkmale Der Globalen Kunst*: Welche Ausprägungen von Raum, Zeit und Materie tragen die Werke der globalen Kunst? Sind dies: der kondensierte Raum, die Jetzt-Zeit und die hybride (analog-digitale) Materie? 10. *Paradigmenwechsel*: Welche Veränderungen lösen Werke der globalen Kunst in Bezug auf die Wahrnehmung und Erkenntnis aus? Welches zeitgenössische Paradigma spiegelt sich in den Praktiken der globalen Kunst wider?

Wenn das Überleben jedem von uns gewisse Prioritäten auferlegt, sollte dies auch für das neue kollektive und verbindende Bewusstsein gelten, das die Kommunikationstechnologien um uns herum erschaffen. Die neue Priorität einer Bevölkerung, deren grenzüberschreitendes Verständnis – wenn nicht sogar deren Harmonie – via planetarem Austausch ständig wächst, die gleichzeitig aber stets von Meinungsverschiedenheiten und der Erschöpfung der natürlichen, lebenswichtigen Ressourcen bedroht ist, sollte die Erschaffung eines neuen Selbst- und Gemeinschaftsbildes sein. Dieses Bild sollte über das Oberflächliche hinausgehen, über den Blickwinkel, den jeder als dauerhaften Referenzpunkt der eigenen Positionierung in Raum und Zeit mit sich trägt. Dieses Selbstbild, das die Erde miteinbezieht, sollte lokale Unterschiede und individuelle Projekte transzendieren, ohne sie zu eliminieren. Es sollte viel-

cal limitations have proved fairly flexible. If the aesthetic does not, as occasionally in the case of computer games, come across as a quantitative overexaggeration of morally dubious behavior – i.e., in video killing, as long as perception goes along with this – it is actually dreadfully harmless. To this extent, the aesthetic is ethically rather meaningless, insofar as it is not semantically overencoded, thus creating problems: in the main, the aesthetic and the ethical obviously leave each other in peace; they simply function quite independently of one another. To this extent, at least one thing is initially clear: it is not the sensory dimension of the aesthetic that unearths ethical risks. If anything at all about aesthetics is connected with ethics, then what we need to question regarding its precarious relationship to the ethical is either the semantic encoding (i.e., the content) or what Kant would separate from the merely sensual effect (i.e., the beautiful in art). The beautiful in art, like the ethical, is based on a normative encoding of the facts. And in this respect, that much-used statement by Wittgenstein – "Ethics and aesthet-

Verlangt die schrittweise Verflechtung der Welt über Netzwerke nach einer neuen Form des künstlerischen Ausdrucks? Kann man das globale Kunst nennen? 3. *Zeitgenössiche Empfindsamkeit*: Ist diese neu entstehende globale Kunst jener künstlerische Ausdruck, der die Sensibilität einer modernen, global verbundenen Gesellschaft widerspiegelt? Ist globale Kunst ein Ergebnis technologischer Veränderungen – oder hat sie ihren Ursprung im sozialen Verlangen nach einer neuen Form von Empfindsamkeit, bei der Identität, Intelligenz und Bewusstsein verbindend, dezentralisiert und erweitert sind? 4. *Zum Ethischen Charakter Von Globaler Kunst / Glokaler Kunst*: Was sind die Konturen, Prozesse, Ziele und Maßstäbe dieser neuen Form von Kunst? Sind sie verbindend, kollektiv, dezentralisiert und erweitert? Ist das Wesen der globalen Kunst sozial und umweltbewusst? Ist es der Bewegung für eine alternative Globalisierung und globale Gerechtigkeit verschrieben, die eine tiefgreifende Veränderung unseres Planeten anstrebt und die Entwicklung einer stärkeren Sensibilität für soziale Minderheiten, Emigrationsprozesse, Landverteilung, Rechte von Frauen und Kindern, Ökologie und andere soziale Bewegungen sowie alternative soziale Bewegungen fordert, die gewöhnlich auf Weltforen vertreten sind? 5. *Global/Gokal*: Inwiefern bildet globale Kunst lokale Realitäten ab? Ist ein physikalisch verortetes Werk globaler Kunst eine Art von glokaler Kunst im Kontext der globalen Kunst? 6. *Kunststrategien*: Welche künstlerischen Strategien werden angewandt und wie wird ein Sinngehalt erreicht? Von unten nach oben? Von oben nach unten? Sowohl als auch? 7. *Rolle Des Betrachters*: Kann man noch von einem Betrachter sprechen oder ist der Betrachter in der globalen

ics are one."[4] – is still meaningful to some extent. However, and this is decisive, the two systems of norms do not concur, and thus the unity stops again equally categorically. The distinction between art and non-art emerges on the basis of completely different parameters to those of "good" and "bad". So we are dealing with two systems of norms that are fundamentally different. Nietzsche already had some idea of this when he noted that, "The struggle against purpose in art is always a struggle against the moralising tendency in art, against the subordination of art to morality. L'art pour l'art means: 'morality can go to hell!'" (Nietzsche 1889:1004) And it is only this fundamental independence of the two norm systems that introduces tension into the relations of aesthetics and ethics, for all the possible relations between art and ethics are only conceivable when each is an autonomous system. Art need not necessarily be morally good, therefore; on the contrary, it can also be morally dubious without its aesthetics inevitably having to suffer, and we know a great number of historical examples of this. The fact that some-

nicht ausschließlich lokal verortet sein können. Wir können den Maßstab unserer unmittelbaren Umgebung in all ihren Erweiterungen nur begreifen, wenn wir uns mit einem alles verknüpfenden Ganzen verbunden und ihm zugehörig fühlen. Die Rede ist von einer verbindenden Haut, die die Gräben überwindet und die Lücke schließt, die sich aus unserem falschen Paradigma des Voneinander-Getrenntseins heraus entwickelt hat. Ich denke, globale Kunst kann und sollte ein entscheidender Teil der Zukunft von New Media Art & Design werden.

Die Erde oder die Ethik der Ästhetik in der globalen Kunst neu denken | „En se référant aux distances continuellement croissantes que l'on pose entre nous et nos racines, la Terre est mise en question, en état de survie et d'insécurité" (Philippe Boissonnet) Möglicherweise ist die dringendste Aufgabe für jeden von uns – vom ersten Erwachen des Bewusstseins eines Kindes bis zu den letzten Gedanken eines Sterbenden – „die Erde zu denken". Damit meine ich, dass der gesamte Planet ständig in unser Bewusstseinsgefüge mit eingeschlossen wird. Das würde bedeuten, unserem Selbstgefühl eine Reihe von Bildern der Erde als wesentliche Elemente der Kernsubstanz eines Individuums hinzuzufügen. In Ermangelung von Antworten möchte ich vorschlagen, das Neu-Denken der Erde im Hinblick auf das Paradigma „Ethik vor Ästhetik" von einigen Fragen leiten zu lassen. Sie zielen darauf ab, zu klären, in welcher Beziehung globale Kunst zu verschiedenen Aspekten der Produktion und des Konsums von Kunst steht. 1. *Darstellung*: Welchen Einfluss hat die Globalisierung auf die Kunst und auf die menschliche Darstellung der Welt? 2. *Entstehung Des Konzepts*:

thing belongs to the aesthetic canon does not mean by a long way that it also needs to display ethical merits. In this way, if every possible combination of the ethical and the aesthetic is conceivable in principle and also emerges in reality, precisely this constitutes the field of tension that provokes so much social discourse. Obviously, these two independently functioning norm systems regard each other with extreme suspicion and each struggles for predominance. At the same time, it is only the tension between the two normative systems that permits the discussion and relativising of norms within societies. For it is only then that norms are no longer isolated and can become the object of reflection. In this way, the demands of the absolute nature of morality are always undermined by an art that will not readily subject itself to that morality – and that is why the arts make themselves so unpopular in authoritarian systems, which attempt a systematic leveling to their own system of values: simply because they are organised in a different normative way, the arts represent the risk of not recognising such systems' dominant

er Weltstatistiken in ihren lokalen Konfigurationen auf Dutzenden separater Globen darstellt, ein weiterer Wegbereiter dieser Kunstform. Der französische Kritiker Jean-Claude Moineau deutet globale Kunst auf ganz eigene Art, indem er sie als Ausverkauf des Kunstmarkts an die Ideologie der Globalisierung und die internationale Wirtschaft bezeichnet. Dies ist eindeutig nicht meine Intention. Jedoch möchten wir beide darauf aufmerksam machen, dass unterschieden werden muss, wo die Kunst uns wirklich etwas Neues über unser Leben auf diesem Planeten sagt und wo sie lediglich den Interessen einer wirtschaftlichen Globalisierung dient. In ihrer tieferen Bedeutung muss globale Kunst weder kommerziell noch politisch oder ideologisch sein. Sie kann auch einfach ein schönes Gefühl vermitteln, vergleichbar mit jenem, das Rafael Lozano-Hemmer mit seinem *Alzado Vectorial* in der Nacht auf den 1. Januar 2000 erzeugte. Damals lud er Menschen auf der ganzen Welt dazu ein, gemeinsam den Jahrtausendwechsel zu feiern. Über ein einfaches Design-Interface im Internet konnten die Geladenen Lichtmuster entwerfen, die dann in den Himmel über dem riesigen Hauptplatz von Mexiko City projiziert wurden. So wie *Terravision* von Art+Com quasi eine Vorstufe von Google Maps war, haben all diese Künstler technologische Innovationen und soziale Veränderungen vorausgesehen und verkündet. Menschen verschiedener Kulturen müssen sich bewusst machen können, dass sie alle Teil einer einzigen Umwelt sind; sie sollen sich mit dieser Umwelt verbunden fühlen, ihr Verantwortungsbewusstsein darauf abstimmen und ihre Gefühle im Hinblick auf diese Dimension untersuchen. Vielleicht ist es jetzt an der Zeit zu verstehen, dass wir

norms and thus their definitive power. And the authoritarian attitude will react to such opposition with extreme implacability. The other way around, morality is a kind of foreign body for aesthetics: art in the autonomous art system functions by means of an imperative originality, and that means: only different aesthetic creation is capable of art, while the rest comprises epigones and copiers. The significance of this imperative originality is clear if we visualise the fact that this imperative, as opposed to the way even Walter Benjamin still expected, has demonstrated an astonishing vitality through every phase of the new media and their technical reproducibility: even under the conditions of digital copying, sampling, and mash-up media, artist-subjects still appear to set store by the singular and aesthetic differentiation of their products, and the art market functions precisely because of these exhibited aesthetic differences. This imperative originality is not only a strongish motor behind aesthetic innovation within the art system itself; ultimately, it lends dynamism to adjacent social systems and so provides one

einem echten Trend geworden. Heute beschäftigen sich viele zeitgenössische Künstler und Designer mit diesem Thema, unter anderem Rafael Lozano-Hemmer (Spanien, Kanada, Mexiko), Maurice Benayoun (Frankreich), Hiroshi Ishii (Japan), Olivero Toscani, Franz Iandolo, Franz Fischnaller und Giuseppe Stampone (Italien), Usman Haque (Pakistan), Tom Klinkowstein (USA) und viele andere. Dabei würden sie sich selbst nie dieser oder irgendeiner anderen bestimmten Kategorie zuordnen.[5] So scheinen etwa viele Künstler in Frankreich die globale Vision zu verfolgen: Stéphan Barron verband in seiner Videoarbeit *Le bleu du Ciel* mithilfe zweier Videokameras den Himmel über Toulon in Echtzeit mit jenem über Lille (lange bevor die Menschen überhaupt an das Internet dachten, ganz zu schweigen von Webcams). Jean-Marc Philippe (*Message de l'homme à l'univers*), Fred Forest (*Le centre du monde*), Erik Samakh (*Petite planète*, mit David Rokeby), Pierre Lobstein (*Portrait de l'humanité*), Philippe Boissonet (die *Galilée*- und *Gaia*-Serien), Maurice Benayoun (viele relevante Arbeiten, darunter *Frozen Feelings* und *Emotional Traffic*, die die globale Verteilung von Emotionen, die in einer Echtzeit-Stichprobe von Googletrends in 3200 Städten erfasst wurden, auf einer Weltkarte zeigen) – alle diese Künstler haben Installationen geschaffen, die eine globale Dimension widerspiegeln. Selbst heute kann das (weltweit) gefeierte Werk des französischen Fotografen Yann Arthus-Bertrand, die Serie *Die Erde von oben*, noch einen Erkenntnisschock auslösen. Zudem vermag es immer mehr Menschen dazu zu bewegen, einen Schritt zurück zu treten und sich die Oberfläche der Erde zu betrachten. In Deutschland ist neben Art+Com Ingo Günther mit seinen *Worldmapping*-Exponaten, bei denen

of the art system's achievements for society that can scarcely be underestimated. Art creates innovation stress in social systems by continually delivering innovative aesthetic offers. Here, morality is a tremendous nuisance, if only because from the word go, it limits the freedoms and thus also the chances of possible innovation. In aesthetic terms, normatively corrected art is necessarily conservative and hardly innovative, and in this sense, moral art is more likely to be bad art. At the same time, morality also disturbs another functional context of art: art impregnates itself against time through a systematic openness of meaning. By its very nature, therefore, art is polyvalent, which means it can be reinterpreted repeatedly and lent new meaning.[5] In this way, aesthetic objects may be the subject of very diverse, sometimes even contradictory meanings at different times. Art, therefore, never has one single meaning; constitutively, it has many meanings and is ambiguous. It offers a foil for widely differing projections and rarely opposes such alternative interpretations in principle. Morality desperately attempts to break down the

Doré-Galerie in London. | 1922: László Moholy-Nagy produziert seine *Telefonbilder*. | 1963: Nam June Paik beginnt mit der Einführung seines *Elektronischen Fernsehens* seine lebenslange Verbindung mit globaler Kunst. | 1973: Obwohl einige es vorziehen würden, Elvis Presley in eine ganz andere Kunstkategorie einzuordnen, könnte man sein Konzert *Aloha From Hawaii* – die erste Musikveranstaltung, die weltweit per Satellit übertragen wurde – als globale Kunst bezeichnen. | 1976: Mit Unterstützung des Contemporary Arts Museum in Houston führt Douglas Davis seine *Seven Thoughts* im leeren Houston Astrodome vor. | 1977: Joseph Beuys, Nam June Paik und Douglas Davis stellen ihre Kunst live auf der documenta 6 vor und werden vom westdeutschen Fernsehen in viele Länder, darunter die UdSSR, übertragen.

Mit dem *Satellite Arts Project* (1977) führten Kit Galloway und Sherrie Rabinowitz die Videokonferenz in der Kunst ein: mithilfe einer transatlantischen Übertragung nahezu in Echtzeit ließen sie Tänzer zusammen auftreten.[4] Die Künstler wiederholten diese Erfahrung mit *Hole In Space* (1980), einer sehr poetischen Videokonferenz-Installation, bei der zwei Straßen in New York und San Francisco so miteinander verbunden wurden, dass die Passanten sich gegenseitig sehen und miteinander sprechen konnten. Heute betrachten wir dergleichen dank Skype als Selbstverständlichkeit. Am 1. Januar 1984 bekräftigte Nam Jun Paik mit seiner Satellitenübertragung von *Good Morning Mr. Orwell* vom Centre Pompidou in Paris und einem *WNET-TV*-Studio in New York den globalen Charakter der Kunstformen, die er ausübte. Sicherlich gab es auch vor und nach 1984 eine Menge globale Kunst; aber genau zu diesem Zeitpunkt war sie zu

irrational multiplicity of the world into its small, binary scheme of good and bad, which means that a will to standardisation is inherent in morality. Frequently, this seeks validity through violence. Morality functions through a complete lack of differentiation. By contrast, art works by searching for and opening up fresh differences. Such new differences regularly represent a truly existential challenge to morality: the aesthetically new requires moral evaluation – even if the outcome is negative. If morality cannot succeed in that, it will be finished. Morality includes an inherent pretension to universality, which means that it must be fundamentally capable of deciding and evaluating everything. This is also the service that it offers its adherents: along with morality they acquire a very simple – usually, of course, too simple – set of instruments that is supposed to provide them with reliable criteria for every decision.[6] Adherents of morality, therefore, are seldom at a loss for a solution. Insofar, morality is concerned with everything in principle; it cannot leave anything outside its evaluation. For morality, there can be no white areas

bereits viele Kunstwerke und Installationen, die von dieser Größenordnung ausgehen. Wenn man sie zusammen betrachtet, entsteht so etwas wie eine globale Sensibilität. Durch die *Global Art* erweitert sich der Bezugspunkt unseres Empfindens von der unmittelbaren Umgebung auf den Planeten als Ganzes. Die globale Empfindsamkeit versteht die Erde als neuen Rahmen, als neue sensorische Umgebung mit unendlich vielen neuen Möglichkeiten, als neue Grundlage für Gesellschaftsstrukturen und soziales Verhalten, als neues Abbild für die Selbsterkenntnis und als neues Objekt und Subjekt der Verantwortlichkeit.

Die Werke der *Global Art* sind nicht unbedingt wörtlich zu verstehen, sondern eher als Simulation von Vorstellungen, die man in die eigene Fantasie und in die eigenen geistigen Begriffsschemata von der Erde aufnehmen könnte. Die Komplexität des Gegenstands Erde erfordert unendlich viele Strategien der Abbildung in der Wissenschaft. So ist es auch in der Kunst. Globale Kunst gibt es schon lange. Bislang wurde sie jedoch, wenn überhaupt, nur von wenigen beachtet. Viele Künstler haben bewusst oder unbewusst den Planeten und besonders seine Bewohner als Ganzes thematisiert. Sie haben die Erde nicht nur als Hintergrund dargestellt, sondern als eine Präsenz, die für alle erfahrbar ist. Die Kategorie ist neu, aber ihre praktische Umsetzung geht mehrere Jahrzehnte zurück und fällt mit den Entwicklungen der Elektrizität und dem Aufkommen der ersten Netzwerktechnologien zusammen. Zunächst steht sie hauptsächlich mit der Kommunikationskunst in Verbindung. Beispiele hierfür sind: 1914: F. T. Marinetti benutzt ein Telefon in einer Prä-Multimedia-Performance in der

on the map and art in particular – as the refuge of cultural dynamism and innovation – must be dominated by morality, otherwise morality may lose its check on the future and thus its chances of reproduction, as well as the guarantee for its adherents. For it is by regimenting art that morality attempts to cover itself against future surprises. It is all the same to morality that by doing so it confounds the process of aesthetic reproduction, for this is all about retaining its own powers of definition. By contrast, this cannot be a matter of such indifference to the art system, for it suspends the reproduction of the art system when morality attempts to use its firmly fixed values to sedate a system constructed on the basis of dynamics. Art can tolerate morality, at best, conditionally – for example as the "moral of the story". After all, every story has its moral, as dramaturgies are encoded in a normative way.[7] However, the type of basic moral circuit that appears in dramaturgies can be filled by any moral. And so it must be possible in principle to revise any value inscription into aesthetic artifacts, so that the opportunity for alternative in-

trägt, als auch ein Gespür für den erwachenden Zeitgeist. Es ist ein uns umgebendes, oft unausgesprochenes Empfinden der fundamentalen Einheit der Erde – ein gemeinsamer Boden für lokale Unterschiede. Eine globale Sensibilität könnte beziehungsweise wird sicher oft mit einem ökologischen Bewusstsein beginnen, einem Empfinden für die Schönheit und Zerbrechlichkeit des Ökosystems. Dieses Gefühl wird oft von Menschen beschrieben, die sich regelmäßig auf dem Land, am Meer oder in den Bergen, also nicht in einem städtischen Umfeld, aufhalten. Die globale Empfindsamkeit könnte aber auch durch einen Blick auf den Erdball – etwa im Fernsehen oder im Internet –ausgelöst werden. Als die ersten Besucher des Mondes die Erde zum ersten Mal von ihrem Raumschiff aus betrachteten, beschrieben sie intensive Gefühle von Zugehörigkeit, vielleicht sogar von Liebe; sie empfanden den Planeten als fundamentale Einheit. Der Astronom Fred Hoyle sagte einst: „Sobald es ein Foto von der Erde gibt, das von außerhalb aufgenommen worden ist, wird eine neue Weltanschauung entstehen, die mächtiger sein wird als jede andere zuvor." Auch ich kann nicht emotionslos die nächtliche Satellitenaufnahme der Erde betrachten, die die tatsächliche, aktuelle Verteilung von elektrischer Beleuchtung auf dem Planeten zeigt – auch wenn ich sie schon x-mal gesehen habe.[1] Es ist bemerkenswert, dass selbst Elektrizität so eine starke Repräsentation für Einheit ist. Sogar dieses Bild kann auf einer unbewussten Ebene unsere Gefühle für den Blauen Planeten beeinflussen.[2]

Auch die Website *Worldclock*[3] verstärkt diese Empfindung umfassender Einheit, einfach indem sie ständig aktualisierte Statistiken jeder nur denkbaren Art auflistet. Es gibt

terpretations – and thus the constitutive polyvalence of the aesthetic – is not impeded from the outset. The functional process of art, therefore, is set out so that it can handle and process changes in values. Morality, however, only tolerates a change in values within certain decisive restrictions, since an exchange of values signifies, at least in tendency, a change in morality. And so morality can only tolerate art of the Bonsai variety: a cultural dwarf on the window ledge that can be kept under control. Everything else is understood as a latent threat and so morality reacts to it like most systems that are rather narrow – i.e., aggressively. That is why morality rarely has anything positive to say about art, and if it does, it is usually in face of aesthetic irrelevancies.

Not only different normative systems are opposed to each other in art and morality: in addition, a closed system contrasts with an open system. Although the art system is also one that operates in a normative way, it cannot be closed in principle, due to its immanent structural dynamics. The imperative to be original

sichtbar gemachten Praktiken werden von der Allgemeinheit oder der Industrie übernommen? Globale Kunst ist eine Unterkategorie – oder eine Sparte –, die man am ehesten als eine Erweiterung dessen verstehen kann, was wir „öffentliche Kunst" nennen. Diese Form der Kunst richtet sich an ein breites Publikum in einer Stadt und wird normalerweise, aber nicht ausschließlich, im Freien gezeigt. Seit ihren Anfängen in den griechisch-römischen Kulturen haben die öffentliche Kunst, die Architektur und die Stadtgestaltung den urbanen Raum definiert. Diese Disziplinen verankerten die Idee einer räumlichen Einheit im Konzept der Stadt – und damit auch die Art und Weise, in der sich die Menschen ihre Stadt selbst darstellen. Öffentliche Kunst verweist auf diese urbane Ausgangsebene. In der globalen Kunst hingegen erneuert sich der Maßstab: Es ist ein planetarischer anstelle eines urbanen Maßstabs, der hier die Basis vorgibt. Was macht diese neue Grundebene aus? Sie wurde erst durch Satelliten sichtbar gemacht, wie McLuhan bemerkte. Sie ist ein riesiges Ökosystem mit einer Menschheit, die darum ringt, sich in einem schmerzlichen Prozess der Selbstorganisation zu vereinigen. Diese Grundebene wird physisch wie geistig erfahren. Sie ist durch und durch abgebildet und technologisiert. Jenen, die behaupten, dass (selbst öffentliche) Kunst keinen Raum definiert, möchte ich zu bedenken geben, dass das Ergebnis – wenn nicht sogar der Zweck – dieser globalen Kunst die genaue Definition jenes besonderen Raums, des globalen Raums ist.

Eine globale Empfindsamkeit | Das, was ich „globale Empfindsamkeit" nennen möchte, ist sowohl ein Gefühl für die Erde und ihre Menschheit, das jeder in sich

ensures that the art system is being expanded permanently, so that any creation of a canon always occurs temporarily and retrospectively, but is never able to capture the future of the system and its hunger for innovation. Openness to the future, consequently, is constitutive to the functioning of the autonomous art system, which means that the integration of the new is one of this system's central achievements. The art system, therefore, works with operations of inclusion once differences have been demonstrated and the suspicion of originality is raised. Only duplication is evaluated systematically as negative. By contrast, morality can only operate in a closed way: for norms not only represent operations of exclusion, above all they can only handle the new through negation, i.e. through destruction or subjugation. Morality guarantees stability by shutting out anything that is deviant. This structural conservatism deeply opposes the art system. Insofar, morality is not a good thing for art but a rather risky matter, which also explains why morality is only ever adopted at a point where aesthetically, there is little left to

Realem, oder Faktischem, wie Pierre Lévy es nennen würde, mit dem Virtuellen – eines echten, sichtbaren Moments von „Augmented Reality" – „erweiterter Realität", wie sie später durch allgemeinen Gebrauch bestätigt werden sollte. Diese überwältigende Zukunftsvision rief starke Gefühle in mir wach. Die Globalität der Szene evozierte, zumindest bei mir, so etwas wie die „emotion of multitude" – eine Formulierung, mit der der Dichter W.B. Yeats das Gefühl zu fassen sucht, sich mit einer großen Zahl anonymer Personen und unbestimmter Orte zu assoziieren und zu identifizieren. Rückblickend sehe ich *Terravision* als einen Wendepunkt für die globale Kunst.

Global Art | Das Konzept der *Global Art* folgt der globalen Ausweitung menschlicher Interaktionen, insbesondere jener, die in Verbindung zu virtuellem Austausch stehen. Sie ist eine Reflexion des omnipräsenten Menschen, der in und von Kommunikation in Echtzeit lebt, die weder territoriale Bestimmung noch Materialität benötigen. Nichtsdestoweniger ist der omnipräsente Mensch Teil einer sehr realen Gesellschaft, die an einem bestimmten und ausgesuchten Ort verankert ist. Er ist an einem „Hauptwohnsitz", einem bestimmten Platz auf dieser Erde verortet. Dennoch sind wir auch mit jenen anderen Orten verbunden, an denen wir uns nicht befinden; aber wir teilen, wechseln, schaffen uns einen symbolischen Ort, den wir bewohnen. Welchen Einfluss könnte diese immer geläufigere Situation auf die Kunst und auf unsere Vorstellung von der Welt haben? Findet diese Integration in die Globalisierung über Netzwerke ihren künstlerischen Ausdruck in einem neuen Genre? Welche neuen, von Künstlern

lose. Usually only artworks with ideological obligations enter into this parasitic involvement with morality, when survival within the system cannot be guaranteed on the basis of aesthetic achievements alone. Morality, therefore, maintains obvious affinities to the epigonal and the aesthetically inconsequential. The aim is to compensate for the lack of aesthetic difference and originality through good moral behaviour, a calculation that meets with success rarely, or at best temporarily. And yet art is not amoral by any means, nor does it stand outside of value systems; their relationship is merely ambivalent as a result of art's very nature. Artworks always operate with values and the processes of art reception are most certainly value-encoded. Nevertheless, its normative vote is not clear but invertible and reversible, i.e., ambivalent. In this sense, art is – normatively speaking – an uncertain canonist: if works are open to interpretation, meaning that new values can be inscribed into them repeatedly, this does not make the single work into a clear normative statement. And so artworks may experience some quite

DERRICK DE KERCKHOVE

Die Ethik der Ästhetik in der globalen Kunst

„[...] After more than a century of electric technology, we have extended our central nervous system itself in a global embrace, abolishing both space and time as far as our planet is concerned. Rapidly, we approach the final phase of extensions of man—the technological simulation of consciousness, when creative processes of knowing will be collectively and corporately extended to the whole of human society, much as we have already extended our senses and our nerves by the various media." (Marshall McLuhan, *Understanding Media*)

Zurück in die Zukunft | Ich werde nie vergessen, wie ich vor etwa 15 Jahren eine Videokonferenz aus Tokio beobachtet habe, die in Echtzeit in der virtuellen Simulation des Berliner Firmensitzes von Art+Com stattfand. Diese Simulation war Teil von *Terravision*, einem Navigationssystem, mit dem man aus dem All (mit einer 3D-Maus!) an einen ziemlich großen Globus heranzoomen und die schrittweise Vergrößerung einer Satellitenaufnahme von Berlin (oder, auf Wunsch, San Francisco) auf einem Bildschirm verfolgen konnte, so als ob man gleich in der Stadt landen würde. Was wir virtuell auch taten, da wir das simulierte Büro betreten konnten. Durch eines der virtuellen Fenster konnte man in Echtzeit die Bewegung des Uhrzeigers am zerstörten Kirchturm der berühmten Gedächtniskirche im Stadtzentrum von Berlin sehen. Ich war Zeuge der absolut schlüssigen und fraglos nützlichen Vereinigung von

astonishing moral careers during the history of their reception. For example, the national patriot – as well as anti-Semitic and slavophobe – Fontane progressed to have a great understanding of women and become a poet of female emancipation, later emerging as a realistic chronicler who spiritedly criticised the social oppression of Wilhelmine society. And fearful Hölderlin enjoyed a career both as a patriot in prominent First World War knapsacks, and subsequently in the student movement as he mutated into a left-wing Jacobin. This kind of normative 180-degree turn and re-encoding is not rare by any means and certainly not a sign of only modest quality in art, indeed rather the contrary: quite often, obviously, the artifact succeeds in emancipating itself from the occasionally restricted moral horizons of its creator.

Art keeps values moving to some degree: it reproduces values not least in the process of its reception, as every attribution of meaning includes not only meaning but morality at the same time. Art offers a foil – a place of cultural inscription – to new

values in particular. In this, each artwork is a texture without clear values of its own, certainly, but one that must be filled with values in the process of functioning. Art resembles a gapped text of morality: the texts are only complete with moral ballast, but they are transported considerably easier without the moral padding. In this context, we should reflect that almost any form of morality can act as such ballast. And the fact that almost any morality is possible is not only a sign of art, by any means. It may equally be indicative of the condition of our times: the age of relatively homogeneous value constellations within the social system are largely over, as long as no fundamentalist interventions can be expected. Instead, modern social systems are characterised by a kind of value pluralism. In every square kilometre of a big city in Central Europe one can probably find every conceivable value constellation and confession in close proximity. To this extent, not only societies, but even different urban quarters are no longer neatly sorted and divided in a normative sense. Moral irritations as a result of alternative value systems

are therefore the norm. However, a morality whose restrictions are pointed out so determinedly is fundamentally damaged. Under pluralist conditions, morality only functions in a domesticated form. In postmodernism, therefore, morality suffers from the fact that it has to pretend to be tame, but has great difficulty suppressing its structural demand for universality. In addition, value systems are always power encoded as well, and this contained claim to universality also means dispensing with power. For if morality succeeded in asserting one single value concept culturally, there would be very little to hold back its claim to power, which would be divided no longer. However, that is certainly not the case under postmodern conditions. For every value concept, there is an equally attractive alternative at hand, and indeed, there are almost as many norm systems as there are social groups with independent identities. Therefore, if all these social groups have available, identifiable moral value systems – which overlap occasionally at best, and by no means at the same point in postmodern social systems – the result is a

Ausstellung mit meinen neuesten Landschaftsbildern, die ein Aufeinanderprallen von Bergen und Meer zeigen. Es war, als ob ein Vorausahnen stattgefunden hätte. Nach einer Art Schockstarre angesichts der Ereignisse rund um den Tsunami und Fukushima arbeitete ich weiter an diesen Bildern. Auch wenn die Wichtigkeit, eine Ausstellung zu Fukushima zu kuratieren, unbestritten war, führte mir die eigene künstlerische Arbeit die Notwendigkeit vor Augen, das Thema selbst auch auf andere Weise zu vertiefen. Die Malerei schien und scheint mir nach wie vor die geeignetste Methode, denn sie ermöglicht die Übertragung solcher Erfahrungen in ein anderes Substrat, die Transformation von Gesellschaftskritik in die Bereiche des Individuellen und Poetischen.

Abbildungen: S. 185, 191: Ansichten von einer Reise Leiko Ikemuras im Oktober 2011 in Sendai, Japan, nahe Fukushima. Fotografien von Leiko Ikemura | S. 186, 187: Ausstellungsansichten, Breaking News. Fukushima and the consequences, Kunst-Werke Berlin, 2011. Fotografien von Philipp von Matt | S. 186: Tomei Shomatsu: Atomic Bomb Damage: Wristwatch Stopped at 11: 02, August 9, 1945, 1961 | S. 187: Boris Mikhailov: Untitled (1), 2007, Courtesy Galerie Barbara Weiss, Berlin

permanent debate between all those value systems. In postmodernity, the dominant mood resembles a latent, normative civil war, which is concealed – albeit not very well – by one set of basic values declared universal but not shared by everyone, by any means. This situation alone – i.e. this constellation of irreconcilably competing norm systems – provides a further occasion for the art system to act with extreme caution regarding normative systems. For if art were to make normative decisions and abandon its polyvalence, it would inevitably have to back one of these groupings and its morality, and would be tied to this group alone, whether it succeeded or failed. While such speculation to gain normative added value, for example in religious art, may have offered relatively good prospects in traditional social systems with a comparatively surveyable normative situation, contemporary art armed morally in this way would have to be satisfied with fairly short half-value periods, which would be fatal for a system like art that is laid out on a long-term basis. There is not much to be said, therefore, for moralising art, as

Beispiel, wenn ein großes Schiff auf einer Autostraße liegt. Die Poesie ist nackt, unsentimental und bedrohlich.

Die Ausstellung im National Museum of Modern Art Tokyo | Wie ich schon erwähnte, kam die Veränderung des Gefühlslebens unerwartet. Meine damalige Arbeit, die auf den Aufbau einer Museumsausstellung zielte, wurde in ihrer Bedeutung relativiert, bekam aber später eine andere Wichtigkeit. Meine unmittelbare Reaktion konnte ich in eigenen Arbeiten nur in Form von Texten und Aktionen zeigen. Der innere Wandel vollzog sich mit zeitlicher Verzögerung, die Verinnerlichung brauchte Zeit. Kontinuität und innere Kohärenz in der künstlerischen Entwicklung waren Kriterien für die Ausstellung, die zunächst als Retrospektive gedacht war. Den Kuratoren und mir erschien jedoch wichtiger, den Akzent auf die Gegenwart zu setzen und den Zeitablauf nicht linear zu denken. Der Titel *Transfiguration* spiegelt diese Idee der Veränderung, die zu einem Motor für Kreativität wurde – die Kraft des Geschehens, die erneuert. Ethische Fragen bilden dabei den roten Faden, der meine Arbeiten durchzieht. Die Vereinbarung von Ethik und Ästhetik ist eine höchst subtile Sache für mich. Ich möchte nicht die Ästhetik als schöne Verpackung für die schwierigen Inhalte gebrauchen, vielmehr soll sich der starke Inhalt in der Realisation als ästhetischer Aspekt offenbaren. Die *conditio humana* wird in ihrer Ganzheitlichkeit in meinem Schaffen immer wieder beleuchtet. So begann die

this would cut its capacity for survival considerably, as well as its social achievements. If art – through its basic normative openness – offers a public space for testing value settings and meanings, and if one of its central sociocultural tasks lies here, the closing of that space as a result of one-sided moral statements would amount to art's abdication from its cultural function. Art could scarcely afford this, for its social legitimation would be put at risk at the same time. The special status that autonomous art has been able to claim since it came into being exempts it from precisely those moral constraints to which almost everything else in our societies is subject. A suspicion of art, even traditionally, suspends it from almost all normative considerations. Art is not only permitted moral transgressions that would cause serious difficulties almost anywhere else, it is even expected to commit them. Thus, injuring taboos are accepted as an immanent necessity of the art system because considerable importance is obviously attached to this kind of space of normative freedoms. And it is not least because of this experimental

räumarbeiten war keine Menschenseele mehr vor Ort. Die ob der Abwesenheit der Menschen gespenstisch wirkende Landschaft in der Nähe von Fukushima hat mich wehmütig gemacht, als ich mir vergegenwärtigte, dass hier einst Menschen gewohnt hatten, die nicht nur von einem Tsunami überrascht worden waren, sondern auch von etwas Unsichtbarem: der radioaktiven Strahlung. Vergänglichkeit ist einer der Aspekte im Leben Japans – eines Landes, in dem die Ewigkeit in der Wiederholung von Leben und Sterben besteht. Aber es ist schmerzlich, dass dieser schlimmste anzunehmende Unfall in einem Atomkraftwerk nicht verhindert werden konnte. Die Zerstörung glich fast der eines Krieges und schlimmer noch: Die Überlebenden sind der Strahlung und ungewissen Konsequenzen ausgesetzt. Zu fotografieren konnte ich mir nicht verbieten, so stark drängte sich mir die Welt in ihrer Erscheinung auf – vor allem jene unsichtbare Bedrohung, die sich vermischt mit der unbändigen Kraft der Natur, die durch Katastrophen zur Katharsis führen will. Es entstanden Fotos, die Zerstörung und Neubeginn aufzeigen – nicht die Katastrophen an sich, sondern ihre Spuren. Es entstanden fast surreale Bilder, da die gesamte Syntax der Zusammenhänge verloren gegangen ist, erkennbar zum

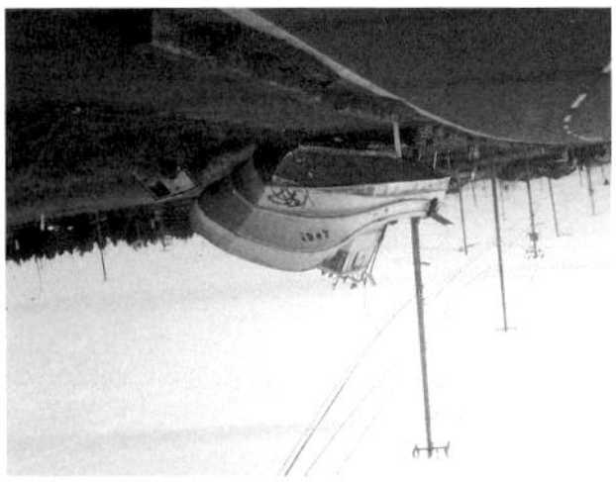

sphere, one might suppose, that social systems are prepared to accept art at all. The fact that age-encrusted value systems tend to hinder rather than aid cultural developments, but social systems are simultaneously urgently dependent on development, gives the art system its key position. Hence, the achievement of the art system is not reduced exclusively to providing aesthetic, creative offers for social systems, but also includes providing space for the application of new normative standards. However, art does not offer normative solutions at all; they must always be sought by the recipients themselves. If, in this way, the injury of taboos emerges as the collateral damage of aesthetic production, that will certainly affect the art system as well: art inevitably enjoys public attention as it hones normative standards in this way, and thus gains value as an attraction – which is almost priceless in media societies. Obviously, social systems reward art for its sociocultural services with this capital of attention, and this recompense enables the art system to go on surviving even under present-day conditions like media totality; otherwise, the

autonomer Selbstversorgung jedes Haushalts bis zur Frage, was ein Haus tatsachlich als Organismus leisten kann, reichen. Eine solche Zusammenarbeit mit Architekten ist weiterhin interessant und sollte notwendigerweise realisiert werden.

Gegen das Vergessen | Kunst bezieht sich oft auf die Kunst selbst; und man vergisst meist, dass Kunst häufig und unmittelbar mit dem *Jetzt* und der Umgebung zu tun hat. Einerseits ist die Kunstsprache autonom und zeitlos, andererseits ist sie ein Zeitzeuge. Dass sie zu einer Lösung von Konflikten direkt beiträgt, ist vielleicht selten der Fall. Aber die Wahrnehmung der Dringlichkeit von Geschehnissen und die Beschäftigung mit ästhetischen Fragen scheint mir ein wichtiger Bestandteil des Künstlerischen zu sein. Das Politische an ihr ist nicht ein parteiisches Statement, sondern das Aufzeigen von Konflikten oder dessen, was auf unser Innenleben wirkt. Ich hoffe, die Fragilität unseres Seins findet einen Ausdruck in der Kunst.

Sieben Monate nach dem Geschehen | Am 1. November 2011 war ich in der Region Sendai und besuchte den Ort der Tsunami-Überschwemmungen. Obwohl ich dem voyeuristischen Verhalten einiger Journalisten kritisch gegenüberstehe, war es mir wichtig, die Gegend zu besichtigen. Die Städte sind bereits ziemlich gut restauriert, sodass man äußerlich kaum etwas bemerkt. Aber die Gegend am Meer war nach wie vor stark zerstört und seit den Auf-

media are not especially merciful towards the art system. In any case, the media system took over the leading function in society long ago; consequently, art had to give up the task of orientation it was once granted by its social basis, the educated bourgeoisie. All that remains to art now is a cultural and normative free space, alongside its capacity for scandal – as the media system can only permit itself such economic experiments when they promise mass participation – and there can be no doubt that they are then no longer experiments. Thus, a moral closure of the art system would transform it negatively into a normative reproductive polishing of the media system, and we would have to seriously question the purpose of art at all. For the art system, it is no less than a matter of survival to retain its structural amorality. The other way around, the media system has made the very most of art's exception – i.e., of the fact that art enjoys special social protection. For such a long time now, whenever art is in play, breaking taboos has been trite, with very little risk at all. It is thus possible to pocket the effect; in other words, the

sprechen. Die Inkjet-Arbeit von Stefanie Stein geht ebenfalls auf die damals aktuelle Katastrophensituation ein. Sie nahm Elemente, die in Nachrichtenfotos zu sehen waren, und erarbeitete aus ihnen einen collagierten Kommentar. Das Geschehen von Fukushima hat uns so beeinflusst, dass wir die Kunstwerke in einem anderen Kontext sehen und verstehen können. So hatte Boris Michailov etwa seine Fotos vor der Katastrophe in Japan aufgenommen – nun sehen wir sie mit einer anderen Betroffenheit, ebenso wie die Fotos von Yutaka Takanashi.

Raum und Licht | Philipp von Matt und ich haben den Ausstellungsraum als Ganzes gestaltet. Er sollte Konzentration ermöglichen. Die Fenster wurden von innen mit Buttermilch bestrichen, sodass nur gedämpftes Licht in den Raum fallen konnte. Die Wände wurden mit Lehmfarbe gestrichen.

Interaktion | Im Ausstellungsraum lag ein Buch, in das sich jeder Besucher mit Eintragungen an der Ausstellung beteiligen konnte. Künstler, die nicht an der Ausstellung beteiligt waren, konnten nachträglich auf sie Bezug nehmen, indem sie uns Dokumente schickten. Mit diesen Materialien möchte ich eine bescheidene Publikation realisieren, die als Dokumentation dienen soll. Trotz der Zusage einiger Architekten, die wir zu einem Gespräch eingeladen hatten, kam leider keine Zusammenarbeit zustande. Es hätten Themen bearbeitet werden können, die von Energieversorgung über Materialbewusstsein und

capital of attention that can be earned by breaking taboos, with relatively few worries. Within the media system, therefore, a suspicion of art ensures that one has a moral free ticket, for it excludes normative ostracism. This leads to the noticeable concentration of forced art signals in normatively dubious media products. Consequently, use is not made of art motifs in the media system because of their aesthetic quality, but only because they bring legitimation.

Despite a full understanding for the desire-to-be-good – privately there may be some sense to it, but it is simply unsuitable in art. Art is not the place for bigoted good people – i.e., those whose behaviour type is obviously quite common in politics and religion. On the contrary, aesthetic complexity offers tangible opposition to moral simplicities. It is only indirectly – that is, as a space for normative exploration – that art can be of normative interest. All of my remarks here started out from a number of preconditions, but can we be absolutely certain that they are still valid? They include the assumption that new art still at least

Die sensiblen Fotos von Donata Wenders, die Japan seit Langem „von innen“ kennt und Subtilität und Vergänglichkeit, wie sie in der japanischen Kultur thematisiert werden, in ihre Arbeiten aufnimmt, haben mich inspiriert. Sie erfasst die Welt in ihren fragilsten Momenten. Wim Wenders war auch öfters in Japan und hatte die Gelegenheit, eine hinter verschlossener Tür verborgene Buddhafigur aufzunehmen. Er fotografierte die Holzskulptur aus der Edo-Zeit in geheimnisvollem Schweigen. Der innerste Blick richtet sich auf uns, die absolute Anwesenheit und gleichzeitig absolute Abwesenheit zeigen uns Strenge und Erlösung zugleich. Der spirituelle Aspekt seiner Arbeit war eine wichtige Komponente der Ausstellung. Yoko Ono sandte uns die Zeilen „imagine peace“ auf einer Postkarte. Sie waren Teil ihrer Peace-Aktion. Rosemarie Trockels keramische Skulptur war die einzige plastische Arbeit in der Ausstellung. Die kristalline Form mit an Platin erinnernder Glasur suggeriert eine kernartige Urform. Der Glanz und die enigmatische Abstraktheit leuchten im Raum. Das Malereiobjekt von Katharina Grosse erscheint wie das Flügelpaar eines gefallenen Engels. Dem gesprayten Objekt eignete in der Ausstellung eine eigene Wirklichkeit gegenüber den umgebenden Fotografien, die Realität abbildeten. Curtis Anderson verarbeitet symbolisch die japanische Flagge als negative Form, indem er den Punkt verdoppelte. Die Flagge enthält so eine Ikonografie der Umkehrung – man könnte auch von verletzter Identifikation

produces formal aesthetic differences and thus generates new creative forms; that the dynamics of art are oriented on these differences and so operate independently of the art market; and that there are still differences to the media system other than the fact that the number of viewers in the art sphere is definitively less, although they pay better; that the system of autonomous art, in other words, still exists together with its essential parameters. Each one of us must decide for him- or herself whether these conditions can still lay serious claim to validity. Should we be obliged to negate this – and to be sure, there are good reasons for that – ultimately it would not matter much, anyway. Art might just as well be moral, for there would be nothing left to save in art, and the artist would restrict himself from now on to being what Nietzsche imputed to him long ago, that is "a genius of communication" (1889:1005), communicating whatever he wished.

Notes: 1 "Now I maintain that the beautiful is the symbol of the morally good; and only because we refer the beautiful to the morally good (we all do so naturally and

bild von Takanashi deutet die dunkle Seite der Modernisierung des Landes an, die zu Kompromissen zwingt. Boris Michailovs Fotografie zeigt die Verlorenheit von obdachlosen Menschen, die überall vorkommen kann, aber gerade in Japan ein aktuelles Problem ist. Sein Blick hebt die Distanz auf zwischen dem Fotografen und dem Objekt. Ersterer wird eins mit den Fotografierten. Ich empfinde seine Bilder als Zeichen einer gespenstischen Abwesenheit von Menschlichkeit in einer desolaten Zivilisation. Sie vermitteln den Eindruck, dass plötzlich alle Menschen zu Flüchtlingen werden könnten. Es ist merkwürdig, dass hier die Fotografie das Medium war, mit dem Künstler direkter und rascher ihre Reaktion vermitteln konnten. Die Unmittelbarkeit der Reaktion von Künstlern und ihre Wirkung war ein markanter Aspekt in dieser Krisensituation. Jun Kaneko verließ Japan in den 1960er Jahren, siedelte in die USA über und arbeitet dort seit Langem als Bildhauer. Seine Arbeit manifestiert sich vor allem in der Materie Ton. Seine Motive – die Spannbreite reicht von Kreisen bis zu Linien – sind Urformen, ihnen eignet eine elementare Formensprache, die stets an die Kraft des Archaischen erinnert. Seine Tuschearbeiten spiegeln diese Haltung. Der schwarze Kreis, der sich im Dunklen auflöst, suggeriert Zerstörung.

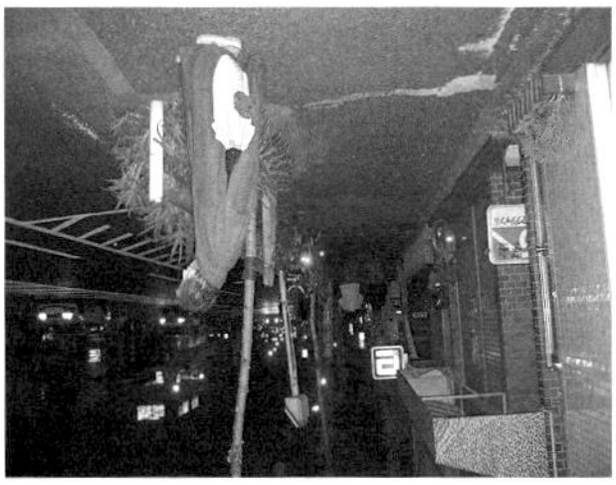

require others to do so, as a duty) does our liking for it include a claim to everyone else's assent, while the mind is also conscious of being ennobled by this [reference], above a mere receptivity for pleasure derived from sense impressions, and it assesses the value of other people too on the basis of [their having] a similar maxim in their power of judgment." (Kant 1790:297) **2** "In view of this situation it is perhaps the most urgent task of ethics to warn against morality." (Luhmann 1990:41) **3** "Bold, overhanging, and as it were threatening cliffs, masses of clouds piled up in the heavens and alive with lightning and peals of thunder, volcanoes in all their destructive force, hurricanes bearing desolation in their path, the boundless ocean set into a rage, a lofty waterfall of a mighty river, etc., make our capacity to resist into an insignificant trifle in comparison with their power. But the sight of them only becomes all the more attractive the more fearful it is, as long as we find ourselves in safety; and we gladly call these objects sublime because they elevate the strength of our soul above its usual level, and allow us to discover within ourselves a capacity for resistance of quite another kind, which gives us the courage to measure ourselves against the apparent all-powerfulness of nature." (Kant 1790:185) **4** This sentence, cited with comparative frequency, says as little about aesthetics as it does about ethics, and because of the brackets around it, its own status is also a matter of some doubt. Quite apart from the fact that Wittgenstein's statements on aesthetics – for example in the lectures on aesthetics – are as rudimentary as they are unproductive and uninspired, the collaboration to which ethics and aesthetics are compelled in this context occurs before the background of the value issue. "If there is a value that has value, then it must be outside of all occurrence and being-such" (Wittgenstein 1921:80 [6.41]). This question of values – which is conceived from the perspective of ethics and at most suggested in connection with aesthetics, appearing with much embellishment "The meaning of the

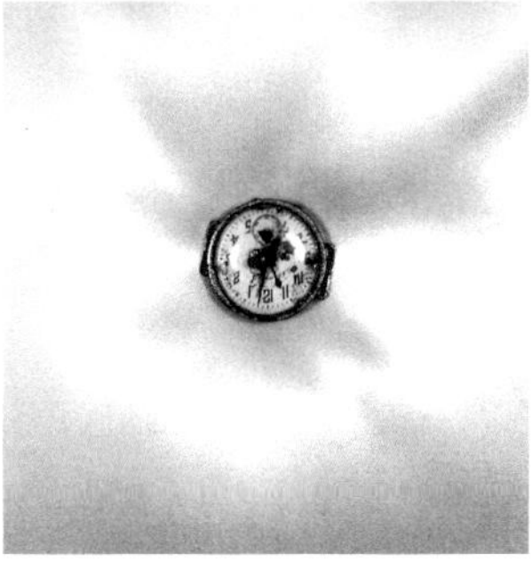

zeit sowie die folgenden drastischen Zeitdokumente hinweisen, die wiederum wie eine dunkle Vorahnung der Fukushima-Katastrophe wirken. Die ethische/ästhetische Wirkung der Kunst kann die Menschen direkt oder indirekt wachrütteln. Gleichzeitig war es mir wichtig, auf die Tatsache hinzuweisen, dass der philosophisch/künstlerisch denkende und wahrnehmende Mensch intuitiv vorausahnen kann. Wir entdecken durch unsere Intuition und mit Hilfe der Kunst plötzlich Dinge, die bisher verborgen waren, und unsere veränderte und verschärfte Sichtweise ist dann bereit, die einzelnen Aspekte als Ganzes wahrzunehmen.

Künstlerauswahl und Kriterien | Tomei Schomatsus Fotos sind grandiose, kristalline Bilder von Verletzungen der Oberflächen, von vitalem Überlebenswillen getrieben. Er dokumentiert nicht Momente, sondern schafft eine neue Wirklichkeit, die wir so nicht erlebt haben. Sein Blick kennt die Möglichkeit der totalen Vernichtung. Die Uhr, die in Nagasaki gefunden wurde, ist ein Sinnbild dessen. Die beiden Nachkriegsfotografen Daido Moriyama und Yutaka Takanashi sind ebenso scharfe Beobachter, die sich an die existenzielle Verzweiflung der Nachkriegszeit in Japan herantasten. Das Küstenlandschafts-

world must lie outside it" (ibid.) and developing ethically – is indeed valid for both. **5** It is interesting that Dilthey pushes aside the systematic contrast between aesthetic polyvalence and normative unambiguity in his epistemological reflection to a large extent. Obviously, normative ambiguities were inconceivable per se for the Wilhelmine bourgeoisie. And it is only in this way that art and moral can be viewed in the same class: "And in each of these classes the same relation exists; otherwise, how could truths of the science of aesthetics be developed without relation to those of morality and to those of religion, because after all, the origin of art – the fact of an ideal – points back to this living connection?" (Dilthey 1883:48) **6** Horkheimer makes it clear that ethics cannot provide such criteria for good reasons, because they are systematic: "Binding moral laws do not exist. Materialism finds no transcendent authority over human beings which would distinguish between goodwill and the lust for profit, kindness and cruelty, avarice and self-sacrifice. Logic likewise remains silent and grants no preeminence to moral conviction" (Horkheimer 1933:93). Thus, morality operates using claims that it is fundamentally unable to fulfill, making its status additionally precarious. **7** Nietzsche also reflects upon these dramaturgical conditions when he comes to refer to the normative validity of tragedy: "What does the tragic artist communicate of himself? Does he not display precisely the condition of fearlessness in face of the fearsome and questionable? This state of mind is highly desirable in itself; whoever knows it honors it with the highest regard. He communicates it, he is obliged to communicate it if he is an artist, a genius of communication. Bravery and self-possession in the presence of a powerful enemy, an awful calamity, or a problem which awakens dread – it is this triumphal condition which the tragic artist selects and glorifies. In presence of tragedy the martial spirit in us celebrates its Saturnalia; he who is accustomed to affliction, he who seeks affliction – heroic man – extols his exis-

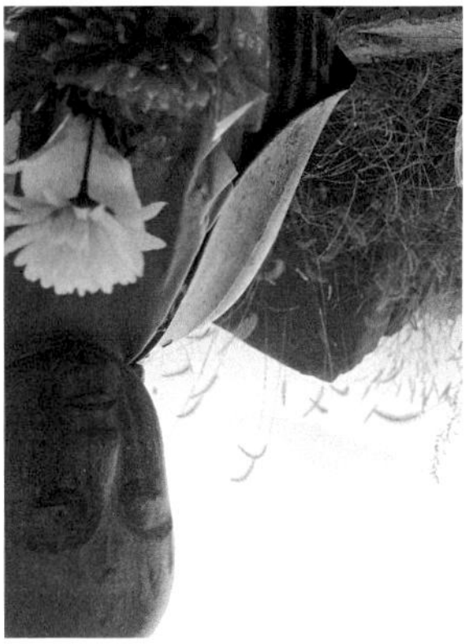

ne Nationen beschränktes Thema – vielmehr beuten weltweit Menschen im Namen des Fortschritts und Wohlstands die natürlichen Ressourcen aus. Der Ultrakapitalismus kennt keine Grenzen. Der fatale Kreislauf zeigt uns immer wieder, wie sehr alle Lebewesen von Vernichtung bedroht sind – in diesem Fall von der unsichtbaren Strahlung, die die Menschen nicht wahrhaben wollen.

Um-, Nach- und Vor-DENKEN | Fühlen, Denken und Handeln stehen in engem Zusammenhang. Was uns emotional stark bewegt, motiviert uns, selbst zu handeln und somit etwas in Bewegung zu setzen. Krisenbewusstsein allein kann herausfordernd sein. Es geht um ein Umdenken in Sachen Ökologie und Energie im Zeitalter einer ästhetischen und moralischen Kontamination. Dazu gehört die stromverbrauchende Nutzung von Licht ebenso wie die enorme Produktion für einen unermesslichen Konsum oder die Betonung der Geschwindigkeit als Krönung der Effizienz. Kollektiv erfahrene negative Ereignisse wie Kriege oder Naturkatastrophen hinterlassen Traumata, deren Aufarbeitung dringend nötig ist. Aus diesem Grund wollte ich auf das aus den Ereignissen in Hiroshima/Nagasaki resultierende desolate Empfinden der Nachkriegs-

tence with tragedy; to him alone the tragic artist offers the draught of this sweetest cruelty" (Nietzsche 1889:1005).

Literature: Adorno, Theodor W. (1967): "Keine Würdigung", in: Gesammelte Schriften. Vol. 20: Vermischte Schriften I/II, Frankfuhrt a.M.: Suhrkamp, pp. 503–504 | Brecht, Bertolt (1928): "Die Dreigroschenoper", in: Gesammelte Werke in 20 Bänden, vol. 2, 133.–137. Tsd. Frankfurt am Main: Suhrkamp 1990 | Dilthey, Wilhelm (1883): "Einleitung in die Geisteswissenschaften. Versuch einer Grundlegung für das Studium der Gesellschaft und Geschichte", in: Gesammelte Schriften vol. 1, Göttingen: Vandenhoeck & Ruprecht 2006 | Horkheimer, Max (1933): "Materialismus und Moral", in: Alfred Schmidt (ed.): Kritische Theorie. Eine Dokumentation, Vol. 1, 2nd edition Frankfurt am Main: Fischer 1968 | Kant, Immanuel (1790): W. Weischedel (ed.): Kritik der Urteilskraft. Werkausgabe Vol. X, 4th edition, Frankfurt am Main: Fischer 1979 | Leschke, Rainer (2001): Einführung in die Medienethik, Munich: Fink | Leschke, Rainer (2002): "Medienethik", in: Helmut Schanze (ed.): Metzler Lexikon Medientheorie/Medienwissenschaft, Stuttgart/Weimar: Metzler, pp. 215–218 | Leschke, Rainer (2002): "Von der Medienethik zur Analyse normativer Muster der Medienproduktion", in: Gebhard Rusch (ed.): Einführung in die Medienwissenschaft. Konzeptionen, Theorien, Methoden, Anwendungen, Wiesbaden: Westdt. Verl., pp. 208–226 | Leschke, Rainer (2003): "Vom Nutzen und Nachteil der Medienethik. Plädoyer für die metaethische Analyse", in: Bernhard Debatin/Rüdiger Funiok (ed.): Kommunikations- und Medienethik. Grundlagen – Ansätze – Anwendungen, Konstanz: UVK, pp. 51–63 | Leschke, Rainer (2007): "Von den Regeln der Medienmoral. Zur Pragmatik des Ethischen in den Medien", in: LiLi Vol. 37, Issue 146, pp. 91–103 | Leschke, Rainer (2009): "Von der Moral der Texte und Medien. Reflexionen zu den Bedingungen von Normativität in Kunst- und Mediensystemen", in: Christine Lubkoll/Oda Wisch-

nicht gleich zu einer konkreten Realisation. Es war ein Glück, schließlich von Gabriele Horn, der Direktorin der *Kunstwerke* Berlin e. V. – Institute for Contemporary Art, Unterstützung zu erhalten. Sie sah die Dringlichkeit und Notwendigkeit, sofort auf die Notlage zu reagieren. Sie unterbrach die Abfolge bereits geplanter Ausstellungen und bot mir die Chance, eine improvisierte Ausstellung zu realisieren. Um dies zu unterstreichen, gab sie ihr den Titel: *Breaking News. Fukushima and the consequences*. Mein Ausgangspunkt für die Entwicklung eines Ausstellungskonzeptes war, Fukushima als Zäsur zu sehen. Gleichzeitig wollte ich aufzeigen, dass es sich um ein Symptom handelt, dessen Ursprung in Hiroshima und Nagasaki zu finden ist. Diese in Japan unverarbeiteten historischen Ereignisse sind eine Wunde, die man erneut anschauen sollte. Wie kann man ignorieren, was damals passiert ist? Das Irrationale ist, dass die Menschen die Atomenergie weiterhin nutzen und stetig ausbauen, wohl wissend welche verheerende Wirkung sie haben kann. Schlimmer noch: Die Japaner selbst haben den als Experiment betrachteten Abwurf der Atombomben nicht als solchen kritisch gesehen, sondern wie eine Naturkatastrophe hingenommen. Und sie haben für den sogenannten Fortschritt die Nutzung der Atomenergie akzeptiert.

Die von Menschen entwickelte Technik sowie der Umgang mit der Natur erfordern ein verantwortungsvolles Handeln. Dies ist nicht mehr ein auf einzel-

meyer (eds.): "Ethical Turn?" Geisteswissenschaften in neuer Verantwortung, Munich: Fink, pp. 79–99 | Lessing, Gotthold E. (1766): "Laokoon. Oder Über die Grenzen der Malerei und Poesie", in: Werke in fünf Bänden, Vol. 3, 5th edition, Berlin/Weimar: Aufbau, 1965, pp. 161–332 | Luhmann, Niklas (1993): "Ethik als Reflexionstheorie der Moral", in: Gesellschaftsstruktur und Semantik. Studien zur Wissenssoziologie der modernen Gesellschaft, Vol. 3, Frankfurt a. M.: Suhrkamp, pp. 358–447 | Luhmann, Niklas (1990): Paradigm lost: Über die ethische Reflexion der Moral, Frankfurt a. M.: Suhrkamp | Nietzsche, Friedrich (1889): "Götzen-Dämmerung. Oder Wie man mit dem Hammer philosophiert", in: V. K. Schlechta (ed.): Werke Vol. 2, 6th revised edition, Munich: Hanser, 1969, pp. 939–1033 | Schiller, Friedrich (1784): "Was kann eine gute stehende Schaubühne eigentlich wirken?", in: Schillers Werke. Nationalausgabe. Vol. 20. Philosophische Schriften, Part 1, Weimar: Unveränd. fotomechan. Nachdr. [der Ausg.] Weimar, Böhlau, 1962, pp. 86–100 | Schiller, Friedrich (1795): "Über die ästhetische Erziehung des Menschen, in einer Reihe von Briefen", in: L. Bellermann (ed.): Werke, Vol. 7: Philosophische Schriften. 2nd revised and commented edition, Leipzig: Bibliographisches Institut, no year, pp. 251–392 | Wittgenstein, Ludwig (1921): "Tractatus logico-philosophicus", in: Schriften. 4.–6. Tsd., Frankfurt a. M.: Suhrkamp, 1963, pp. 9–83.

rendes vor sich ging. Wir verfolgten täglich die Nachrichten, und die Bilder waren so überwältigend wie die des 11. September 2001. Die apokalyptische Situation führte dazu, dass mir meine Arbeit im Atelier plötzlich absurd erschien. Bald kam auch das Bedürfnis auf, den Opfern helfen zu wollen. Kunst und Ästhetik verloren ihre bisherige Wichtigkeit, gleichzeitig warfen sie aber auch Fragen auf.

Impuls | Nach dem ersten Impuls, den Leidenden sofort helfen zu wollen, wurde mir bewusst, dass es nicht reicht, nur ein Charity Event zu organisieren. Stattdessen versuchte ich eine Ausstellung zu konzipieren, die inhaltlich ein Zeichen setzen und mittels der Kunst zum Nachdenken anregen sollte. Die Ausstellung war nicht thematisch konzipiert, sondern als Aktion gedacht. Ich dachte darüber nach, welche Reaktionsmöglichkeiten ein Künstler im Besonderen oder ein Mensch im Allgemeinen in einer solch dringlichen Situation überhaupt haben kann. Die erste denkbare Reaktion – eine tiefer gehende, nationenübergreifende Verbundenheit und Empathie, – wurde zum Motor der Aktion. Kunst muss nicht politische Themen illustrieren, um politisch zu sein. Auch die genaue Beobachtung und die Aktion – wahrhaftig und ästhetisch – können politisch sein. Aber was, wenn alles vor dem Nichts steht?

Breaking News | Meine unermüdlichen Versuche, unterschiedliche Institutionen für diese Ausstellung zu gewinnen, führten trotz der großen Anteilnahme

LEIKO IKEMURA

Was uns bewegt und was wir bewegen. Fukushima und die Konsequenzen

Das Geschehen in Nordjapan vor einem Jahr hat uns alle erschüttert. Die Konsequenz der Katastrophe von Fukushima ist, dass wir plötzlich mit der Kehrseite von Wohlstand und Zivilisation konfrontiert sind. Wir sind an einem Punkt angekommen, an dem wir nachdenken müssen, wie wir mit unserer Umwelt umgehen, politisch wie privat. Aber die Zeit vergeht und die Erinnerung an die Ereignisse verblasst zunehmend. Der Alltag kehrt zurück und die nächsten Katastrophen lösen die vorherige ab. Die Medien bringen das brisanteste der aktuellen Ereignisse, als wären sie süchtig nach Katastrophen. Das Problem indes ist nicht gelöst, umfassende Informationen und Transparenz fehlen bis heute. Doch selbst wenn die Betroffenheit verfliegt, hinterlässt sie eine deutliche Spur in den Menschen. Wut und Selbstkritik in Bezug auf den bisherigen Umgang mit der Atomenergie nehmen zu.

11.03.2011 | Als sich die Beben von historischem Ausmaß in Japan ereigneten, traf ich mich gerade mit den Kuratoren des National Museum of Modern Art Tokyo in Berlin. Wir verfolgten die Ereignisse im Internet und arbeiteten trotzdem diszipliniert weiter – es war uns sofort klar, dass hier etwas Gravie-

MICHAELA OTT
Aesthetics and Ethics in Philosophy and Art

It is known that the philosophies of phenomenology and post-structuralism live on the impulse to intellectually penetrate our media-ordered world. That world is regulated and explained by the practice of instrumental reason, the use of images and speech and acquired cultural techniques – even questions concerning the genesis of consciousness and human sensuality, especially those concerned with the (im)possible beginning of all being. With their claim to think fundamentally and to be able to reconstruct the world from our sensory-intellectual actions, their aim is not to construct a sociological-historical analysis of our existence but rather to reveal its conceptual and discursive development, which we relate to, or which we must expose, if we do not wish to misunderstand the meaning of existence. Accordingly, particular attention is paid to the "sensory-meaningful" in these reflections. They perceive the ethos that they require in

und Einfluss in der Welt von morgen geführt hat, unmittelbar zu betrachten. Unsere darauf folgende Ausstellung mit dem Titel *Beyond Memory* wurde im März 2012 eröffnet. Sie begibt sich auf eine erinnerungsbasierte Reise in die Zukunft: Es werden Kunstwerke gezeigt, die ausgegraben wurden aus den Archiven der Repression und der Verdrängung von auf unseren bisherigen Erfahrungen beruhenden Ängsten. Die Ausstellung spielt mithilfe dieser Werke Zukunftsszenarien durch, um daraus zu lernen, wie sich bereits begangene Fehler künftig vermeiden lassen.

order to carry out life's activities in particular philosophical attitudes of mind and in particular works of art.

Since its scholarly beginnings in Alexander G. Baumgarten's *Aesthetica* (Baumgarten 2007) in about 1752, philosophical aesthetics has dealt not only with theories of art, but also with the constitution of the "lower" faculty or "logic of the senses". Although it is not explicitly related to the ethical, a trace of ethics may be identified in the attention and increased value accorded to the lower faculty, in as much as it attempts to treat all human faculties as being of equal importance and to compensate for the higher value conventionally accorded to the logic of reason by giving higher theoretical weighting to the logic of the senses. However, Baumgarten does not succeed in establishing the sensory from inside itself or even in explaining it as a prerequisite for other faculties. In the style of his time, he says that it comes much more from the "innate aesthetic temperament" (Baumgarten 2007:44) and the artist's being in a state of "the highest aesthetic magnanimity" (Baumgarten 2007:394).

The ethos ascribed to art in the philosophical reflections of the Moderns also comes from its relationship to the sensory, to perception and thought, and not from the setting of artistic norms. It does not only appear ethical when sheltering behind certain politically correct principles, that is, pursued as widely acknowledged purposes – rather like the way eco art uses structural intervention to modify environmental conditions for the benefit of mankind or the globe. It is seen as more radically ethical when it questions current patterns of expression, avoids representational conventions, and deconstructs traditional rules of symbolism, while forming a knowledge of the inarticulable and increasing the variety of feeling, perception and thought.

In phenomenological and poststructuralist thinking, it only appears ethical when it puts its way of (self)-justification, its anteriority and fundamental reconstruction to work as the process of development and also achieves "essentiality" (in Heidegger's sense of the word). Between Heidegger, Merleau-Ponty, Jean-Luc Nancy and Gilles Deleuze / Félix Guattari, an understand-

des Menschen mit seiner Umwelt sollte – gesehen aus dem Blickwinkel der Angst – nachvollzogen beziehungsweise betont werden, um dabei die Reaktionen – seien es jene des Aggressors oder jene des Opfers – zu untersuchen. All dies diente dem Versuch, die Dynamik sozialer und politischer Beziehungen zu verstehen und zu beeinflussen. Die These dieser Ausstellung war, dass Angst ein zentraler Faktor im Verhältnis zwischen der Menschheit und ihrer Welt ist. Durch die Ergründung dieses Verhältnisses avanciert Angst zu einem komplexen Symbol. Am Ende steht nicht die Erkenntnis, dass der Mensch den Realitäten seiner Existenz hilflos ausgeliefert ist. Vielmehr wird proklamiert, dass der Angst eine entscheidendes Potenzial innewohnt – sowohl als Warnsignal als auch als existenzieller Ausdruck, durch den wir die Bedeutungen, die unser Leben annimmt, betrachten können. Die Ausstellung *Nature Nation* (2009) basierte auf verschiedenen Aspekten von Unterscheidungen, Standpunkten, Ansichten, Ideologien und sozialen, politischen sowie ökonomischen Ausgangspunkten, die sich mit dem komplexen Aufeinandertreffen von Mensch und Umwelt sowie Mensch und Natur befassen. Die Ausstellungen folgte einer kritischen Lesart, die davon ausgeht, das sich in diesem Aufeinandertreffen weitere Phänomene spiegeln. Dieser Spiegel reflektiert die Krise des Verhältnisses von Mensch und Natur, die sich in Versäumnis, Unterwerfung und Zerstörung offenbart. Die Ausstellung *Home Less Home* (2010) ging der Beziehung von

ing of art is built up, which – being related to the fundamental ontological founding figure – stands out precisely because that art reflects its origins in the sensory, makes this a part of the action that gives it meaning, makes it the driving force of its self-movement and self-enhancement and thereby achieves continually shifting, new and singular articulations. A work of art that has earned its name at the same time gives birth of itself to an ethos as it bends back on its quasi-causes, affirms, repeats, revises and regenerates them (Deleuze), in order to become an aesthetic practice of self-modelling.

When reconstructing these philosophical definitions of the relationship between aesthetics and ethics and beyond, we must here represent the conviction that each aesthetic practice, whether it be of a philosophical or artistic nature, formulates a relevant ethical attitude when it originates from its situation in the world and, to express it in the words of Deleuze and Guattari, from a reality that is to be understood as eternally differential – and know that it can only actualise an extract, a fragment

der Gewalt schwere Fragen auf und forderte den Betrachter auf, seinen eigenen Weg zu suchen, anstatt unbeteiligt und passiv zu bleiben angesichts der Ereignisse. Die zweite Ausstellung *Equal and Less Equal* (2006) widmete sich dem Thema Arbeit/Sklaverei und legte die leidvolle menschliche Existenz in einer Welt der Globalisierung und Migration offen. Die Ausstellung zielte drauf ab, unsere allzu oft abgestumpfte Wahrnehmung und soziale Sensibilität wiederzuwecken. Zudem klärte sie Fragen in Bezug auf die in unserer Welt vorherrschenden Arbeitsverhältnisse: Sie zeigte die Diskriminierung, Ausbeutung und Erniedrigung so vieler und forderte dazu auf, verstärkt für eine größere Gleichheit unter den Menschen zu streiten. *Bare Life* (2007) lautete der Titel der dritten und letzten Ausstellung zu den Menschenrechten. Gemäß der Philosophie Giorgio Agambens konzentrierte sie sich auf die verschwimmende Grenze zwischen normalen und anormalen Situationen. *Bare Life* verwies auf den kritischen Punkt, an dem eine temporäre Notsituation zum legitimen Status quo zu werden droht, der von der schweigenden Mehrheit akzeptiert wird. Diese Situation kann letztlich, so die These der Ausstellung, zu paranoidem Misstrauen und der Anwendung von Gewalt zur Wiederherstellung der öffentlichen Ordnung führen. Die Ausstellung *Heart Quake* (2008) zielte darauf ab, die Besucher erschaudern und erzittern zu lassen; Identität und Andersartigkeit wurde mit Angst konfrontiert. Der Prozess emotionaler Auseinandersetzung

of this virtual reality, yet nevertheless model this and elevate it to a singular articulation. According to Merleau-Ponty and Deleuze, what will be shown to be virtual reality begins with primary self-affection of time, and they seek to conceive a fundamental variety of the sensory, which can generate other human faculties from itself and make infinite differentiation processes possible. From these, an aesthetic practice then becomes ethical when it sets up its structure as self-mobile, open, re-affectable and metamorphotic transforms itself into immanent selection and intensification processes and thus arrives at specific ways of outlining problems.

As these kinds of aesthetic practices have diverse spokespersons and mini-agents, they can also be understood in the same way as by the French philosopher Jean-Luc Nancy, as an interweaving of self-reflection and thought for the community: "Philosophy and community have this in common: a categorical imperative, anterior to all morality … not to let go of sense in common."[1] For Nancy there is a fundamental ethos essential for morality, aris-

Schmerzhaft und doch verständlich ist die diffuse Unterscheidung zwischen „Alles“ und „Nichts“, die Albert Camus in der Figur seines Rebellen verkörperte. Diese Differenz erwächst aus der Unterscheidung zwischen einem noch recht verschwommenem „Alles“ und einem „Nichts“, das die Möglichkeit verkündet, dass die Menschheit diesem „Alles“ geopfert werden könnte. Der Rebell will dieses „Alles“, um ganz im tugendhaft Guten aufgehen, welches sein Verstand rasch verinnerlicht hat. Er will, dass die Menschen ihn und seine Persönlichkeit anerkennen. Gelingt ihm das nicht, so will er nichts sein, das heißt, von einer stärkeren Macht vollends besiegt sein. Letztendlich wird er sich mit seiner ultimativen Niederlage, dem Tod, arrangieren, sollte er Gefahr laufen, etwas einzubüßen, zum Beispiel seine Freiheit: „Lieber aufrecht sterben, als auf Knien leben.“ In den Worten von Camus ist das Recht auf Protest einer der universalen, menschlichen Grundsteine politischer und persönlicher Freiheit.

Zwischen Mai 2005 und Juni 2008 zeigte das Museum eine Ausstellungsreihe zum Thema Menschenrechte. Die Reihe wurde durch die Schau *Dead End* eröffnet, die sich mit der Bedrohung unseres Sozialgefüges durch Gewalt befasste. Die Ausstellung zeigte eine schwierige Realität, in der Gewalt zur Alltagssprache geworden ist. Diese Sprache bedroht die Existenz der menschlichen Gesellschaft. Die Ausstellung warf mittels der Präsentation diverser Formen

ing from the interlocking meaning of the *Dasein Da-Seins* and the common, a plural existence and speech.

Going beyond Nancy, it must be shown, with Deleuze, that the "sense in common" does not find its radical ethical action in a way that is associated with the human collective, but in the immanent duplication of the work of art itself. As it follows affective, perceptive and cognitive faculties in the same way as social and environmental events and allows itself to be further affected by these, it acquires not only inner depth but also symptomatic relevance. "Ethos" here means subjecting the working distinction, the creation of difference and even of form itself to questioning, imagining other ways of knowing and actualising the real, elevating the actualising of the unseen and unheard to a formal principle and inventing multiple types of *Welt-Werden* (world-becoming).

Heidegger's "Mitsein" in works of art | In his 1925 essay *Sein und Zeit* ("Being and Time"), Heidegger understood phenomenology as fundamental ontology, which intended to fulfil the

steckt für uns das Feld der Ideologie ab, und zwar insofern, als der Künstler als moralischer Kompass im Dickicht von Widersprüchen und Gegensätzen fungiert. „Das Recht zum Protest" zwingt uns zu hinterfragen, inwiefern unsere Mission gerecht ist; inwiefern lautstarke Forschheit wirklich notwendig ist – oder sie das Individuum und die Gesellschaft nicht lediglich mit einer brutaleren, traumatischeren Realität konfrontiert. Als Martin Niemöller im Hinblick auf die Machtergreifung durch das furchtbarste Böse der Menschheitsgeschichte, angesichts der Raserei, welche die Nazi-Bestie ergriff, folgendes sinngemäss gesagt haben soll, war ihm sehr wohl bewusst, dass seine Worte zu spät kamen: „Als die Nazis die Kommunisten holten, habe ich geschwiegen; ich war ja kein Kommunist. Als sie die Juden holten, habe ich geschwiegen; ich war ja kein Jude. Als sie die Gewerkschafter holten, habe ich geschwiegen; ich war ja kein Gewerkschafter. Dann holten sie die Katholiken und ich war Protestant, also sagte ich nichts. Als sie mich holten, gab es keinen mehr, der protestieren konnte." Dies sind keine Worte heroischen, allumfassenden Protests, welche die Massen mitzureißen vermochten. Es ist auch kein poetischer Text, der unsere Sinne entflammt und uns dafür begeistert, uns einer Bewegung anzuschließen. Es ist ein trockener, sachlicher Bericht, die ehrliche Erklärung von einem, der zusah – hilf- und machtlos; von einem, der nahe genug an den Ereignissen dran war, um die brutale Wahrheit zu sehen, der aber dennoch nichts tat.

claim that it could clarify the essence of our existence by revealing its being. This being, which western metaphysics is said to have forgotten, is conceived as the prior potentiality of being, as the precondition for us to experience our *Da-Sein* (being there) as the development of this being or, as he also says, as potential sorrow.

However, Heidegger's hermeneutical method is based on the view that the search requires a "prior lead from what is sought" (Heidegger 1993:5). It begins, as Deleuze later writes, in a *Mittendrin* (in the midst), with its entrance in an act of questioning arising from an earlier *Angesprochen-Werden* (being spoken to). An essential premise of this philosophical conviction may already be seen here. Every conscious thought develops as a reaction to an appeal, to a *Gefragt-Werden* (being asked), indeed it becomes thinking in accordance with this principle, as it allows this *Aufgerufen-Werden* (being appealed to) to become a factor in its execution. Heidegger certainly demonstrates that this questioning that – in the form of "previous glances at being" –

ßen. In diesem Fall könnte uns das Schweigen sehr teuer zu stehen kommen. Das Museum on the Seam befindet sich genau an der Schnittstelle zwischen Ethik und Ästhetik, zwischen Moral und Wahrnehmung. Das altgriechische Wort *aísthēsis* steht ursprünglich nicht für Schönheit, sondern eben für Wahrnehmung. Das Museum on the Seam – ein sozio-politisch orientiertes zeitgenössisches Kunstmuseum in Jerusalem – präsentiert auf seine eigene Weise Kunst als Sprache ohne Grenzen. Ziel ist es, kontroverse soziale Fragen öffentlich zu diskutieren. Im Zentrum der Wechselausstellungen stehen nationale, ethnische und ökonomische Grenzbereiche in ihren lokalen und universellen Kontexten. Anhand der Arbeiten israelischer und ausländischer Künstler, die sich mit den Konflikten und Spannungen zwischen und innerhalb verschiedener Gruppierungen auseinandersetzen, bringt das Museum seinen Besuchern näher, in welchem Ausmaß sich soziale Umgebung und Individuum gegenseitig beeinflussen. Das Museum nimmt die soziale Realität unseres regionalen Konflikts in den Blick. Es befördert angesichts des Zwiespalts den Dialog und ermutigt zu einer Form der sozialen Verantwortlichkeit, die auf dem beruht, was uns eint – und nicht auf dem, was uns trennt. Die 2010 eröffnete Ausstellung *The right to protest* konzentrierte sich auf den Aspekt der Verpflichtung, der mit dem Privileg, protestieren zu können, einhergeht. Die Ausstellung legte die Nähe zwischen Ideologie und künstlerischer Kreativität dar. Diese Form der Kreativität

prepares the ground for it is in fact a circle. However, his questioning and that of the poststructuralists is characterised by a spiral movement which attempts to include in the development of thoughts consideration of their foundation in the unknown and preknown and to make them part of an as yet unknown precondition.

Heidegger defines the human *Da-Sein* as a reflexive mode of existence that has privileged access to the being, in as much as this being affects him as a person who exists. As in this way of understanding the *Da-Sein* is related to the *Sein*, it is inevitably located in time: "These must be brought into the light as the horizon of all understanding of being and every interpretation of being must be brought to light and genuinely understood" (Heidegger 1993:17). As may be clearly seen from this quotation, the understanding of Heidegger's phenomena, which inevitably occur in time and explain transitoriness, is expressed mainly in optical metaphors. In the same way as the phenomenon is something that reveals itself and can be brought into the light,

RAPHIE ETGAR

Soziopolitische zeitgenössische Kunst als Mittel der Kritik und des Protests: das Museum on the Seam als Präzedenzfall

Was verbindet Ideologie und zeitgenössische Kunst? Kein Künstler kann auf die Verbindung zwischen seiner Kreativität und der Realität verzichten; und doch kann gemäß Nietzsche kein Künstler die „Realität tolerieren". Kreativität würde ohne die Realität nicht existieren und das Werk des Künstlers besteht darin, eine Brücke zu bauen zwischen der Realität und ihm selbst. Diese Brücke ermöglicht uns Rezipienten eine Begegnung mit der anderen Seite. Dies geschieht nicht zu dem Zweck, uns eine einfache und direkte Interpretation des Werks nahezulegen; vielmehr werden wir dazu gebracht, das Werk in seine Bestandteile zu zerlegen, deren Bedeutung zu interpretieren und jene Anspielungen zu entschlüsseln, die wir normalerweise übersehen. Kunstwerke bieten uns die Gelegenheit, wieder in den Genuss von Sinneseindrücken zu kommen und neue Wahrnehmungen zu entwickeln, die wir eingebüßt haben. Das Recht zu protestieren ist nicht einfach nur ein Recht; es geht gleichermaßen mit der Pflicht einher, die an dieses Recht gebunden ist. Zuweilen sind wir zum Protest gezwungen – nämlich dann, wenn wir Gefahr laufen, unsere Freiheit einzubü-

Heidegger understands the *logos*, speech, as "making something visible" (Heidegger 1993:33). And because the *logos* is a *Sehenlassen* (making visible), "it can *therefore* be true or false" (Heidegger 1993:33). The *Wahrsein* (being true) of the *logos* inevitably means: "Taking the existing … out of its concealment, letting it be seen as something unhidden" (Heidegger 1993:33). Heidegger's conception of truth constantly pursues the idea of giving freedom, creating space and clearing away the past.

In this same sense, Art 1934 is conceived as "The fixing in place of the truth in the figure" (Heidegger 1960:73) beyond the artist and the recipient. The "setting to work of the truth of existence" (Heidegger 1960:30) "would open up a view of something that would not appear in the being but go beyond it. In the midst of the being as a whole is an open place. There is a clearing. From the point of view of the being, it is more being than the being. … The clearing at the centre encircles … all being" (Heidegger 1960:51). This "more being than the being" must, in order to appear as such – and here Heidegger employs a

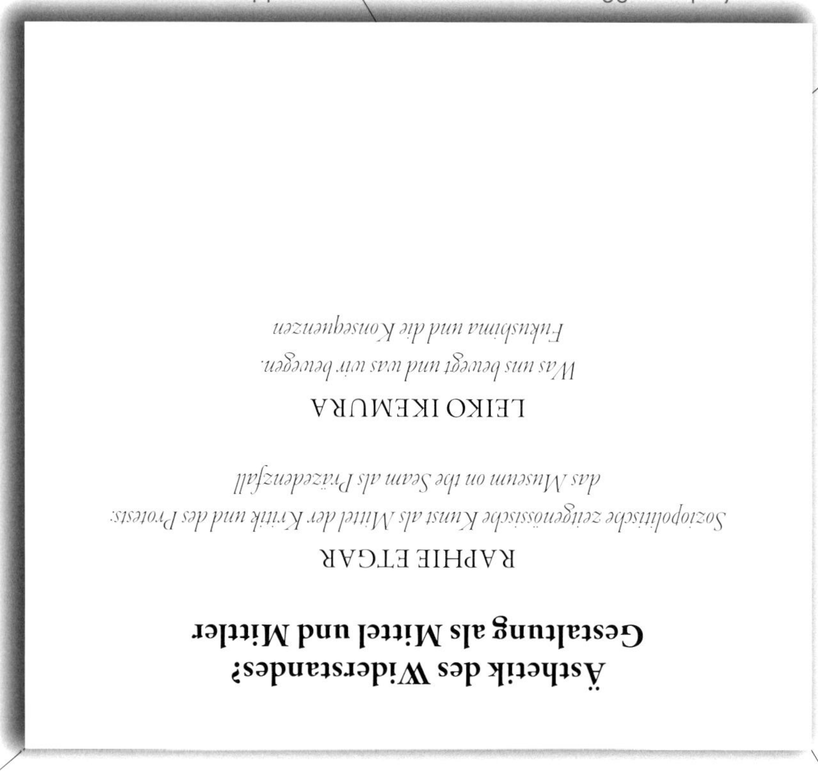

Ästhetik des Widerstandes?
Gestaltung als Mittel und Mittler

RAPHIE ETGAR

Soziopolitische zeitgenössische Kunst als Mittel der Kritik und des Protests: das Museum on the Seam als Präzedenzfall

LEIKO IKEMURA

Was uns bewegt und was wir bewegen. Fukushima und die Konsequenzen

173

remarkable association of evocative metaphors – be "entering and leaving the lighted place of this clearing" (Heidegger 1960:51). This entering and leaving is described as a movement within the art work that cannot end and is recognisable as the process of becoming darker and lighter, in as much as the being in the clearing is also always "forgiveness" (Heidegger 1960:51). The work of art appears as an increasing of the power of a concealing movement, which turns into revelation – which Heidegger calls *das Gegenwendige* (counter turning), the "turning against one another of the primal conflict" (Heidegger 1960:53). This conflict is also outlined as the contrary motion of the revelation of the world and the concealing of the earth, as the conflict between the opening of an eerie horizon and the concealing of a vast burgeoning, drawing the beautiful as "an appearing or shining placed in the work" (Heidegger 1960:55) and the true as *Unverborgenheit* (unhiddenness) (Heidegger 1960:55) into an unfathomable potentiality. The effect of the work of art on the beholder is perceived in mystical communion:

"The preservation of the work does not isolate people from their experiences, but rather moves them into a sense of belonging to the truth occurring in the work and thus establishes being for and with one another as the historical emergence of the *Da-Sein* from concealment to unconcealment" (Heidegger 1960:69).

In *Sein und Zeit* Heidegger had also understood *Mitsein* (being with) and *Mitdasein* (being there with) as existential, as essential definitions of the *Da-Sein*. According to this, the *Mitsein* of others is also part of the structure of *In-der-Welt-Sein*: "'The others' does not mean as much as all the others remaining apart from me, from which the ego stands out; the others are more those from whom we mostly do not distinguish ourselves, among whom we also exist. … The 'with' is something related to *Dasein*, the 'also' means the uniformity of being as prudent and caring *In-der-Welt-Sein*. … On the basis of this *mithaften* [with-related] *In-der-Welt-Sein*, the world is already the one I share with others. The world of the *Dasein* is *Mitwelt* [with world]. The *In-Sein* [being in] is *Mitsein* with others. The inner-worldly *Ansichsein* [in-itself-ness] of

this is *Mitdasein*" (Heidegger 1993:118). *Da-Sein* is defined here as something necessarily shared with others, whereby being appears to provide a original source of equality of all people, in which, because I am not yet "I myself", I do not distinguish myself from others; first the *In-der-Welt-Sein* becomes a *Mitdasein*, in which "prudent caring" can prevail. To that extent it is logical to understand the work of art as attuning to this aspect of *Da-Sein*, as *Miteinandersein* that actualises the *Mitdasein* in the experience of participating in the revelation. In contemplation of the work of art, something should happen that is often associated with religious ceremonies: the establishing of a feeling of community thanks to the opened access to the being and to that vastness that is secretly revealed in the work of art.

At the same time, Heidegger hints that this foundation in an unfathomable past "in the sense of this fundamental establishment" (Heidegger 1960:78) must also be considered as anticipation of the future. Laying these foundations, however unfathomable, is intended here as the revelation of a historical

Literatur: Miziano, Viktor/Vilensky Dmitry (2011): „Singulär Gemeinsam!“, in: Johan Holten (Hg.): Chto Delat? Was tun? What is to be done? Köln: Walther König, S. 32–43 | Savoy, Bénédicte (2006): „Zum Öffentlichkeitscharakter deutscher Museen im 18. Jahrhundert“, in: dies. (Hg.): Tempel der Kunst. Die Entstehung des öffentlichen Museums in Deutschland 1701–1815, Mainz: Philipp von Zabern, S. 9–26 | Sontag, Susan (1966): Against Interpretation, New York: Farrar Straus & Giroux; deutsche Fassung: Susan Sontag (1968): Kunst und Antikunst, Reinbek bei Hamburg: Rowohlt

Abbildungen: S. 156: Johann Christian Reinhard: Klassische Landschaft mit Hypsipyle und Opheltes-Archemoros, 1816. Courtesy Staatliche Kunsthalle Baden-Baden | S. 161: John Bock: Die abgeschmierte Knicklenkung im Gepäck verheddert sich im weißen Hemd, 2009. © 2009 John Bock, Fotografie von Jan Windszus | S. 162: Anselm Reyle: Weideglück, 2010. Fotografie von Matthias Kolb | S. 164: Zhou Tiehai: Le Juge (Detail), 2007. Courtesy Zhou Tiehai / Shanghart Gallery | S. 168: Chto Delat?: Russischer Wald, Installationsansicht, Staatliche Kunsthalle Baden-Baden, 2011. Fotografie von Tobias Wootton

determination, which exists, though withheld until now, and must now be actualised. A work of art contains an ethical dimension, not only as a result of the revelation of the human existential of the *Mitsein* but also because it allocates to its people their historic task as fate. The ethos that Heidegger here associates with the work of art is extremely special, in as much as the truth of the art work is now coupled with the revelation of the determination of the destiny of the German people. The ethos thus becomes private and, through this interweaving, loses all its general validity.

Merleau-Ponty and Jean-Luc Nancy's interweaving of the Aesthetic with the Ethical | Similarly to Heidegger's revelation of the work of art from processes of clearing, the French phenomenologist Merleau-Ponty develops it from the discussion of viewing relationships. In "L'Œil et l'Esprit" ("Eye and Mind") he defines – similarly to Lacan's observation on "look" (*le regard*) – seeing, visual perception, as a dual process of seeing and being seen: "He who sees all things can also see him-

Anmerkungen: 1 Geschmack – der gute, der schlechte und der wirklich teure, Staatliche Kunsthalle Baden-Baden, 09.07.2011 bis 09.10.2011 **2** „Notes on Camp" von Susan Sontag erschien erstmals in der Zeitschrift Partisan Review und wurde 1968 in dem Sammelband Against Interpretation publiziert. **3** In der Baden-Badener Ausstellung waren zum ersten Mal seit der Aufführung der Modenschau alle 53 Entwürfe versammelt **4** Chto Delat? in Baden-Baden – Das Lehrstück vom Un-Einverständnis, Ausstellung in der Staatlichen Kunsthalle Baden-Baden, 29.10.2011 bis 12.02.2012.

bildeten Kunstpublikums unterbrachen. Aussagen wie „Kommunismus, das ist doch Gulag" oder „Ich mag Utopien" (aber nur wenn sie nicht zu real werden) werden nicht nur in Baden-Baden durch eine solche Aufführung reflexartig ausgelöst, sondern in erstaunlich weiten Teilen der allgemeinen deutschen Öffentlichkeit im Jahre 2012. *Eine* Antwort auf die eingangs gestellte Frage, wie das Programm einer Staatlichen Kunsthalle im 21. Jahrhundert auf den Gegensatz zwischen Ethik und Ästhetik reagieren kann, könnte also lauten, dass es alternative Weltmodelle aufweisen muss. Politisch engagierte Kunst muss nicht die Wiedereinführung eines real existierenden Kommunismus, wie das 20. Jahrhundert ihn erlebt hat, zum Ziel haben. Ein solches Programm kann aber vielleicht eine Begründung dafür sein, sich mit solch einer Frage auseinanderzusetzen.

self at the same time and recognise the other side of his faculty of sight in what he then sees. He sees himself seeing, he touches himself touching, he is visible and perceptible to himself" (Merleau-Ponty 2003:279). All the same, he understands vision as an all-embracing relationship of thought, not restricted to the eye, in which the body is always involved, as "because things and my body are made of the same stuff, its vision must in some way take place within it, its obvious visibility must double in it with a secret visibility" (Merleau-Ponty 2003:281). For Merleau-Ponty, painting celebrates nothing other than this relationship of double visibility, which he believes is produced from the similarly double movement of inspiration and expiration. Things look at us, he says along with Paul Klee, and talks of the work of art itself opening up the field, presenting itself in a different light, transforming itself and *becoming* its own continuation. In the works of Cezanne he sees dimensions of colour as such setting themselves free, the picture becoming autofigurative – "a spectacle of nothing, as it forces open the husks of things in order to

Beginn des 21. Jahrhunderts neu zu denken. Aber die Arbeiten dürfen nicht als reine Wiederholungen abgetan werden. Wie in jedem *re-enactment* findet eine Verschiebung der Bedeutung durch die Veränderung des Umfelds statt. Die vier Singspiele beeindrucken jedoch auch durch die ganz spezifische Form, in der *Chto Delat?* dieses Erbe neu schaffen. Weil die Gruppe komplizierte Ideen einfach macht und einfache Ideen verkompliziert, ertappen sich Besucher beim Betrachten der vier Arbeiten oft dabei, wie sie trotz der höchst dramatischen politischen und wirtschaftlichen Inhalte ins Schmunzeln kommen oder sogar lauthals lachen müssen. Das war auch beim fünften Singspiel der Fall, das zur Eröffnung der Ausstellung in Baden-Baden uraufgeführt wurde. Ein Chor aus vier Sängern, die vorgaben, fiktive Patienten einer nahen Klinik zu sein, forderten das Eröffnungspublikum dazu auf, seine eigenen Krankheiten als Chance zur Befreiung und gesellschaftlichen Veränderung zu verstehen, statt als auszumerzende leistungsmindernde Anomalien. Den vorauszusehenden Widerspruch integrierte die Gruppe ins Stück, indem Schauspieler die Aufführung mit den typischen Argumenten eines ge-

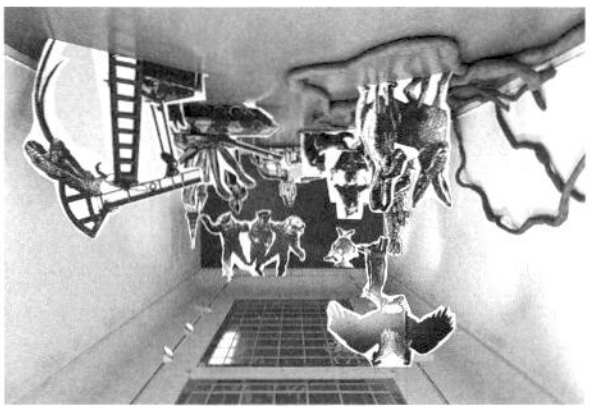

show how things become things and the world becomes the world" (Merleau-Ponty 2003:303). For him, art also refers beyond normal perception to a secret virtual reality, to which it offers a surface for its actualisation. This puts the beholder in a state of contemplation, a kind of forgetfulness of self, in which he should experience a "losing" of himself and the "leap of being from the inside". Similarly to Heidegger's establishing of the *Sein* as the indistinguishability of the ego and others and as a condition for the possibility *Da-Sein*, the "visual agony" here must represent the presence of something that is not the ego but simply a performative presence.

Merleau-Ponty also transforms Heidegger's assumed anteriority of the being into a prior interconnection between the visible and the invisible as a condition for the possibility of art. For Heidegger, as for Merleau-Ponty, the work of art comes into being with the actualisation of an ontological relationship. This truth gives it an ethical status. Merleau-Ponty outlines the *Zusich-Kommen* (coming-to-itself) of an amorphous reality, a relationship that

rische Situation des 19. Jahrhunderts, als Baden-Baden den russischen Eliten als Treffpunkt im Herzen Europas diente, und andererseits darauf, dass wohlhabende Russen, so hört und liest man, Baden-Baden in den letzten 15 Jahren wiederentdeckt haben. Klischeehafte Bilder von einem schönen und geschichtsträchtigen Kurort, an dem junge blonde Damen teure Handtaschen tragen, sind offenbar unausweichlich, wenn man das eine mit dem anderen in Verbindung bringt. Vielleicht, so der Gedanke, kann dieses Klischee als Ausgangspunkt für eine Untersuchung der politischen und wirtschaftlichen Lage des heutigen Russlands dienen, die weitaus interessanter ist, als man meinen möchte, weil sie abwechslungsreiche, komplexe und doch lesbare Argumente dazu beisteuert. Die vielleicht bekanntesten Werke von *Chto Delat?* sind vier Singspiele, wobei die drei zwischen 2008 und 2010 produzierten Arbeiten ein Triptychon bilden. Die Entscheidung, diese politischen *Musical-Videos* – in denen sich Szenen mit einem singenden, die öffentliche Meinung darstellenden Chor mit anderen abwechseln, in denen Schauspieler jeweils in die Rolle des Geschäftsmanns, des Revolutionärs oder des Künstlers schlüpfen – als Singspiele zu bezeichnen, verdeutlicht die Absicht, ein ästhetisch-ideologisches Erbe aus der ersten Hälfte des 20. Jahrhunderts zu

reflects the natural, which precedes human will and conscious vision and, above all, becomes visible in the creation of the work of art.

In La *Communauté des oevreé*, the French philosopher Jean-Luc Nancy starts close to and yet distinct from Heidegger by noting two definitive losses. As access to the being appears to be lost, the possibility of community seems to him to be barred. He considers this loss to be constitutive, in that the communal can now only be experienced by experiencing the death of another, that is when I am no longer I myself, but outside myself, ecstatic. The *Mitsein* is realised not in the spirit of a people, but in the communicated experience of our finite nature, our relationship with death. However, as finiteness is nothing, but nevertheless communicates the border experience to the consciousness, it exists only in the communication. Finiteness "appears with", *Mitsein* is communication, participation, it is being as a relationship. Nancy likes to think of the community established in *Mitsein* as the "involvement" (*l'en jeu*) of the common, as the involvement of

zum Ausdruck brachte, waren letztendlich die höchst einseitigen Pläne für die Feiern zum 300-jährigen Bestehen von Sankt Petersburg der Auslöser für die Gründung der Gruppe. (Miziano/Vilensky 2011:34) Das Projekt wuchs aber schnell über das ursprüngliche Format der Zeitung hinaus und nahm ein Eigenleben an. Seitdem beteiligte sich das Kollektiv an zahllosen Ausstellungen, Seminaren, Podiumsdiskussionen und anderen Veranstaltungen auf der ganzen Welt. Es scheint, als habe es eine große Sehnsucht nach dieser ganz speziellen Art und Weise gegeben, mit der *Chto Delat?* der Frage nachgeht, was es bedeuten würde, wenn die ursprüngliche Idee des Kommunismus unter den veränderten Umständen des 21. Jahrhunderts zum Tragen käme. Der Ursprung der Gruppe in einem politisch aktiven Umfeld verdeutlicht, dass ästhetische Produkte für das Kollektiv kein Eigenzweck, sondern stets Teile einer gesellschaftlich engagierten Praxis sind. Diese Ausstellung war eine bewusste Reaktion auf die mit der ersten Ausstellung aufgeworfene Fragestellung, wie man den öffentlichen Auftrag einer Kunsthalle am Anfang des 21. Jahrhunderts interpretieren kann. Wenn man Baden-Baden und Russland in einem Satz erwähnt, scheint man ganz bestimmte Vorstellungsbilder wachzurufen. Diese Bilder beziehen sich einerseits auf die histo-

the "common with itself" (Nancy 1988:124), the "in common" (Nancy 1986:226). For him the task of philosophy consists in the unfolding of the unexposable "I" (Nancy 1986:230), of the "from there" of the common and the sense of "being in common" (*être-en commun*) (Nancy 1986:231), in which the common is inseparable from a "we exist" and the unexposable is exposed in common.

He also calls the exposing of the unexposable unworking, the desubjectivising of a work, by virtue of which the same thing can happen that otherwise only occurs in the experience of the death of another: the "being outside itself" of the ego a precondition for *Mitsein*. For Nancy too, the work of art acquires its ethical and political value in the process of the de-individualisation of the beholder and in the establishment of a mystical community. A community should be established around the unworking of the work, even if it is not the grouping of a particular people and the work of art is in the end democracy. "But it should be about bringing 'democracy' to its proper place of ex-

Für den Leiter einer Staatlichen Kunsthalle stellt sich bei der Begegnung mit solchen Werken die Frage, nach welchen Kategorien das Ausstellungsprogramm einer öffentlichen Institution fortan zusammengestellt werden soll, wenn die visuellen Kategorien von Geschmack so offensichtlich in keinem Verhältnis mehr zu den ethischen Fragestellungen der gegenwärtigen Gesellschaft stehen. Die Suche muss deshalb mit jeder Ausstellung von Neuem beginnen. *Eine* – also explizit nicht *die* – Antwort lieferte die darauffolgende Ausstellung mit dem Titel *Chto Delat?* in Baden-Baden: *Das Lehrstück vom Un-Einverständnis*.[4] Der russische Fragesatz „Chto Delat?“, der übersetzt „Was tun?“ bedeutet, wurde durch ein von Wladimir Iljitsch Uljanow, genannt Lenin, 1902 herausgebrachtes Pamphlet berühmt, obwohl es der russische Schriftsteller Nikolai Tschernyschewski war, der den Satz ursprünglich geprägt hatte. In der Kunstwelt des 21. Jahrhunderts hat der Satz erneut eine Umwandlung erfahren. Ein russisches Kollektiv, bestehend aus Künstlern, Schriftstellern, Kritikern, Musikern und Philosophen, wählte den Satz nämlich 2003 als Titel für eine von ihm selbst herausgebrachte Zeitung – als Reaktion auf das trostlose politische Klima, das damals in Russland herrschte. Wie Dmitry Vilensky, ein Gründungsmitglied der Gruppe

pression and exhibition: to the '*in*-common' of the people, whose name it bears, without perhaps yet having found the way or the voice of its articulation" (Nancy 1986:233).[2]

The Ethicising of the Aesthetic in Gilles Deleuze and Félix Guattari | The interpretation of works of art as the experience in which the beholder gets outside himself and experiences others in being outside himself anticipates the poststructuralist approach. The subject is considered by such thinkers as Foucault and Deleuze to be, in principle, a counter movement, though going far beyond the experience of looking at art. First, it has subjected to itself the prevailing symbolic order in order to enter into the subjectivisation process, and secondly it empowers itself precisely by appropriating these codes.

Admittedly Deleuze first, continuing the tradition of phenomenological thought, also develops the meaning from the indistinguishablility of singular and plural – in the spelling of the short word *sens* – as a double movement of the process of becoming, preceding each meaning by a "speaker I". This meaning is said

chungsmittel in Gerichtsprozessen gedient haben. Etwas verblüfft versuchte der Betrachter diese unglaubliche Erklärung mit der Collage aus ihm bekannten und unbekannten Motiven, die er auf der großen Ausstellungswand im Hauptraum der Kunsthalle vorfand, in Einklang zu bringen. Funktioniert bei Reyle diese Sinnsuche noch, weil er sich an die

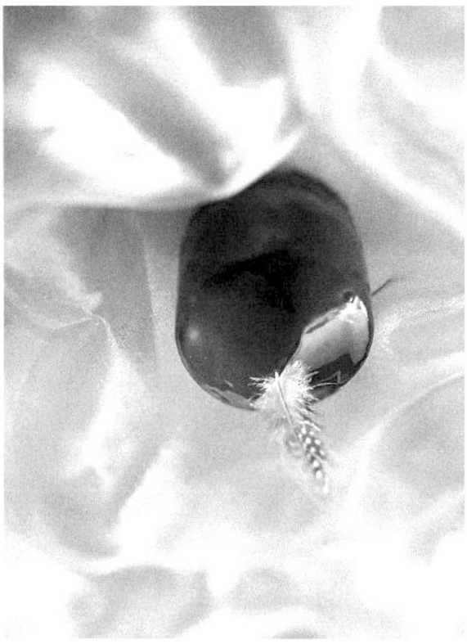

immer weiter verfeinerten und verästelten ästhetischen Strategien der westlichen Kunstgeschichte hält, läuft sie durch den Blick des Chinesen Zhou Tiehai ins Leere. Die Visualität eines Kunstwerks wird in Beliebigkeit überführt, bei der nicht einmal die perfekte technische Ausführung noch als rettender Anker für den nach Sinn suchenden Betrachter angeboten wird. Zhou Tiehai stellt eine Komplexität her, die gleichzeitig keine Komplexität mehr ist, weil er (mehr oder weniger) offen zugibt, dass keine wirkliche Deutung seines Werks möglich ist. Die seit 200 Jahren eingeübten Kategorien von Geschmack als Wertesystem mit gesellschaftlicher, moralischer und politischer Aussagekraft kollabieren vor den Augen des Betrachters.

to arise as the effect of unknown processes in an area of pre-individual and impersonal marks, as he says in support of Freud's conception of the unconscious, which he sees recreated in works of art, thanks to field-immanent dynamics and thanks to movements of repeating and increasing gradually developing into individuations – this impersonal and pre-individual area, in which meaning acts as a plural.

Thus, for Deleuze, the distinguishing feature of works of art lies in the fact that they will make visible a certain potentiality, which admittedly is not identified as the terrible but rather with Merleau-Ponty more as the paradoxical self-positing of a quasi-first subject, of time as such: "But if the subject is transitoriness, then self-positing is no longer a contradiction, as it is rather the most precise expression of the existence of living time. Time is 'an affecting of itself through itself'. The affecting agent is time as the onrush and crossing-place to the future; the thing affected is time as the unfolded succession of presents; affecting and affected are one and the same, as the onrush of time is nothing

aus mehreren Stufen bestehenden Präzisionsverfahren hergestellt, das der maschinellen Perfektion industrieller Produkte verblüffend nahekommt. Die absurde Banalität des Motivs bildet hierzu einen so großen Kontrast, dass dieser Gegensatz selbst zur Hauptaussage des Werks wird und so wiederum den hohen monetären Wert der Arbeit als begehrtes Sammlerobjekt untermauert. Anselm Reyle agiert mit seiner präzisen Analyse des gegenwärtigen Zustands visueller Geschmackskategorien im Zeitalter der „Konsumkultur" jedoch immer noch innerhalb des Kanons der westlichen Kunstgeschichte. Anders der chinesische Maler Zhou Tiehai, der sich dieser Kunstgeschichte bedient, als wäre sie ein Bilderkatalog eines Versandhandelsunternehmens. In der Ausstellung war eine Serie von 160 kleinformatigen Gemälden zu sehen. Diese basieren größtenteils auf französischen Vorbildern aus dem 19. Jahrhundert. Der Betrachter findet auf den scheinbar wahllos zusammengestellten Bildern Marianne ebenso wieder wie einen nackten Frauenhintern. Das verwirrende Potpourri wird von einem Text über ein offenbar fiktives französisches Dessert begleitet. Angeblich soll das Dessert mit Namen *Le juge*, das zugleich den Titel der Bilderserie bildet, eine enge Verbindung zum Beruf des Richters aufweisen. Die Süßspeise soll sogar als Beste-

other than the crossing between present and present" (Merleau-Ponty 1966:484). It is not by chance that Deleuze defines time as a paradoxical foundation, as the first "passive subject" (Deleuze 1992:100), repeating its infinite past, qua continued recall, strides into the future and becomes a condition for the possibility of processes of becoming. In its synthesis of material and spiritual, the self-affecting and differentiation of time constructs what Deleuze finally calls the "virtual": the infinite differentiality of the real, which is always real but never definitively actualisable and actualised. "Subjectivity is never ours, it is time … The actual is always objective, but the virtual is the subjective: it was at first the affect that we experience in time; later time itself, pure virtuality, which divides into affecting and affected, self-affection through itself as a definition of time" (Deleuze 1997:113).

In Deleuze's understanding, a feature of advanced artistic work – rather than, say, human communication – is the capacity, a part of this virtuality, to be seen, heard and passed on. As,

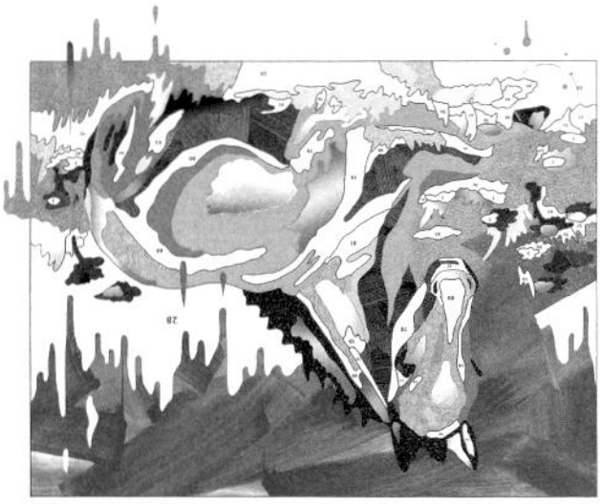

Aluminium gegossen werden. Mit meist lila- oder türkisfarbenen Autolacken wird die adaptierte Form in ein Hochglanzprodukt verwandelt, dessen Oberfläche den Blick des Betrachters zurückwirft. Die Oberfläche ist dank ihrer technisch perfekten Beschaffenheit für das Auge undurchdringlich geworden, zu einem Spiegel verkommen. In der Baden-Badener Ausstellung wurde ein neues Werk Reyles aus der jüngst entstandenen Serie von Malen-nach-Zahlen-Bildern präsentiert, in dem der Kontrast zwischen Einfachheit des Motivs und Aufwand der Produktion auf einen neuen Höhepunkt getrieben wird. Als hätte der Künstler das Bild in einem Kindermalbuch seiner Tochter gefunden und eins zu eins auf die Leinwand übertragen, blickt uns ein liegendes Pferd mit zurückgewendetem Kopf an. Das Bild ist zerlegt in bemalte und unbemalte Felder. In Letzteren kennzeichnet eine Zahl die dort noch aufzutragende Farbe. Erst beim näheren Betrachten bemerkt der Ausstellungsbesucher den großen Aufwand, mit dem das Motiv auf die Leinwand übertragen worden ist. Das Bild wurde in einem komplexen,

through repetition and (self) affection, they achieve continued differentiation, unknown perceptions and affects, they not only undermine conventional forms of expression but also infiltrate the form and break it up into informal, time-giving processes. He explains Francis Bacon's painting as a radical process of "un-figuring", in that the resulting portrait dissolves into a contourless fleshy lump and articulates an indeterminate affect (Deleuze 1994). In the works of Bacon, colour has to carry the affective value and, as with Cézanne, to modulate sensation. Heidegger's latent potentiality appears again here as something tremendous, though as something that brings in an *Unmenschlich- und Tier-Werden* (becoming inhuman and animal), a reduction of the body to its carnality in place of the figurative. By dissolving the contours of the body, Bacon extracts the sensational from the sensation: "The boundaries of sensation are blown away in all directions … rhythm itself becomes sensation and itself becomes a figure" (Deleuze 1994:48). What is pictured does not create a mystic community through the evocation

Entwurf für ein kostümiertes Lama dar, der von diesem selbst vorgeführt wurde. Wenn lediglich die Inszenierung über den Preis entscheidet, scheint es konsequent, nach immer originelleren Arten der Inszenierung zu suchen, um diesen in die Höhe zu treiben. Die Arbeiten des Malers Anselm Reyle, der wie John Bock in Berlin lebt, zeugen von einer anderen Reaktion auf die gleiche Ausgangslage. Seit zehn Jahren entstehen in seinem Berliner Atelier visuelle Produkte, bei denen ein immer aufwendigeres Produktionsverfahren Anwendung findet. Reyle begann zunächst mit seriellen Malereien, in denen er Aluminiumbahnen und glänzende Lackfarben zu variierenden Kompositionen von Streifen zusammenfügte. In den folgenden Jahren weitete er sein Vorgehen auf Skulpturen aus. Als Grundlage hierfür dienen ihm zum Beispiel kleinformatige afrikanische Skulpturen, deren Formensprache im nachträglichen Produktionsverfahren leicht verfremdet und vereinfacht wird, bis sie schließlich in immer größer werdendem Maßstab als eigenständige Skulpturen in

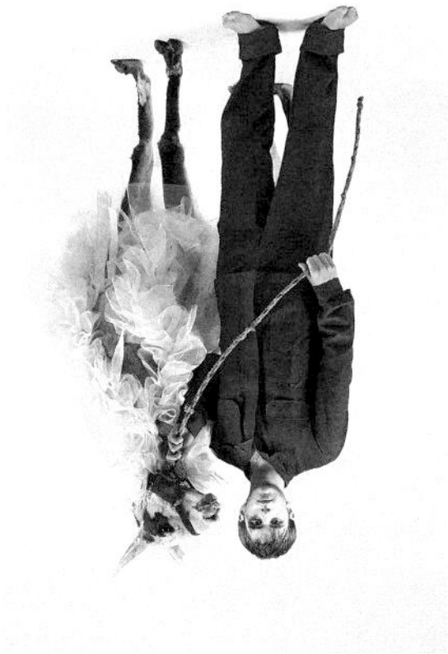

of something unrepresentable but uses force against the eye, exposes it to a tactile grasp, compels it to wander through the painting – which has become depthless and flat, a desert zone. If you look at the work of art from the viewpoint of the virtual and its infinite differentiality of the real, the art work is always the result of a subtraction and presents a choice. Ethically for Deleuze, according to his immanent transformation, it becomes the deconstruction of known patterns of expression and the revealing of unknown, unseen and unheard articulations. Like the novels of Beckett, which move on silence, like the pictures of Gerhard Richter, which evoke the impossibility of depiction in what is presented, discriminating artistic practices do not only pick out their means of expression as their central theme but also push them to the boundaries of their articulability, where they turn into stammering, into pictorial evocation, into *Kaum-mehr-Ton* (scarcely more tone) … Thanks to these processes of questioning, of self-undercutting, of making temporal and repeated minorisation, for Deleuze and Guattari works of art find

in der Umdeutung durch das innere Auge des Betrachters entdeckt hat, längst einem *rauen Zynismus* gewichen ist, der es verstanden hat, diese Fähigkeit zur Umdeutung mit maximalem Profit auszunutzen.

John Bock reflektiert in seiner in der Ausstellung gezeigten Arbeit ebenfalls die spezifischen Inszenierungsmechanismen von Waren am Beispiel der Modeindustrie. 2009 zeigte er im Haus der Kulturen der Welt in Berlin eine durchdachte Modenschau mit insgesamt 53 Entwürfen.[3] Die Amateurmodels waren kaum von Profimodels, die bei einer regulären Modenschau eingesetzt werden, zu unterscheiden. Auch Licht, Musik, Bühne und Bestuhlung für das Publikum folgten üblichen Industriestandards – lediglich den Entwürfen selbst lagen keine festen Regeln zugrunde. Der Künstler trieb dabei die Suche nach immer neueren und immer ausgefalleneren Ideen deutlich weiter als die Modeschöpfer der gewagtesten Kreationen und schuf somit ein Zerrbild eben jener Suche. Models betraten den Laufsteg mit zwei Meter hohen Schulteraufbauten oder an Hosen befestigten Eierschalen, schritten dabei aber mit der gleichen Haltung über den Catwalk, als würden sie die neuesten Kreationen von Prada präsentieren. Den kuriosen Höhepunkt eines an theatralischer Absurdität reichen Abends stellte der

their way to an artwork-immanent ethos, which is admittedly determined while predicting its reception. In A Thousand Plateaux they call this ethos the "three virtues" of becoming indiscernible, impersonal and imperceptible (Deleuze/Guattari 1992:382) and, reinterpreting Heidegger, they say that the work of art does not only open the world to the world; it "goes up into the world" (Deleuze/Guattari 1992:381).

In this sense they signal in the writings of Kafka a sense of becoming small and poor and stuttering in the language, and in Melville's *Bartleby* the unambiguousness of figure and text around the sentence "I would rather prefer not to". For example, they point out how in Kafka's novels the protagonist loses his identity in an anonymous abbreviation, horizontalises space in his searching and allows the *Trial* to become an interminable search and an endless procedure. The ethos of the text lies in this movement of "becoming small"…

For Deleuze – and still dismissing Heidegger – being philosophically fair to life means presenting it in its course and its provi-

Objekte durch die Art ihrer Inszenierung erhalten. In einer der insgesamt drei in Baden-Baden präsentierten Arbeiten sind diverse banale Objekte – zum Beispiel ein Damennetzstrumpf, ein Herrenslip und eine Klobürste aus Plastik – in einer beleuchteten Vitrine aus Aluminium zur Schau gestellt. Der geschulte Blick des Konsumenten interpretiert mühelos die Art der Präsentation als die einer Schaufensterauslage, in der die dargebotene Ware einen Kaufreiz auslösen soll. Störend wirkt lediglich die wahllose Kombination der Waren, weshalb das Gehirn nach einer verborgenen Logik sucht, die auch die billige Klobürste zu einem begehrten, kaufwürdigen Objekt macht. Das Auge des Konsumenten sucht die Begründung für den vermuteten Preis nicht im Objekt selbst – also in der Farbe oder in dem besonderen Design der Klobürste – , sondern in der Kombination mit den anderen Objekten. In ihren anderen ausgestellten Arbeiten treibt Meckseper dieses Spiel weiter. Sie zeigt einen Hammer und eine Sichel als Luxus-Accessoires auf einem großen aus Spiegeln gebauten Podest. Die Umdeutung des politischen Symbols in ein Luxusobjekt wird durch die Art der Inszenierung des Gegenstands vollzogen und nicht durch eine Veränderung des Symbols selbst. Meckseper paraphrasiert kongenial, wie der *süße Zynismus*, den Sontag noch 1964

sional nature, in its interminable metamorphoses, seeing the human position in relative terms and practising for this purpose non-anthropomorphic thinking in geographical terms, in surfaces, planes and maps. Certain films not only create "free spaces" in affective pictures but also duplicate time in specific montages, long takes, composite image depths, recurring and intensified images and sounds. A film such as *Passing Drama* (1999) by Angela Melitopoulos creates an experimental web of sounds and images that helps to expose its (de)constructive character.
Such cinematic articulations become ethical, because they generate their mode of expression to suit the problems they pose. Far from depicting a given reality, they connect images and sounds into abstract webs and offer singular creations of reality. The unbearable element of social relationships gives them cause for reflection; they circle around traumatising experiences, which make speaking from memory impossible and compel them to be related without the use of speech or prior example. The repeated exposition of cinematic features serves here to il-

tische Revolution, die für die Erkenntnis eintritt, dass Geschmack und ästhetische Ideale keine an der Kleidung einer Person oder an der visuellen Oberfläche eines Objekts festzumachenden Qualitäten sind, sondern dass die Einordnung in Register des Geschmacks ein kulturell konnotierter Vorgang ist, dessen eigentlicher Ursprung im betrachtenden Subjekt zu suchen ist. Indem Sontag beschreibt, wie das „Camp"-Auge zwischen einer normalen, unreflektierten Betrachtung und einer distanzierten, ironischen Betrachtung hin- und herwechseln kann, versinnbildlicht sie die Arbitrarität ästhetischer Geschmacksurteile an sich. Durch diesen kleinen, aber genialen Kunstgriff veranschaulicht Sontag bereits 1964 eine wenige Jahre später einsetzende radikale Entgrenzung visueller Stilrichtungen. Sie antizipiert die seitdem immer schneller stattfindenden Wechsel visueller Stile, indem sie die Frage nach der Einschätzung von Stil zur Frage nach der inneren Haltung des Betrachters macht. Damit nimmt sie die Auflösung von Kategorien des Geschmacks als verlässliche gesellschaftliche Größe zur Kommunikation einer politischen oder sozialen Haltung und Zugehörigkeit vorweg.
Die in New York lebende Künstlerin Josephine Meckseper untersucht in ihren Arbeiten ebenfalls die Zuschreibung von Bedeutungen, die

luminate what is unheard and unseen in the feature or in its very symptomatic poverty of expression. Because they evoke problems that are almost impossible to delimit or resolve, they reject conjunctive syntheses in both the recipient and the film itself. Free play here is not the form of the aesthetic judgement but the heterogeneous mode of articulation of the film itself.

Passing Drama tells the long history of the sufferings of the Greeks since the start of the twentieth century, their expulsion from Asia Minor, their flight and internment, their road to forced labour in Austria, to Germany as guest workers and back; it translates the incomprehensible and unspeakable elements of the story, the economical and stereotypical memories into the language of things and into ways of creating gaps. The film depicts the subterranean stammering of tragedy and brings in a series of affective images, in close-ups of moving surfaces, until they become visible as video snow or through the use of multiple processing techniques. Penelope, one of the first female figures in European cultural history, opens the film and still weaves the

Opernaufführungen parodieren. Dabei geht es nicht darum, ein neues Gedicht oder eine neue Form der Oper zu erfinden. Vielmehr wird eine existierende Hochkultur mit anderen Augen, mit einer anderen Haltung betrachtet. Zu ihrer Zeit müssen die auf dem Film festgehaltenen Darbietungen für ein größeres Publikum vollkommen irrational gewirkt haben, und selbst heute bedarf es einer gewissen Anstrengung, die distanzierte Komik der Szenen zu deuten. Einige Jahre früher hatte Susan Sontag in ihrem legendären kleinen Essay „Notes on Camp“[2] versucht, die Haltung, auf die Warhols Film zurückgreift, theoretisch zu erfassen. Seit den 1950er Jahren existierte die Attitüde, die Sontag „Camp“ nennt, in gewissen großstädtischen Milieus, aber es war kaum darüber geschrieben worden. „Camp“ ist für die Autorin eine Umpolung bestehender Normen, die lediglich im Betrachter vorgenommen wird. Es gibt deshalb keine festgelegten „Camp“-Elemente, sondern lediglich eine bestimmte Art des Blicks, die Dinge für den Betrachter als „Camp“ erscheinen lässt. (Sontag 1968:284) Das Auge hat die Macht, die visuelle Erscheinung eines Objekts oder einer Darbietung zu transformieren, zu verändern. Was *schlechter* und was *guter* Geschmack ist, hängt also davon ab, *wie* der Betrachter das Betrachtete anschaut. Sontag beschreibt somit diese kleine ästhe-

immemorial robe of cultural articulation. Something is always taken back, undone, flows away into out-of-focus takes. Its amorphous soundtrack allows countless impersonal speakers and a vague "common element" to be heard. Instead of the communality of recipients, here are chains of scarcely perceptible, sometimes material agents and unprepossessing *Men*, of film-related packs, who give the film a political overtone. The story of the interminable migration it evokes includes all imaginable past and future migrants in an undetermined "becoming world".

Notes: 1 "Philosophie et communauté ont ceci en commun: un impératif catégorique, antérieur à toute morale, de ne pas lâcher sur le sens en commun". (Nancy 1986:234). In the German translation of this essay (Nancy 1988), the last two chapters, from which this quotation comes, are not given. English translation of the quotation by James Creech. **2** "Mais il devrait s'agir de porter la 'démocratie' à son propre lieu d'énonciation et d'exposition: à l'en-commun de ce peuple dont elle porte le nom sans peut-être encore trouvé la voie, ni la voix de son articulation". In the German translation, Die nichtdarstellbare Gemeinschaft, the last two chapters, from which this quotation comes, are not given. English translation of the quotation by Michaela Ott.

Literature: Baumgarten, Alexander G. (2007): Ästhetik, Hamburg | Deleuze, Gilles (1992): Differenz und Wiederholung, Munich: Wilhelm Fink | 1992, p. 382 |

diese ursprüngliche Aufgabe deutscher Museen erinnert. Ausgehend von idyllischen italienischen Landschaftsszenerien mit Ruinen und mythologischen Szenen, durch die moralische Qualitäten vergangener Epochen symbolisiert werden sollten, zeigte die Sektion, wie diese Bilder nicht nur Genuss vermittelt hatten, sondern zugleich moralische Lehrstücke gewesen waren. Mit der Übertragung auf idealisierte heimische Landschaften rund um Baden-Baden hatten Maler wie Johann Wilhelm Schirmer und Carl Kuntz ihre Suche nach erbaulichen Motiven erweitert. Ein großer Sprung führte im Laufe des Parcours an einzelnen Beispielen vor, wie Künstler bis weit in das 20. Jahrhundert hinein immer noch von dem idealistischen Grundgedanken geleitet worden waren, mit visuellen Formen die Welt verändern zu können. Mit dem Werk von Andy Warhol jedoch, so meine These, ist in diesem Zusammenhang ein Wendepunkt erreicht worden. Zu sehen war in der Ausstellung ein Film aus der Zeit von Warhols legendärem New Yorker Atelier The Factory. *Camp* (1965) zeigt Akteure aus dem Umfeld des Künstlers, die Gedichte von Allen Ginsberg und

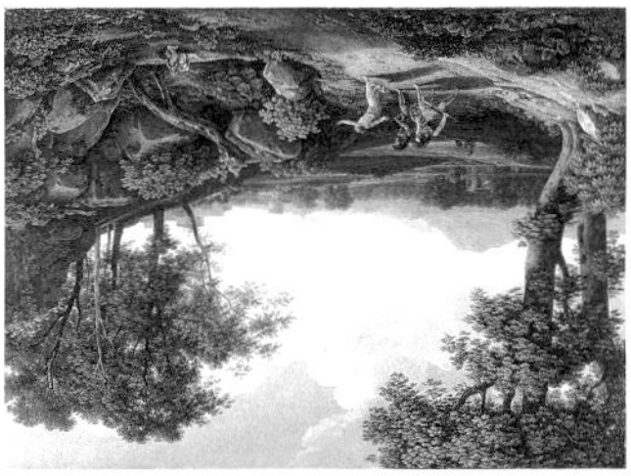

Deleuze, Gilles (1994): Logik der Sensation, Frankfurt a. M.: Wilhelm Fink | Deleuze, Gilles (1997): Das Zeit-Bild, Kino 1, Frankfurt a. M.: Suhrkamp | Deleuze, Gilles / Guattari, Félix (1992): Tausend Plateaus. Kapitalismus und Schizophrenie, Munich: Merve-Verlag | Heidegger, Martin (1960): Der Ursprung des Kunstwerks, Stuttgart: Reclam Universal-Bibliothek | Heidegger, Martin (1993): "Sein und Zeit", Gesamtausgabe, Vittorio Klostermann | Merleau-Ponty, Maurice (1966): Phänomenologie der Wahrnehmung, Berlin: Taschenbuch, p. 484 | Merleau-Ponty, Maurice (2003): Das Auge und der Geist, Hamburg: Meiner | Nancy, Jean-Luc (1986): La communauté des œuvrée, Paris: Christian Bourgois; German version: Nancy, Jean-Luc (1988): Die nichtdarstellbare Gemeinschaft, Stuttgart: Schwarz

lungskatalogen zunehmend: Noch zehn Jahre zuvor stand häufig der Genuss des sammelnden Fürsten im Mittelpunkt der Beschreibung, doch nun tauchte plötzlich ein anderer Betrachter auf – der Bürger. Bénédicte Savoy zitiert hierzu folgenden Passus aus dem Katalog zur Dresdner Gemäldegalerie von 1765: „Der große Endzweck von den ansehnlichen Gemälde-Sammlungen, welche man mit dem Namen der Galerien belegt, ist nicht bloß solche zum Beweise einer an und für sich nicht zu tadelnden Pracht aufzustellen, sondern man kann auch edlere Absichten, die einen Einfluß aufs gemeine Beste haben, damit verbinden." (Savoy 2006:15) Der Sinn der Bildergalerie, dieser Frühform des Museums, dient also nicht ausschließlich dem Genuss des Sammlers, sondern liegt auch im aufklärerischen Effekt, den diese Einrichtung auf das Gemeinwohl hat, begründet. Museen werden im Sinne der Aufklärung gegründet und über Jahrhunderte von dem Glauben an eine moralische Erziehung im Sinne einer Ethik durch Verbreitung ästhetischer Normen des *guten* Geschmacks getragen. Mit Leihgaben aus der Staatlichen Kunsthalle Karlsruhe wurde die Aufwertung des bis dahin als nebensächlich erachteten Genremotivs idealisierter Landschaftsbilder in der Ausstellung präsentiert und dadurch in Form eines Exkurses an

JOHAN HOLTEN

Der gute, der schlechte und der wirklich teure Geschmack – zum Anteil von Ethik an Ästhetik im 21. Jahrhundert

Als Auftakt zum Ausstellungsprogramm der Staatlichen Kunsthalle Baden-Baden unter meiner Leitung fand im Sommer 2010 eine Ausstellung über den guten, den schlechten und den wirklich teuren Geschmack statt.[1] Mit der Ausstellung wurde der Versuch unternommen aufzuzeigen, dass visueller Geschmack nicht länger mit moralischen, politischen oder ethischen Werten verknüpft, sondern heute vielmehr zu einer Strategie der kommerziellen Inszenierung verkommen ist. Der gute Geschmack dient mehr denn je der sozioökonomischen Differenzierung und kann deshalb nicht als Parameter herangezogen werden, um das Programm einer Institution mit einem öffentlichen Auftrag zu begründen. Die Ausstellung begann – chronologisch, nicht räumlich – mit einem Exkurs in die Zeit der Gründung deutscher Museen um 1800. Um 1770 setzte – zunächst nahezu unbemerkt – eine große kulturelle Veränderung ein. In der Gründungsphase öffentlicher Bildergalerien in Deutschland verlagerte sich der Fokus in den Vorworten zu den Samm-

Creating Taste. Education towards the Beautiful and the Good

Kanne, Nickel, abgebildet im Deutschen Warenbuch, 1915 | S. 137: Historische Prunkkanne, Ende 19. Jahrhundert | S. 140: Werkbundkoffer zum Thema Besteck, 1960er Jahre | S. 144: Jugendliche bei einer Präsentation des Werkbundkoffers zum Thema „Küche", Berlin, 1960er Jahre

CHRISTIAN DEMAND

Architectural Criticism as Lay Preaching: How Paul Schultze-Naumburg Berated the Sins of Modern Building

Some months ago, a harsh account of dreary contemporary housing construction appeared in the *Frankfurter Allgemeine Zeitung* (Bartetzko 2011). As so often when the German feature pages campaign against the current plight of architecture, its dominant tone was one of impatient outrage, indicating that the author was looking down on his subject from the dizzy heights of a categorical certainty in taste that evades all criticism: "How many campaigns do you suppose the Federal Foundation of Building Culture has realised already against the drab monotony of private housing in Germany?" he comments indignantly. "It could struggle incessantly against the horror of these little boxes with ridge roofs and still have as much success as a fish trying to ride a bicycle. … Anyone who trusts only his own eyes in this matter should stroll through the peripheral residential areas of any big or small city." This was followed by a peevish listing, so typical of the genre, of all the

Literatur: Avenarius, Ferdinand (1915), in: Deutsches Warenbuch, Vorwort, S. 18, Hellerau bei Dresden o.J. [1915] | Betts, Paul (2004): The Authority of Everyday Objects. A Cultural History of West German Industrial Design, Berkeley/Los Angeles/London: University of California Press | Böhme, Hartmut (2006): Fetischismus und Kultur. Eine andere Theorie der Moderne, Reinbek bei Hamburg: Rowohlt | Volkers, Imke (2009): Böse Dinge – eine Enzyklopädie des Ungeschmacks. Begleitheft zur gleichnamigen Ausstellung im Museum der Dinge, 16.07.2009 - 11.01.2010 | Cleve, Ingeborg (1996): Geschmack, Kunst und Konsum, Diss. 1992 Göttingen: Vandenhoeck & Ruprecht. | Eckstein, Hans (1964): „Freie Kunst – gebundene Gestaltung", in: Werk und Zeit, | Kaiser Wilhelm Museum Krefeld und Karl Ernst Osthaus-Museum Hagen (1998): Das Schöne und der Alltag, Krefeld/Hagen: Snoeck-Ducaju & Zoon, Gent | Muthesius, Hermann (1907): „Die Bedeutung des Kunstgewerbes", in: Hohe Warte, 3, 1907 | Oestereich, Christopher (2000): ‚Gute Form' im Wiederaufbau. Zur Geschichte der Produktgestaltung in Westdeutschland nach 1945, Berlin: Lukas Verlag | Osthaus, Karl Ernst (1909): „Das Deutsche Museum für Kunst in Handel und Gewerbe", in: Die Welt des Kaufmanns, Jg. V, Heft 10, Oktober 1909 | Pazaurek, Gustav E. (1912): Guter und schlechter Geschmack im Kunstgewerbe, Stuttgart/Berlin: Deutsche Verlagsanstalt Stuttgart und Berlin | Schmitt, Hans (1949): „Schöner – Aber nicht teurer. Unsere Dingwelt und die Forderungen der Zeit", in: Katalog zur Werkbund-Ausstellung Neues Wohnen, Köln | Schwarz, Rudolf (1949): „Geleitwort", in: Katalog zur Werkbund-Ausstellung Neues Wohnen, Köln 1949, o.S. | von Albrecht,Nicola /Flagmeier, Renate (2007): „Die Beteiligung des Werkbunds an internationalen Ausstellungen", in: Winfried Nerdinger/Werner Durth (Hg.): 100 Jahre Deutscher Werkbund, München: Prestel | Werkbundarchiv – Museum der Dinge Berlin (Hg.) (2008): Kampf der Dinge – Der Deutsche Werkbund zwischen Anspruch und Alltag, Leipzig: Koehler & Amelang

Abbildungen: Alle Abbildungen und Dokumente aus der Sammlung Werkbundarchiv – Museum der Dinge, Berlin. Fotografien von Armin Hermann | S. 129: Erinnerungsmuschel an die Werkbund-Ausstellung 1914, Kategorie nach Pazaurek: Andenkenkitsch | S. 135:

misjudged elements of design that lend such joyless appearance to this architecturally topsy-turvy world. "Down one side of the street and up the other", the author complains, there are always the "same little boxes … some with more, some with less steep ridge roofs, some with and some without balconies", all of them covered with the same red Harzer Pfannen tiles, all with a "cellar floor extending above ground level, embellished with the epithet 'lower ground floor' or 'souterrain'", and including a carport and the inevitable pergola. In other words: aesthetics to curdle the blood.

One of the boxes in one of the arbitrary suburbs aroused the reviewer's particular displeasure. As he informs us, it is not just any old "A.N. Other" who lives there, but "Christian Wulff, once Minister President of Lower Saxony and later President of the FRG." Anyone who holds such outstanding political office, he suggests, ought to meet the highest possible demands regarding design: "So excessively average, so standardised, through and through? What else could possibly shock us? The fact that this pseudo-traditionalist, ready-made, Lower-Saxon house cost 415,000 euros? The fact that one of our country's leading politicians risked his reputation and office to acquire it? Or that someone who

des Positiven, Gesunden und der Wahrheit vernichtet werden. […] Übersehen wird dabei stets, dass diese dualistische Kritikform die kritisierte Seite erst hervorbringt und erhalten muss, weil sie sonst ihren Gegenstand verliert." (Böhme 2006:328) Ein wesentlicher Aspekt in Bezug auf die Modernität des *Werkbunds* besteht in seinem Verständnis der Konsumkultur als offenem Kulturraum. Der *Werkbund* hat seit Beginn des 20. Jahrhunderts wiederholt versucht, die „unfruchtbare Entgegensetzung" von Kultur und Ökonomie zu überwinden und einen Zusammenhang zu definieren und zu bilden. Das Bemühen der Reformbewegung – in den Anfängen wie in der Zeit nach dem Zweiten Weltkrieg – blieb ein utopischer Versuch, den Tauschwert als reinen Ausdruck des Gebrauchswerts zu etablieren.

Anmerkungen: **1** Das Werkbundarchiv – Museum der Dinge sieht das als seine Aufgabe an. Als ein Museum der Sach- und Warenkultur des 20. und 21. Jahrhunderts mit dem historischen Kernthema „Deutscher Werkbund" versteht es sich als ein Ort der Verhandlung über gesellschaftliche Werte sowie Bedeutungs- und Qualitätskriterien. Vgl. dazu den Katalog Werkbundarchiv – Museum der Dinge, Berlin 2008 **2** Die Sammlung wurde 1923 nach dem Tod von Osthaus an das Kaiser-Wilhelm-Museum in Krefeld verkauft. Zur Geschichte des Museums vgl. den Ausstellungskatalog 1998. **3** Deutsches Museum – Bestand KEOM-Archiv Hagen, unter A 151/3

has traveled so far remains so frugal about building culture? Surely we can expect rather more than such average taste from a bearer of office who is supposed to be a role model to all Germans."

Whether it was exemplary from the standpoint of journalistic ethics to add to the current agitated public debate over Wulff's possible resignation due to suspicion of personal advantage with this aesthetic pounding, or to choose this type of derisively patronising language when doing so, is another matter entirely. The intention here is to examine this abstruse insult to the president purely in terms of its own arbitrary nature, insofar as it provides a typical example, in turn, of a didactic ritual practiced on the general public that is omnipresent in everyday aesthetic discourse and yet seldom questioned in the circumstances: lacking a more precise term for it, I would like to call this the "berating of modern building sins", although naturally this specific form of rhetorical intervention with aesthetically missionising intent can be encountered in every other field of design – from product design to fashion to domestic flower arrangements. However, the discourse on architecture in the media (in the broadest sense) offers an outstanding field of observation, because here the phenome-

den Raum der Industrie und der Warenproduktion als Berührungspunkt gesellschaftlicher Widersprüche in einem neuen Stil gestaltet wissen. Ohne ein einheitliches Gesicht drohten vermeintlich Chaos, Unordnung, unauflösbare gesellschaftliche Widersprüche und die Dominanz des Individuellen über das gesellschaftliche Miteinander. Mit seinem Bemühen um Homogenität, Reinheit und Klarheit der (Produkt-)Kultur stand der Werkbund wie viele kulturkritische Bewegungen im 20. Jahrhundert im Geiste der Aufklärung. Seine programmatischen Debatten gehen auf in den zahlreichen Auseinandersetzungen um das Ding als Ware, die im 20. Jahrhundert geführt wurden – von der Kulturindustrie-These von Horkheimer/Adorno bis zu Wolfgang F. Haugs für die 1970er Jahre klassischen *Kritik der Warenästhetik*. Aber die Frage der „falschen Bedürfnisse" und der Manipulation der Massen durch ästhetische Gebrauchswertversprechen stellt sich heute differenzierter. Nach Böhme unterliegt auch diese Form der Kulturkritik dem Warenfetischismus, statt ihn aufzulösen oder ihm etwas entgegenzusetzen. Er liefert eine interessante Einschätzung dieser Position: „[… W]ie bei aller Kulturkritik soll auch hier das Negative, Kranke, Unwahre durch die Konfrontation mit dem Gegenbild

non appears most sharply and is also comparatively easy to trace historically.

In German-speaking countries, the berating of modern building sins goes back to the well-documented search for a suitable standardised contemporary architectural style, which began in the late eighteen-twenties – still very much under the influence of classicism – in theoretical writings such as Heinrich Hübsch's *In welchem Style sollen wir bauen?* Meanwhile in the second half of the nineteenth century – before the background of the reproduction of retro-styles such as the neo-Gothic, the neo-Renaissance, and the neo-Baroque and every conceivable hybrid form – this question developed into an increasing concern for the public, as well as experts. One striking argumentative figure proved the most effective weapon of the anti-historicists – otherwise anything but unanimous in their programmatic beliefs – in the public struggle for binding criteria of judgment: Hübsch had already based his suggestions for architectural re-

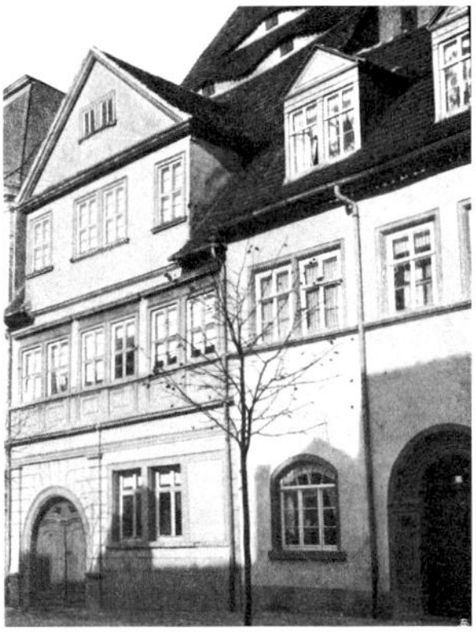

manifestiert. Die formierende Kraft der Industrialisierung auf die gesamte Alltagskultur wurde vom Werkbund in eine intentionale Dingsprache und Gestaltungsabsicht übersetzt. Es galt nicht nur das „sachliche Ding" durchzusetzen jenseits emotionaler Bedürfnisse und Wünsche, sondern dieses sollte auch durch eine sachliche Typografie und Reklame, durch das „Sach-Plakat", das „sachliche Schaufenster" vermittelt werden – dies gilt insbesondere für die frühe Phase. Die Dinge sollten zu stummen Helfern und Dienern werden – so eine Charakterisierung von Erwin Braun zu den Produkten der WB-Firma Braun. In den *Werkbund*-Warenkunden ging es um eine „aufgeräumte Warenwelt" hinter den „Bollwerken gegen die Warenflut" und um den Versuch, die Konsumenten gegen die Einflüsterungen des immer größer und unbeherrschbarer werdenden Warenangebots zu immunisieren, gegen die *nouveautés* und die „Vermodung", gegen die hemmungslose Gier der Händler.

Der *Werkbund* war gesellschafts- und kulturpolitisch an Integration und Ganzheit orientiert und versuchte, den auseinanderdriftenden gesellschaftlichen Interessen ein einheitliches Stil- und Forminteresse entgegenzusetzen. Die Reformer wollten den Raum der Stadt ebenso wie

form on this figure, which might be referred to as the "berating of eclecticism": complaint about a non-functional, purely decorative, inorganically superficial, thoughtlessly conventional, and thus completely arbitrary takeover of historical design forms in the present day.

Around the turn of the century, the berating of modern architecture developed – essentially on the basis of this aesthetically de-legitimised topos – as an independent publicist discipline expressly directed at a lay audience. One of the most influential characters in this process was the uncannily productive – in terms of his own ideas – architect, painter, architectural photographer, protector of monuments, and author Paul Schultze-Naumburg. In 1901, the first of nine volumes of his – despite its sometimes tortuous, long-windedness – much acclaimed, key work of cultural education with the memorable title *Kulturarbeiten* appeared in the Kunstwart-Verlag, a publisher with close ties to the Life Reform Movement. The series opens – what else could we expect? – with a harsh account of dreary

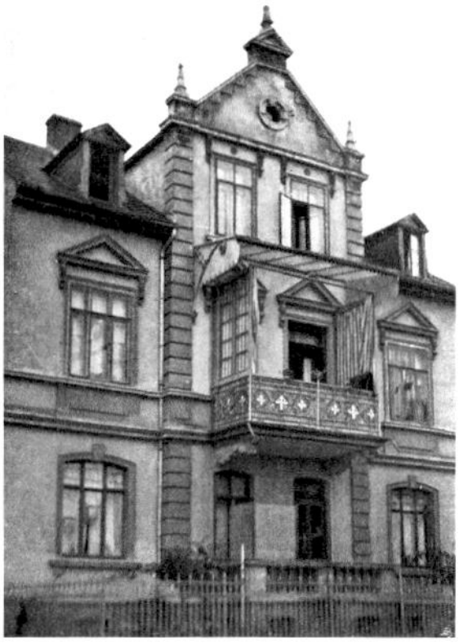

Formung der Dinge aus. Das bloß Neue verdrängt das bewährte Gute, der trügerische Schein das Echte. Man will nicht das Gute, sondern den großen, immer größeren, den schnellen, immer schnelleren Umsatz." (Eckstein 1964:9) Spätestens Ende der 1960er Jahre gab der *Werkbund* den Versuch auf, die Produktkultur zu kontrollieren und das Konsumverhalten maßgeblich zu beeinflussen. Im Zuge der kulturrevolutionären Entwicklungen um 1968 wurde die Etablierung von Geschmacksnormen schwieriger. Anfang der 1970er Jahre war der „gute Geschmack" kein Erziehungsziel mehr. Aus der Wohnberatung wurde eine Bewohnerberatung, das heißt, der *Werkbund* verstand sich nun eher als Impulsgeber für die Bürger, die dazu ermutigt wurden, auch alternative Wohnformen zu erproben und sich an den Prozessen des Wohnungsbaus und der Stadtplanung zu beteiligen.

Wie an den vorgestellten, vom *Werkbund* entwickelten Instrumenten und an den Zitaten der jeweiligen Akteure deutlich wird, versuchte die Vereinigung in all ihren Strategien, die Sprache der Dinge im Warenkontext rational zu steuern und nur die Vernunft im Verhältnis zwischen Menschen und Dingen gelten zu lassen, die sich in den Leitbegriffen „Nützlichkeit", „Zweckmäßigkeit" und „Sachlichkeit"

contemporary housing construction. Nowhere, according to Schultze-Naumburg, was the "quality of design" currently "more pitiful, ill-omened and demoralising than in the field of building" (Schultze-Naumburg 1912:1). This extensive thesis on the loss of architectural tradition, which he had identified as the most important reason behind this "horrifying cataclysm", is appendixed by a comprehensive section of photographic illustrations accompanied only by short picture captions. This continues throughout the entire book and presents the "sad destruction of our country by its new buildings since the middle of the nineteenth century" (Schultze-Naumburg 1912:1) that he bewails on the basis of concrete examples from housing construction. For long stretches of the book, the presentation of the photographs follows a strict "before and after" or rather positive-negative scheme. On each left-hand page of the book, one sees a residential building, or sometimes only a single architectural detail, from the period before the middle of the century. Here, in Schultze-Naumburg's opinion, the architect has resolved the task of design in an exemplary way; on the right-hand page, there follows a suitably horrifying, corresponding example from the recent or most recent past.

und „Blumenvasen" traten die ästhetischen Gesichtspunkte gegenüber dem praktischen Gebrauchswert ganz in den Hintergrund, wobei die Kisten zum schön gedeckten Tisch wie eine Metapher für die dahinterstehende Werkbund-Idee wirken, dass sich um diesen Idealtisch die intakte Familie versammelt. In den Begleitheften wurde das gemeinsame Essen am schön gedeckten Tisch als Sinnbild eines harmonischen Familienlebens beschrieben. Die „guten Dinge" sollten die Nutzer zu „guten Menschen" machen.

In den gesamten *Werkbund*-Aktivitäten der 1950er und 1960er Jahre wird eine starke Aversion gegen alles Modische erkennbar, wie zwei Zitate zeigen. Rudolf Schwarz schrieb im Katalog zur Kölner Ausstellung 1949: „Die Arbeit des *Werkbundes* meint nicht das Modische, sondern das Gültige, nicht das schnell Wechselnde, sondern die lange bestehende Sitte, nicht die ausgefallene und für einen Augenblick interessante neue Form, sondern das im Gebrauch von vielen Geschlechtern Bewährte." (Schwarz 1949) Und Hans Eckstein formulierte 1964: „Der ökonomische Zwang, Bedürfnisse zu wecken, damit das komplizierte Getriebe der modernen Wirtschaft reibungslos und gewinnbringend funktioniere, wirkt sich jedenfalls mit zerstörerischer Gewalt auf die sinnvolle, gute

Over the course of sixteen years, in volume after volume, Schultze-Naumburg – who sought to assert his aesthetic ideas in architectural policy parallel to this as co-founder of the *Deutscher Bund für Heimatschutz* (1904) and the *Deutscher Werkbund* (1907) – produced and collected innumerable, meticulously matched pairs of photographic images according to the same pattern, on the basis of which he worked his way through a thesis of the advancing "Entstellung unseres Landes" (*Defacement of our Country*, the title of a pamphlet on the subject "Heimatschutz" dating from 1905) with reference to every conceivable architectural task, from the residential building to settlements of different sizes and types to the design of complete landscapes. Schultze-Naumburg did not regard the long sequences of photographs, which greatly outweighed the textual part of the work in subsequent volumes, as an illustrative accompaniment to his prior argumentation. Far more, this "stubborn listing of example and counter-example" was the true "persuasive and educational" heart of his undertaking, as it seemed to him that the correctness of his reform approach was demonstrated vividly in this way without demanding any major discursive effort from his readers: "It is our wish to win over the

Werkbundkisten-Themen „Der Frühstückstisch", „Der Mittagstisch"
Jugendlicher eine geringere Rolle spielte. Bei den später entwickelten
kultur. Damit wurde eine Thematik gewählt, die in der Lebenswelt
inhaltlichen Fokussierung der Werkbundkisten auf Objekte der Tisch-
lichen nicht einbezog. Besonders deutlich wird diese Diskrepanz an der
stellte, aber die Alltagserfahrungen und Wertvorstellungen der Jugend-
mentation, die Funktion, Material und Herstellung in den Mittelpunkt
und das Begleitmaterial, zeigt sich eine primär objektorientierte Argu-
und Wilhelm Wagenfeld. Betrachtet man die Auswahl der Produkte
stammten häufig von den Werkbund-Mitgliedern Heinrich Löffelhardt
Metallwarenfabrik und die Farbglaswerke Zwiesel etc. Die Entwürfe
Besteck- und Silberwarenhersteller Carl Pott, die Württembergische
naher Firmen: die Porzellanfabriken Arzberg und Schönwald, der
beschränkte sich fast ausschließlich auf den Vorbilderkanon werkbund-
gute praktische Handhabbarkeit ergeben. Die Auswahl der Produkte
schaften ging es darum, für die vielen Aspekte zu sensibilisieren, die eine
tischen Reize des Materials. Bei der Darstellung der Gebrauchseigen-
Proportionen, Kurven- beziehungsweise Flächenverläufe und die ästhe-
und unverzierten Gegenstände: zum Beispiel die harmonisch wirkenden

people", he makes clear in the foreword to the first edition, "the little man, the workers, those who are most enduringly active in redesigning the face of our country". Even though Schultze-Naumburg did not invent the suggestive method of contrasting comparison – the militant Catholic architectural reformer Pugin, also a convinced theorist of cultural decline, had already employed it in a similar way, if much less systematically, in England as early as 1841 – he was the one to recognise its immense propagandist potential. He used it consistently, outside the field of architecture as well: initially, among other things in the struggle for female reform clothing at the end of the nineteen-twenties – and, having meanwhile taken an extreme right-wing turn in his politics, in order to popularise racist theories of degeneration. The strict bipolar nature of the contrasting presentation process met ideally with his basic educational intentions, as it expressed in a very

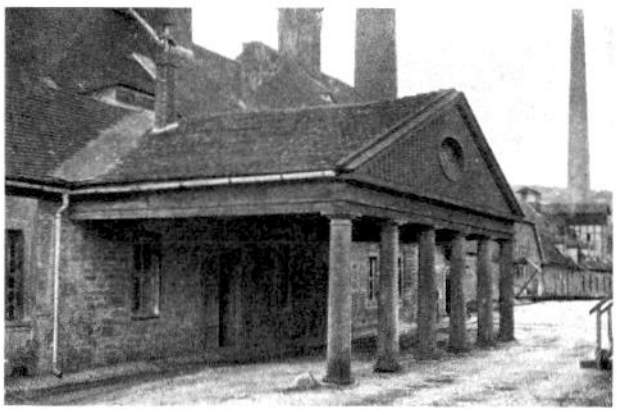

obvious way his conviction that any method of designing "visible culture" could be judged in categories of "good" and "bad". This had an effect on both function, inasmuch as each and every building or every

Mithilfe der Werkbundkisten wurde die Geschmacksbildung in den 1950er Jahren auf die Erziehung von Schülern ausgeweitet, da ein Großteil der Jugendlichen durch wachsende Einkommen und vermehrte Freizeit zunehmend den „Verführungen" der sich herausbildenden Konsumgesellschaft ausgesetzt war. Die Werkbundkisten wurden von den verschiedenen Landesverbänden des *Werkbunds* unabhängig voneinander als Lehrmittel für den Einsatz im Kunst- und Werkunterricht konzipiert und bis in die 1960er Jahre den Schulen zur Ausleihe angeboten. Die Zusammenstellung der Objekte erfolgte nach verschiedenen Gesichtspunkten: Material, Technik, Form und Funktion beziehungsweise Funktionsbereich. So gab es unter anderem Kisten zu Kunststoff, Porzellan oder Holz, zu Gießgefäß oder Vasen, zum Arbeitsbereich der Küche. Über die ausgewählten Objekte hinaus wurden den Kisten Texthefte oder Bildmaterialien beigegeben. Die aktuellen Produktmuster wurden einzeln kommentiert und in Bezug auf verschiedene Kriterien der „guten Form" behandelt. Dabei überwogen die formalästhetische Qualitäten der ausgesuchten, meist einfachen

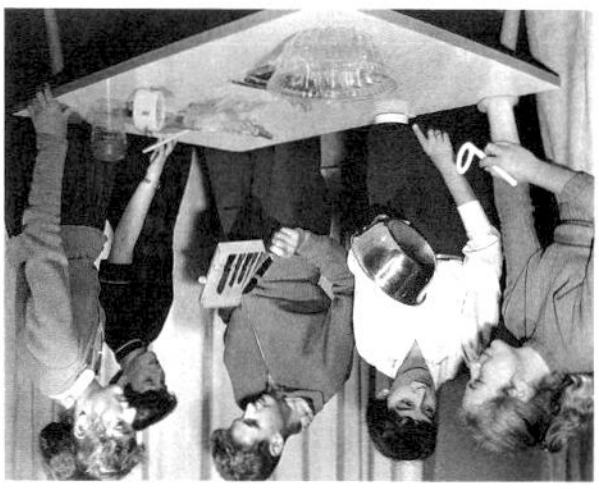

architectural element was more or less "practically usable" or "unusable", and form, which could be allocated to a specific point on the scale between the poles of "beautiful" and "ugly".

In Schultze-Naumburg's work, this rather harmless invocation of two leading architectural categories customary since Vitruvius' *utilitas* and

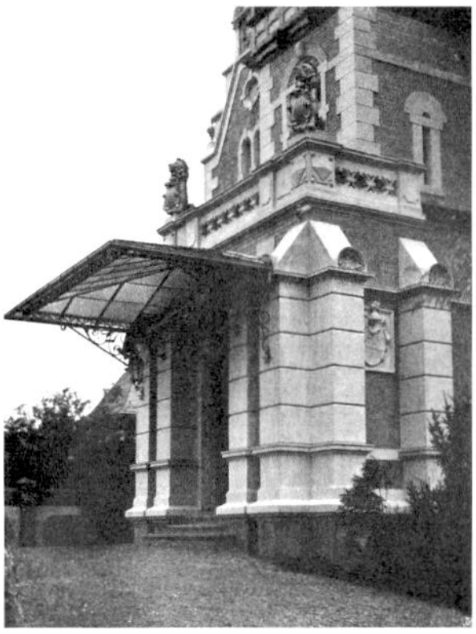

venustas – *firmitas*, the third dimension introduced by Vitruvius plays a subordinate role in the *Kulturarbeiten* – became the linchpin of a highly suggestive shift in architectonic discourse from the aesthetic-technical to the ethical-moral. In his foreword, he already specifies that good and bad in the design context always mean "morally good and bad", and so functional and aesthetic failure is always an ethical failure as well: "At its deepest roots, beauty touches upon ethics, by making what is 'good' for humanity in the broadest sense visible as something 'beautiful' and teaching us to love it" (Schultze-Naumburg 1912:4f.). Schultze-Naumburg leaves vague how the interaction of the different spheres

und Veranstaltungen, die Produzenten, Konsumenten und Planer zusammenbrachten. Im Zentrum stand das persönliche und kostenlose Beratungsgespräch, in dem anhand mitgebrachter Grundrisse und oft mithilfe kleiner Modellmöbel grundsätzliche Überlegungen zur Möblierung der Wohnung angestellt wurden. Materialproben und Musterbücher halfen bei der Auswahl passender Hölzer und Stoffe, Wandfarben und Tapeten oder des Fußbodenbelags. Über die Mustereinrichtungen hinaus standen Abbildungen empfehlenswerter Möbel und gut geformten Hausrats zur Verfügung. Von der ersten Wohnberatung als selbstständiger Einrichtung, 1953 in Mannheim eröffnet, bis in die Mitte der 1960er Jahre gab es ähnliche Beratungsstellen des *Werkbunds* in 13 westdeutschen Städten. (von Albrecht/Flagmeyer 2007:243/Werkbundarchiv – Museum der Dinge Berlin 2008:114–122) In Berlin wurde 1957 im Kontext der *Interbau* neben den 60 von *Werkbund*-Mitgliedern eingerichteten Musterwohnungen eine erste Wohnberatungsstelle installiert. Diese wurde nach der Ausstellung zu einer festen Einrichtung, geleitet von Charlotte Eiermann. Bei dem ausgestellten und empfohlenen Mobiliar und Hausrat galten die gleichen Maximen wie bei der Warenkunde: schlicht, kombinierbar und zweckmäßig.

should be imagined more precisely, and not least the eroticising power of the beautiful and its impact. Statements like, "One can begin to speak of perfection of design only when all an object's purposes have arrived at visible expression" (Schultze-Naumburg 1912:3f.), are all that he was prepared to offer his readers in the way of systematic concretion. Nonetheless, the basic intuition that he was following in his book becomes clear enough. Schultze-Naumburg interpreted design of any kind as the "expression" of an idea or of an "inner being" (Schultze-Naumburg 1912:142) that lent it animation, which was why he assumed that it was easily possible to deduce the attitude of the builder upon which a project was founded, from the form and layout of a building: "a simple visual impression will convince anyone that this is a place to live constructed from a good and honest spirit" (Schultze-Naumburg 1912:86). He did not always proceed in such a cavalier fashion when translating the architectural into the ethical. Most of the brief analyses of the exemplary cases that Schultze-Naumburg presented are obviously set out in a more subtle way than physiognomic studies, in which, employing the as-if mode, the appearance of buildings and single forms is attributed character qualities

sien eingesetzt wurden und sich an Schüler als die künftigen Verbraucher richten sollten.

Das Thema „Wohnen" war in der Nachkriegszeit von zentraler Bedeutung und wegen der großen Wohnraumzerstörung sah man innerhalb des *Werkbunds* durchaus eine Chance, die Vision eines modernen Wohnens umzusetzen. In zwei Ausstellungen 1949, *Neues Wohnen* in Köln und *Wie wohnen?* in Stuttgart, wurden einfache, material- und funktionsgerechte Möbel gezeigt, die preiswert waren und die den ästhetischen Vorstellungen des Werkbunds entsprachen. Die im Kontext der Beratungs- und Erziehungsaktivitäten des *Werkbunds* benutzte Begrifflichkeit folgte einem Top-down-Modell und zeitigte ein autoritäres und fast diktatorisches Sendungsbewusstsein. Im Katalog zur Kölner *Werkbund*-Ausstellung hieß es: „Wir möchten [...] ein Gefühl dafür wecken, daß ein Mensch von Ungeschmack eine schlechte Klasse Mensch darstellt. Wir machen den Leuten keinen Vorwurf, besonders nicht den jüngeren, sie haben ja noch nichts gesehen, ihre Geschmacksbildung wurde ja vernachlässigt. Aber der Geschmack des Menschen ist erziehbar." (Schmitt 1949:0.5) Die Wohnberatungsaktivitäten umfassten Ausstellungen und die Einrichtungen von Musterwohnungen, Publikationen

such as "comfortable ... understanding" (Schultze-Naumburg 1912:163), or also "parvenu-like ... ruthlessness" (Schultze-Naumburg 1912:86), whereby it is not made clear how metaphorically or literally such anthropomorphisms were intended. "Does it not have a wide, good, honest face?" (Schultze-Naumburg 1912:19), is one typical comment; or, "What grace, what joie-de-vivre and what honesty extend from the door to the highest roof tile!" (Schultze-Naumburg 1912:11). He attests "indifference, sobriety and coldness" (Schultze-Naumburg 1912:126) to a school building. An old garden gate, meanwhile, delights him so that he becomes quite poetical: "Doesn't this little gate look as if happiness itself should reside behind it?" (Schultze-Naumburg 1912:151) And he notes with respect to two customs tollbooths: "One of them looks like a friendly old farmer and the other like an extremely unpleasant person. ... The difference in character between the two booths is so obvious that here again one asks immediately: how was it that former ages showed so

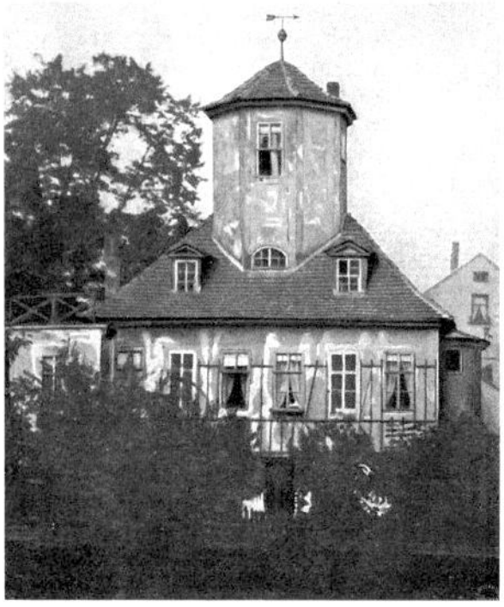

ästhetischer Bildungsprogramme, die an Hauptschulen und Gymna-

schmackserziehung fort, unter anderem in der ab 1955 herausgegebenen *Warenkunde*. Die von Gretsch 1939 genannten Qualitätskriterien „Einfachheit, Ehrlichkeit und Klarheit" (Werkbundarchiv – Museum der Dinge Berlin 2008:107) blieben auch nach 1945 gültig. Allerdings war die Verknüpfung von Ethik und Ästhetik in der Nachkriegszeit noch in anderer Weise (kultur-)politisch motiviert. Nach dem Zweiten Weltkrieg und dem Holocaust, dem moralischen und ökonomischen Zusammenbruch Deutschlands, gelang es dem im westlichen Teil neu gegründeten Verband, die programmatischen Ansätze der 1920er und 1930er Jahre wieder aufzugreifen und unter dem nicht nur formalästhetisch begründeten Begriff der „guten Form" die deutschen Produkte als Botschafter eines besseren Deutschlands einzusetzen. (Oesterreich 2000:78 ff./Betts 2004:1 ff.) Neben den Warenkunden, die sich auf die Empfehlung des Einzelprodukts konzentrierten, gab es noch zwei weitere Instrumente, die der Geschmackserziehung dienten: Die Wohnberatung und die sogenannten „Werkbundkisten". Die Wohnberatung sowie die Einrichtung von Musterwohnungen bezogen sich auf die Gestaltung des alltäglichen Lebensumfelds und die Werkbundkisten waren Teil ästhetischer Bildungsprogramme, die an Hauptschulen und Gymna-

much more honesty and decency in all of their visualised actions?" (Schultze-Naumburg 1912:192)

It is not wise to dismiss these moralising architectural hermeneutics as the personal hobbyhorse of a traditionalist eccentric. In fact, Schultze-Naumburg was merely continuing the process generally applauded some decades before in debates over the legitimacy of historicist building. Ultimately, the discrediting impact of the term "eclecticism" was not due to predominantly functional and aesthetic considerations, but rather to the successful imputation that free use of historical stylistic citations inevitably betrayed a dubious, superficial attitude to design, seeking merely for effect. The berating of eclecticism, therefore, had already called upon the critic to develop a diagnosis of ethical lapses, and from then onwards his key task was to see, not so much the façade but what lay "behind the façade", by interpreting design as a symptom of hidden motives. This moralising of the architectural discourse prompted, by the way, an extremely flattering self-image among experts concerned with it, inasmuch as it attributed to them an exclusive ability to read the age's inner state from the physiognomy of its buildings, and also, in some cases, to influence it therapeutically,

serieller Massenprodukte. Der Vertrieb der Produkte wurde auf genossenschaftlicher Ebene organisiert und das *Warenbuch* blieb bis 1927 unverändert in Gebrauch. In den 1920er Jahren diversifizierte sich allerdings das Angebot an Ratgebern für Wohnungsausstattungen und die Aktivitäten des Werkbunds zur Gestaltung des Alltags überschnitten sich mit denen des 1919 gegründeten *Bauhauses*.

In der Zeit des Nationalsozialismus wurde trotz Auflösung des *Deutschen Werkbunds* 1938 das *Warenbuch* wieder aufgegriffen und von 1939–1942 die *Deutsche Warenkunde* als Loseblattsammlung mit 3000 Objekten vom

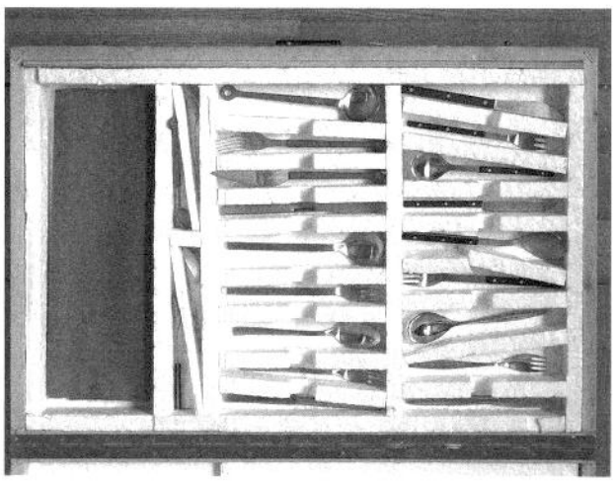

evangelischen Kunst-Dienst im Auftrag der Reichskammer der Bildenden Künste herausgegeben. Im Gegensatz zum *Warenbuch* erhielt jedes einzelne Produkt ein Normblatt mit Abbildung sowie Angaben zu Material, Entwerfer, Hersteller, Preis und gelegentlich einen Kommentar. Diverse *Werkbund*-Mitglieder waren als Experten beteiligt, etwa Mia Seeger, Hermann Gretsch, Hans Schwippert, Walter Passarge oder Wilhelm Wagenfeld. Diese setzten im wieder gegründeten *Werkbund* der Nachkriegszeit die Arbeit zur Ge-

lending an eminent overall social significance to the struggle for suitable form – and so to those who became involved in this struggle; indeed, in the final instance, as we read in the foreword to the first edition of Volume 1 of the *Kulturarbeiten*, this was even a mission "for the well-being of the whole of humanity".

From today's viewpoint, such an immodest gesture of redemption in combination with naive faith in the tenability of physiognomic analogies appears rather curious at first. However, the question is whether the majority of popular architectural and design journalism has made any real, decisive methodological progress from this in the meantime. The example cited at the beginning of this essay seems to suggest the contrary. The contemporary reviewer's indignation that Germany's highest statesman dares to live, in defiance of all higher architectural culture, under Harzer Pfannen and between a carport and a pergola, may seem a little less tinged with pathos, perhaps, than comparable inciting speeches of one hundred years ago: nevertheless, it sees an expression of some ethical lapse in the building. In my opinion, that is why we still come closest to the strange character of the berating of modern building sins if we continue to see it in the emphatic sense in-

gab diesen Katalog vorbildhafter Erzeugnisse (Glas, Porzellan, Metallwaren, Beleuchtungskörper, Haus- und Küchengeräte) gemeinsam mit dem Dürerbund heraus und setzte dessen Konzept in den *Deutschen Warenkunden* von 1939–1942 und 1955–1961 fort. Das *Deutsche Warenbuch* sollte laut Ferdinand Avenarius (Gründer des Dürerbundes) „ein bilderreiches Verzeichnis auserlesener Waren" sein und der „Verbreitung des Guten" dienen. Avenarius hatte schon um 1900 zehn Gebote des guten Geschmacks aufgestellt („Richte dich zweckmäßig ein!", „Vermeide alle Imitationen!", „Du sollst nicht pimpeln!" etc.) und schrieb im Vorwort des *Warenbuchs*: „Der vollendete Hausrat war stets einfach, aber gediegen in Stoff und Arbeit, edel und charakteristisch in der Form. Dadurch hatte und hat er etwas Zeitloses." (Avenarius 1915:18) Im Gegensatz zu den im Kontext des *Deutschen Museums* als beispielhaft herausgestellten kunstgewerblichen Objekten wurden im *Warenbuch* vorrangig Massenprodukte von einer *Werkbund*-Jury ausgewählt und angepriesen. Die Art der Präsentation – Produkte nebeneinander aufgereiht in gleichem Abstand, vor gleichem Hintergrund und in gleichbleibender Perspektive, alle durchnummeriert und ohne die Nennung von Entwerfer und Herstellungsfirma – betont den Charakter

tended by Schultze-Naumburg – as an aesthetic, penitential sermon. It is only under those circumstances that we are given a logical explanation of the mixture specific to the genre of functional, aesthetic, and ethical standpoints, the stereotype excitability of the texts – and of why preachers on building sins typically leave us in no doubt that they, by contrast to those about whom they are writing, are capable of aesthetic revelation.

If one views the berating of modern building sins as homily-like by nature and thus a strongly ritualised form of speech, it becomes clear why, as a general rule, it relies on a narrowly limited set of topoi of admonition and complaint, as well as following a rather flat, first and foremost additive dramaturgy, which rarely presents more than an exposition, realisation, and repeat of the well-known thesis of man's decline from the good order of design. "Go out now into all our cities and seek confirmation" (Schultze-Naumburg 1912: 49). Things being what they are, it cannot afford to do much more. After all, the positive centre of such berating of modern building sins, belief in good form, consists of the conviction already propagated by Schultze-Naumburg and reverting philosophically to Kant's aesthetics, that the good should

angewandt, ein Begriff, der allgemein schon Ende des 19. Jahrhunderts von der Medizin auf die Kunst übertragen und während der Herrschaft der Nationalsozialisten zum rassentheoretisch begründeten, diffamierenden Kampfbegriff gegen die moderne Kunst werden sollte. In der Entgegensetzung von Sprachbildern wie „überschäumendes Herrengefühl" und „feminine Dekadenz haltloser Hamletfiguren" wird die (kultur)politisch indiskutable Position Pazaureks zur Durchsetzung seines Schönheitsideals erkennbar, die eine weitergehende kritische Auseinandersetzung erfordert, welche aber in diesem Kontext nicht zu leisten ist. Trotz dieser fragwürdigen Grundhaltung bleibt diese einmalige Entwicklung eines hyper-differenzierten Anti-Kanons eine interessante und anregende Aufforderung zur genauen Betrachtung der Dinge und ein Beitrag zur Frage ihrer Bewertung nach begründbaren Kriterien, die heute eher in komplexen gesellschaftlichen Zusammenhängen liegen als in reinen Gestaltungsmerkmalen. (Werkbundarchiv – Museum der Dinge Berlin 2008:77–87)

Neben den vorgestellten Museums- beziehungsweise Sammlungskonzepten war das *Deutsche Warenbuch* von 1915 ein flexibleres, komplett ortsungebundenes Instrument zur Geschmackserziehung. Der *Werkbund*

not only be obvious to experts in good, authentic form, but also immediately evident to everyone, insofar as he need do no more than look around "with his eyes open" (Schultze-Naumburg 1912:127). The monumental undertaking of the Kulturarbeiten – with its endless sequences of photo pairs and almost despairingly ostentatious "let us observe ..." – is based on the paradoxical supposition that basically, everyone is living in a state of aesthetic blessing already, and therefore it only takes a slight hint to make him abandon all opposition, sooner or later, in order to be a part of that "us". (The complement to this is familiar astonishment in face of the opposition's actual stubbornness.)

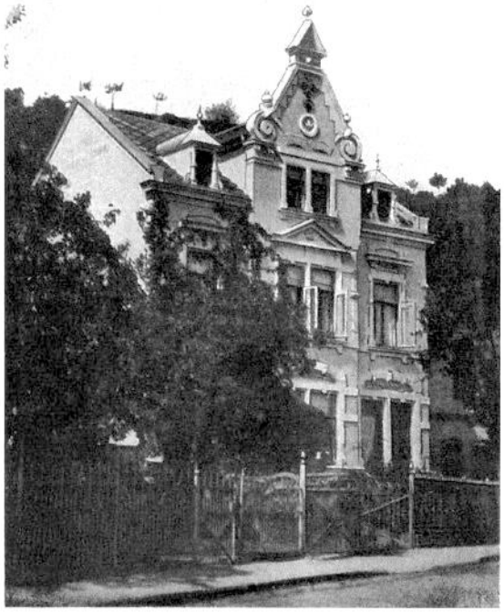

"Even the layman will have clear feelings immediately, even though he may not be capable of giving the reasons for this ... effect at once" (Schultze-Naumburg 1912:95), we read in one of many similar adjuratory sections. But what if he doesn't? Or: "Here, the visual impression alone tells us that the foreign elements of the construction, or rather their atro-

wählter „Geschmacksverirrungen" immer wieder der Begriff „entartet"

nationaler Chauvinismus spürbar, so wird zur Charakterisierung ausge-

denken-, Aktualitäts- oder Hurrakitsch. In Pazaureks Text ist ein starker

zwischen verschiedenen Kitscharten wie Jäger-, Reklame-, Fremdenan-

motive. Neben der Fehlersystematik differenzierte er zudem minutiös

Schmuckverschwendung" sowie unpassende oder primitive Schmuck-

Objekts". Als Dekorfehler benannte Pazaurek „Ornamentwut und

Kriterien, und benannte nicht direkt moralische Aspekte in seiner Gestaltungskritik. Seine Bezeichnungen für die verschiedenen Fehler lassen sich aber oft mit Verbrechen assoziieren, etwa „Dekorübergriff" oder „Materialvergewaltigung". Pazaurek diagnostizierte an ausgewählten Objekten schlechtes, verdorbenes oder wunderliches Material sowie „Materialattrappen und -surrogate" oder „Materialpimpeleien". Auf der Ebene der Konstruktionsfehler gab es ebenfalls Attrappen und Surrogate oder die Kategorien „Zweckkollisionen" und „Tücke des Objekts". Als Dekorfehler benannte Pazaurek „Ornamentwut und Schmuckverschwendung" sowie unpassende oder primitive Schmuckmotive. Neben der Fehlersystematik differenzierte er zudem minutiös zwischen verschiedenen Kitscharten wie Jäger-, Reklame-, Fremdenandenken-, Aktualitäts- oder Hurrakitsch. In Pazaureks Text ist ein starker nationaler Chauvinismus spürbar, so wird zur Charakterisierung ausgewählter „Geschmacksverirrungen" immer wieder der Begriff „entartet"

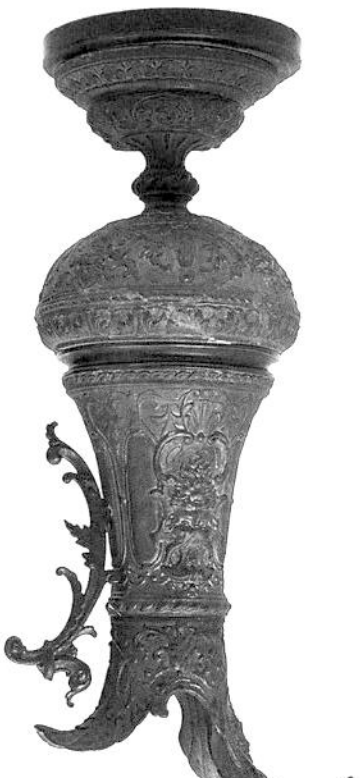

phied remains, did not appear of their own accord" (Schultze-Naumburg 1912:49). In reality, does this "us" not refer to all those who belong to the same aesthetic congregation already, anyway? Or: "Is there anyone in the whole world who really likes this caricature [of a house], once he has begun to 'understand' it?" (Schultze-Naumburg 1912:15) Yes, probably most people, but would that change any of the author's convictions? Of course not. Every man, this is the quiet creed behind all seriously intended berating of building sins, is aesthetically redeemable – so it cannot be too difficult to convince him that he needs aesthetic redemption. Prosaic as it may sound in face of this concentrated, noble desire for good form: we cannot assume that an aesthetic program that appears to have enlightened only a few, even after more than one hundred years of innumerable well-intended campaigns by all the decisive educational or even missionary design institutions – from the *Deutscher Werkbund* to the *Bundesstiftung Baukultur*– is automatically incorrect for that reason alone; but on the other hand, this does not really say much for its redeeming impact.

Museums ist in den ausgestellten Objekten ein Changieren zwischen Luxusware und Alltagsprodukten zu erkennen und der Direktor Osthaus hielt an seinen persönlichen, eher traditionellen Vorstellungen von der Funktion der Künste in der modernen, zunehmend durch die Industrie geprägten Gesellschaft fest.

Einen anderen Ansatz als das Deutsche Museum verfolgte Gustav Pazaurek, der Werkbund-Mitglied und Direktor des Landesgewerbemuseums in Stuttgart war. Pazaurek legte ab 1909 eine Sammlung von sogenannten „Geschmacksverirrungen" an, die bis Anfang der 1930er Jahre circa 900 Objekte umfasste und bis heute existiert. Diese Objekte widersprachen der Ästhetik des Werkbunds, und Pazaurek verfolgte das Ziel, durch die Auseinandersetzung mit Gestaltungsfehlern, das heißt durch das abschreckende, schlechte Beispiel, zu guter Qualität zu erziehen. Seine Sammlung stellte er in einer Art „chamber of horror" oder „Folterkammer des Ungeschmacks" aus und entwickelte eine ausgefeilte Systematik von Gestaltungsfehlern in Bezug auf Material, Konstruktion und Dekor von Gegenständen, die er 1912 unter dem Titel *Guter und schlechter Geschmack im Kunstgewerbe* publizierte. Pazaurek konzentrierte sich auf die Kunst- und Zweckform, das heißt formalästhetische

Literature: Bartetzko, Dieter (2011): "Durchschnitt. Das Einfamilienhaus der Wulffs", in: Frankfurter Allgemeine Zeitung, 14.12.2011, on: http://www.faz.net/aktuell/feuilleton/das-einfamilienhaus-der-wulffs-durchschnitt-11562888.html (last access: 01.06.2012) | Schultze-Naumburg, Paul (1912): Kulturarbeiten. Vol. 1: Hausbau, Munich: Callwey im Kunstwart-Verlag.

List of illustrations: All illustrations from: Schultze-Naumburg, Paul: Kulturarbeiten. Vol. 1: Hausbau. Einführende Gedanken zu den Kulturarbeiten. Herausgegeben vom Kunstwart, (4th edition) Munich 1912 | p. 109: Bourgeois house in Naumburg a. S. | p. 113: Former design of the salt evaporation works, Sulza | p. 116: Garden house in Jena

kultur fokussierte Museum sollte sich von den üblichen „Musterkatalogen der Vergangenheit“ unterscheiden, wie Osthaus betonte.

Die Sammlungstätigkeit des *Deutschen Museums* bezog das gesamte Spektrum von modernen, als beispielhaft beurteilten Akzidenzdrucken, das heißt Geschäftsausstattungen, Verpackungen und Reklame, mit ein. Außerdem wurden Objekte der Innenausstattung und des modernen Haushalts erworben und Mustersammlungen für alle Materialbereiche angelegt (Tapeten, Spann- und Möbelstoffe, Linoleum- und Teppichbeläge, Fliesen, Fenster-, Tür- und Möbelbeschläge, dann aber auch Hölzer, Marmorarten, Ledersorten, Glasproben und ähnliches). Eine Lichtbilderzentrale enthielt fotografische Abbildungen von Architektur, insbesondere von Schaufenstern, Läden, Ausstellungshallen, Werkstätten, Maschinenhäusern und Fabriken. Osthaus formulierte die Zielsetzung des *Werkbunds* und den damit verbundenen Auftrag des Deutschen Museums wie folgt: „Die Bewegung zu einer modernen Kultur [...] hat ein völlig neues Verhältnis zwischen den wesentlichen Faktoren unseres Wirtschaftslebens geschaffen. Indem der Händler bisher zwischen Erzeuger und Käufer vermittelte, formulierte er recht eigentlich den öffentlichen Geschmack [...]. Es wurde das Problem

RENATE FLAGMEIER

Good and Bad Objects from the Perspective of the Deutscher Werkbund

The *Deutscher Werkbund (DWB)*, founded in 1907, developed principles which call for fresh examination of the current debates about quality criteria in product culture.[1] This movement run by artists/designers, producers, and cultural politicians was unique in its determination to create a link between ethical and aesthetic positions in the design of our everyday environment. As part of the utopian cultural tendencies at the beginning of the twentieth century and a precursor to the *Bauhaus*, the *Werkbund* strove for a life reform that would counteract growing alienation by means of a modern-objective design of industrially manufactured products, architecture, and living space. The aim was to generate a new context of understanding between designers, producers, salesmen, and consumers by establishing ethically based values such as quality, suitability of materials and form, practicality, functionality, and durability.

an der zeitgenössischen Produktkultur und seinem mobilen Instrument der Wanderausstellungen. Es wurde von Karl Ernst Osthaus (1874–1921) initiiert und auf der *Werkbund*-Jahresversammlung 1909 in Frankfurt offiziell gegründet.[2] Osthaus, der das Museum bis 1919 selbst leitete, gehörte ab 1910 dem *Werkbund*-Vorstand an. Der Werkbund unterstützte das Museum mit 1000 Reichsmark pro Jahr und im Kontext der Verbandsaktivitäten bis 1914 war das Museum von großer Bedeutung. In der ersten Ausstellung mit dem Titel *Die Kunst im Dienste des Kaufmanns* wurden Plakate, Drucksachen aus dem Geschäftsbereich und Vorschläge für „vorbildliche Schaufensterkunst" gezeigt. Die größte Ausstellung *German Applied Arts* war 1912 in Newark im Staate New Jersey zu sehen und zirkulierte dann im Laufe eines Jahres in mehreren Städten in den USA.

Auf dem Höhepunkt seiner Tätigkeit um 1912/13 verlieh das *Deutsche Museum* über seine „Ausstellungszentrale" 17 Ausstellungen (mit Objekten und Präsentationselementen). Diese konnten gegen ein geringes Entgelt per Katalog bestellt werden, waren einfach zu versenden und aufzubauen. Für diese Wanderausstellungen wurde eine umfangreiche Sammlung aufgebaut. Das flexible und auf die gegenwärtige Produkt-

The early *Werkbund* was a union of interests with a national economic orientation – significant in German cultural history – and not a militant group; nonetheless, it developed some very ingenious militant metaphors. Until the end of the nineteen-sixties, its aim was the propagation and enforcement of aesthetically and morally "good form". The association employed a range of means for this purpose: classical propagandist methods like publications and exhibitions, competitions and prizes, as well as very specific instruments, such as collections of models and anti-models; a book of goods, the *Warenbuch*; and information about goods (*Warenkunde*); home furnishing advice; and finally the so-called *Werkbund* boxes. The founding father of the *Werkbund*, Hermann Muthesius, described the DWB's didactic assignment in the following way: "The aim of applied art is to reeducate today's social classes to dignity, authenticity and bourgeois simplicity. […] It will not only change the German apartment and the German home; it will have a direct effect on the character of the generation, since promoting the decent design of those rooms in which we live, in

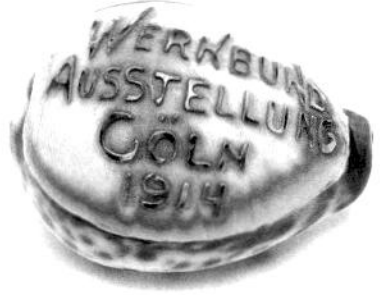

Das Museum im Allgemeinen und das klassische Kunstgewerbemuseum im Besonderen hatten im 19. Jahrhundert eine zentrale Rolle im Bestreben, einen neuen Verständigungszusammenhang über die Gestaltung der Dinge zu befördern, und stellten das kulturelle Reservoir an ästhetischen Codes vergangener Zeiten und anderer Kulturen für die industrielle Produktion zur Verfügung. Das Museum war Agent der Ästhetisierung im Kontext der sich entwickelnden Warenproduktion. Die ästhetische Wahrnehmung brachte alle Dinge in Relation zueinander, analog dem Prozess der Warenproduktion, der über das Geld alle Dinge in Relation zueinander bringt.

Zu Beginn des 20. Jahrhunderts reichte allerdings die Funktion der Industrieausstellungen und des Kunstgewerbemuseums als Vermittler zwischen Kunst und Industrie nicht mehr aus und eine Reformbewegung wie der *Deutsche Werkbund* versuchte, diese Aufgabe neu zu definieren. Es galt die Verknüpfung industrieller und ästhetischer Ziele an die flexiblen und beschleunigten Erfordernisse des Marktes anzupassen und sie eher im Sinne einer Agentur zu verfolgen. In dieser Form agierte das erste *Werkbund*-Museum, das 1909 in Hagen gegründete *Deutsche Museum für Kunst in Handel und Gewerbe* mit seiner Orientierung

principle, can only be character education as well." (Muthesius 1907:235–236)In the following, the intention is to explain with more clarity and in detail some of the instruments to educate taste developed by the *Werkbund* in the course of the twentieth century, and the associated polarising differentiation of objects into "good" and "bad". For a better cultural-historical understanding of the *Werkbund*, I will begin by commenting on the historical role of the museums of applied art, which played a decisive part in aesthetic education and the emerging culture of goods in the nineteenth century.

Both the development of "modern taste" and the newly widespread, aesthetic relation to objects were fundamental factors in the consumption of goods. Art played the part of a catalyst to industry by supporting the transformation process of industrial products into consumer goods. In her publication *Geschmack, Kunst und Konsum*, art historian Ingeborg Cleve investigates this question in more detail, clarifying how the view of the object world gradually became aestheticised from the eighteenth century, how this aestheticised relation to objects gained economic significance, and how "art [advanced] to become a cultural model of consumerism." She writes: "'modern taste' was … more than

Kulturmuster des Konsums" avancierte. Sie schreibt: „‚Moderner Geschmack' war, […] mehr als bloß ein Problem akzelerierter Modewechsel, modischer Orientierung oder der ‚richtigen' Vorlagen. Er markierte vielmehr[…] eine kulturelle Trennlinie zwischen einem modernen Kulturmuster des Konsums, gegründet auf öffentlich gewordene, reproduzierte Kunst und gekennzeichnet durch eine Ästhetisierung des Blicks und eine Entgrenzung der Bedürfnisse, das für eine entstehende moderne Konsumgesellschaft konstitutiv werden sollte, auf der einen Seite, und einer handwerklichen Mentalität und handwerklichen Produktionsformen auf der anderen Seite, die an überlieferten Regeln der Herstellung, an einer symbolischen Beziehung zwischen Kunst und Hof oder Kirche und an einem an Bedürftigkeit ausgerichteten Konsum orientiert waren. Mit dem Zusammenbruch der traditionellen symbolischen Ordnung der Dinge und der Entgrenzung des kulturellen Horizonts durch Kunst, Warenöffentlichkeit und Reisen war der Verständigungszusammenhang, der zwischen Konsumenten und Produzenten über die Gestaltung von Dingen geherrscht hatte, außer Geltung gesetzt worden." (Cleve 1996:295)

a simple problem of accelerated changes in fashion, of fashionable orientation on the 'right' models. Far more, it marked ... a cultural dividing line between, on the one hand, a modern cultural model of consumerism, founded on art that had become public and was reproduced and characterised by an aestheticising of perspectives and a de-limitation of needs, all of which helped to constitute the emerging modern consumer society, and, on the other hand, an artisan mentality and artisan production forms, which were oriented on traditional rules of production, a symbolic relationship between art and the court or the church, and consumption oriented on needs alone. The collapse of the traditional symbolic order of things and the de-limitation of cultural horizons as a consequence of art and the freedom of goods and travel, led the context of agreement over the design of objects that had existed between consumer and producer to lose its validity." (Cleve 1996:295)

In the nineteenth century, museums in general and the classic museums of applied art in particular played a central role in efforts to promote a new context of agreement regarding the design of objects; the cultural reservoir of past aesthetic codes and those of other cultures were

Grunde nur eine Charaktererziehung sein [...]." (Muthesius 1907:235–236) Im Folgenden sollen einige der vom *Werkbund* im Laufe des 20. Jahrhunderts entwickelten Instrumente zur Geschmackserziehung und die damit einhergehende polarisierende Einteilung der Dinge in „gute" und „schlechte" genauer erläutert werden. Zum besseren kulturhistorischen Verständnis des *Werkbunds* vorab einige Bemerkungen zur historischen Rolle der Kunstgewerbemuseen, die im 19. Jahrhundert eine wesentliche Rolle bei der ästhetischen Erziehung und der sich entfaltenden Warenkultur gespielt haben.

Die Entwicklung eines „modernen Geschmacks" und die Verallgemeinerung eines ästhetischen Verhältnisses zu den Dingen war ein grundlegender Faktor für den Warenkonsum. Die Kunst hatte die Rolle eines Katalysators für die Industrie, indem sie den Prozess unterstützte, industrielle Produkte in Gegenstände des Konsums zu verwandeln. Die Kunsthistorikerin Ingeborg Cleve geht in ihrer Publikation *Geschmack, Kunst und Konsum* dieser Fragestellung im Detail nach und verdeutlicht, wie sich der Blick auf die Dingwelt seit dem 18. Jahrhundert allmählich ästhetisierte, dieses ästhetisierte Verhältnis zu den Dingen ökonomisch an Gewicht gewann und „Kunst zu einem

made available to industrial production. The museum was an agent of aestheticising in the context of developing goods production. Aesthetic perception brought all objects into relation to each other; rather like the process of goods production, which relates everything to everything else through money.

At the beginning of the twentieth century, however, the function of industrial exhibitions and of museums of applied art was no longer sufficient as a mediator between art and industry. Reform movements like the *Deutscher Werkbund* therefore attempted to define this task in a new way. It was necessary to adapt the combined industrial and aesthetic aims to the flexible, accelerated demands of the market, and to pursue them more in the role of an agency. It was this approach that lay behind the first *Werkbund*-Museum, the *Deutsches Museum für Kunst in Handel und Gewerbe*, founded in Hagen in 1909; it was oriented on contemporary product culture and employed the flexible instrument of touring exhibitions. The museum was initiated by Karl Ernst Osthaus (1874–1921) and officially founded at the *Werkbund* annual general meeting in Frankfurt in 1909.[2] Osthaus, who directed the museum himself until 1919, belonged to the board of the Werkbund from 1910.

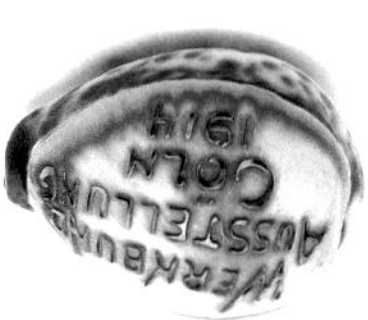

Der frühe *Werkbund* war ein für die deutsche Kulturgeschichte bedeutender Interessenverband mit nationalökonomischer Ausrichtung – und kein Kampfbund, dennoch entwickelte er eine sehr ausgefeilte Kampfmetaphorik: Bis zum Ende der 1960er Jahre war sein Ziel die Propagierung und Durchsetzung der ästhetisch und moralisch „guten Form". Zu diesem Zweck setzte der Verband verschiedene Mittel ein: klassische propagandistische wie Publikationen und Ausstellungen, Wettbewerbe und Preise sowie sehr spezifische Instrumente wie Vorbilder- und Feindbildersammlungen, Warenbuch und Warenkunden, Wohnberatung und schließlich die sogenannten „Werkbundkisten". Der Gründungsvater des *Werkbunds*, Hermann Muthesius, beschrieb den erzieherischen Auftrag des DWB folgendermaßen: „Das Kunstgewerbe hat das Ziel, die heutigen Gesellschaftsklassen zur Gediegenheit, Wahrhaftigkeit und bürgerlichen Einfachheit zurückzuerziehen. […] Es wird nicht nur die deutsche Wohnung und das deutsche Heim verändern, sondern es wird direkt auf den Charakter der Generation einwirken, denn auch Erziehung zur anständigen Gestaltung der Räume, in denen wir wohnen, kann im

The *Werkbund* supported the museum with 1,000 Reichsmarks per year, and the museum was vital in the context of the association's activities up until 1914. The first exhibition, entitled *Die Kunst im Dienste des Kaufmanns*, showed posters, printed matter from the commercial field, and suggestions for "the art of exemplary window dressing". The large-scale exhibition *German Applied Arts* could be seen in Newark, New Jersey in 1912; it then toured several states in the USA over the course of a year.
At the height of its activities, around 1912/13, the *Deutsches Museum's* exhibition headquarters' leased seventeen exhibitions (including objects and presentation elements). For a small fee, these could be ordered by catalogue; they were easy to send and to assemble. An extensive collection was put together for such touring exhibitions. The flexible museum, focusing on contemporary product culture, was conceived to differ from the usual "sample catalogues of the past", as Osthaus emphasised. The collecting activity of the *Deutsches Museum* included the full spectrum of exemplary modern job printing – i.e., business stationery, packaging, and advertising. In addition, objects of interior design and modern household goods were acquired and sam-

RENATE FLAGMEIER

Gute und schlechte Dinge aus der Perspektive des Deutschen Werkbunds

Der 1907 gegründete Deutsche Werkbund hat Leitbegriffe entwickelt, die sich eignen, in aktuellen Debatten um Qualitätskriterien in der Produktkultur neu betrachtet zu werden.[1] Diese von Künstlern/Gestaltern, Produzenten und Kulturpolitikern getragene Bewegung hat sich wie keine andere der Verknüpfung von ethischen und ästhetischen Positionen in der Gestaltung der alltäglichen Umwelt verschrieben. Als Teil der utopischen Kulturtendenzen zu Beginn des 20. Jahrhunderts und als Vorläufer des *Bauhauses* strebte der *Werkbund* eine Lebensreform an, um mittels modern-sachlicher Gestaltung von industriell gefertigten Produkten, von Architektur und Lebensraum der zunehmenden Entfremdung entgegenzuwirken. Zwischen Gestaltern, Produzenten, Verkäufern und Konsumenten sollte ein neuer Verständigungszusammenhang über die Etablierung ethisch fundierter Werte wie Qualität, Material- und Formgerechtigkeit, Zweckmäßigkeit, Funktionalität und Nachhaltigkeit geschaffen werden.

ple collections assembled for all types of material (wallpapers, fitted covers and upholstery, linoleum and carpets, tiles, window, door and furniture fittings, but also woods, types of marble, leather, samples of glass, and the like). A photo centre contained photographic images of architecture, in particular of display windows, shops, exhibition halls, workshops, machine sheds, and factories. Osthaus formulated the aim of the *Werkbund* and the associated task of the *Deutsches Museum* in the following way: "Movement towards a modern culture … has created an entirely new relation between the essential factors of our economic life. By mediating between the manufacturer and the buyer to date, it was the dealer who actually created public taste.… It became the challenge of our age to create an economic equation incorporating the four factors: artist, producer, dealer, and buyer. The *Deutscher Werkbund* is working on a solution to this equation. Now, it is obvious that a flourishing development calls for mutual understanding. … Every improvement in this direction requires education of the buying public, which must be undertaken first on a wide scale, and as everything is dependent on this, one of the movement's most vital tasks is continuing public education" (Osthaus 1909: 466–469). In an article from the

Berlin Dienst dated November 11, 1913, the *Deutsches Museum's* close relationship to commercial exhibitions was emphasized: "The exhibitions [of the DM] offer every guarantee of the didactic aspects so essential to the organisers of commercial exhibitions. They inform the specialist about the most important new phenomena in his field and enable buyers and laymen to keep check on small retail, for which – particularly in small towns – profit is often more tempting than quality."[3] Despite the avant-garde concept of the *Deutsches Museum*, an alternation between luxury goods and everyday products is discernible in the objects exhibited, and director Osthaus held onto his personal, rather traditional ideas of the arts' function in a modern society increasingly shaped by industry.

A different approach to that of the *Deutsches Museum* was adopted by Gustav Pazaurek, *Werkbund* member and director of the State Museum of Applied Art in Stuttgart. Beginning in 1909, Pazaurek assembled a collection of so-called errors of taste, which comprised circa 900 objects by the beginning of the nineteen-thirties and still exists

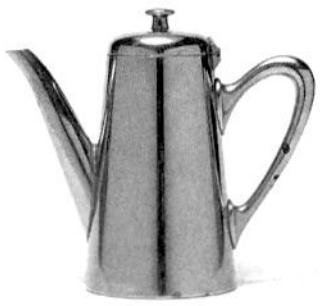

Credo hinter jeder ernst gemeinten Bausündenschelte, ist ästhetisch erlösbar – es kann also doch nicht so schwer sein, ihn davon zu überzeugen, dass er der ästhetischen Erlösung auch bedürftig ist. So prosaisch es angesichts des geballten hehren Willens zur guten Form auch klingen mag: Ein ästhetisches Programm, das selbst nach über 100 Jahren zahlloser gut gemeinter Kampagnen aller einschlägigen gestaltungspädagogischen Missionseinrichtungen – vom *Deutschen Werkbund bis zur Bundesstiftung Baukultur* – offenbar auch weiterhin nur einigen wenigen einleuchten will, mag allein deshalb vielleicht nicht automatisch als falsch erwiesen sein; es spricht allerdings auch nicht wirklich viel für seine erlösende Wirkung.

Literatur: Bartetzko, Dieter (2011): „Durchschnitt. Das Einfamilienhaus der Wulffs", in: Frankfurter Allgemeine Zeitung, 14.12.2011, auf: http://www.faz.net/aktuell/feuilleton/das-einfamilienhaus-der-wulffs-durchschnitt-11562888.html (letzter Zugriff: 01.06.2012) | Schultze-Naumburg, Paul (1912): Kulturarbeiten, Band 1: Hausbau, München: Callwey im Kunstwart-Verlag

Abbildungen: Alle Abbildungen aus: Schultze-Naumburg, Paul: Kulturarbeiten. Band 1: Hausbau. Einführende Gedanken zu den Kulturarbeiten. Herausgegeben vom Kunstwart, (4. Auflage) München Munich 1912 | S. 113: Bürgerwohnhaus in Naumburg a. S. | S. 117: Ehemalige Form der Salzlake Sudwerk Sulza | S. 120: Gartenwohnhaus in Jena

today. These objects contradicted the aesthetics of the *Werkbund*, and Pazaurek aimed to educate people to good quality by examining design errors, that is, by means of shocking, bad examples. He exhibited his collection in a kind of "chamber of horrors" or "torture chamber of taste" and developed an ingenious system of design errors organised according to the objects' material, construction, and decor. He published this in 1912 under the title *Guter und schlechter Geschmack im Kunstgewerbe*. Pazaurek concentrated on artistic and functional forms, in other words, on formal aesthetic criteria, and he did not cite moral aspects directly in his design criticism. However, his terms for various errors can often be associated with crime – e.g., "decor assault" or "material rape". Pazaurek diagnosed poor, spoiled, or odd material on the basis of selected objects, as well as "dummy and surrogate materials" or "material prissiness". On the level of construction errors, there were also dummies and surrogates in the categories "functional collisions" and "deviousness of object". As a decor error, Pazaurek quoted "ornamental wrath" and "waste of decoration" as well as unsuitable or primitive decorative motifs. Besides this system of errors, he also differentiated minutely between various types of kitsch such as

Unterstellung, im Grunde lebe jedermann immer schon ästhetisch in der Gnade, es bedürfe deshalb nur eines kleinen Winks und er werde allen Widerstand deshalb früher oder später zwangsläufig aufgeben, um auch an diesem „Man" teilzuhaben. (Das Komplement hierzu ist wiederum die bekannte Fassungslosigkeit angesichts der tatsächlichen Hartnäckigkeit des Widerstands.) „Auch der Laie wird sich gefühlsmäßig sofort darüber klar sein, wenn es ihm auch nicht gleich möglich sein wird, die Ursachen dieser [...] Wirkung anzugeben" (Schultze-Naumburg 1912:95), heißt es an einer von vielen ähnlichen Stellen beschwörend. Was aber, wenn nicht? Oder: „Der Augeneindruck allein lehrt uns hier, dass sich die fremden Bauglieder oder richtiger, ihre verkümmerten Reste nicht von selbst eingefunden haben" (Schultze-Naumburg 1912:49). Meint dieses „uns" nicht in Wahrheit all diejenigen, die ohnehin bereits zur gleichen ästhetischen Gemeinde zählen? Oder: „Gibt es in der ganzen Welt einen Menschen, dem diese Karikatur [eines Hauses] wirklich gefällt, nachdem er sie erst einmal ‚verstanden' hat?" (Schultze-Naumburg 1912:15) Ja, vermutlich den meisten, aber würde das etwas an den Überzeugungen des Autors ändern? Natürlich nicht. Jedermann, so lautet das stille

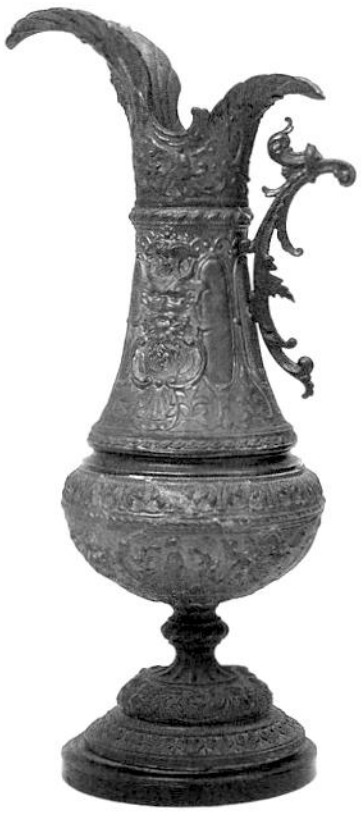

hunting, commercial, foreign souvenir, up-to-date, or "hurrah" kitsch. In Pazaurek's text, one senses a marked national chauvinism; for example, the term "degenerate" is used repeatedly to characterise selected "errors of taste", a term that was transferred generally from medicine to art as early as the late nineteenth century and was to become a defaming battle cry against modern art based on racist theories during the rule of the National Socialists. Pazaurek's untenable (cultural) political method of asserting his ideal of beauty is obvious in his use of contrasting verbal images such as an "effervescent sense of masculinity" and the "feminine decadence of instable Hamlet characters". This calls for further critical debate, which cannot be undertaken in this context, however. Despite his questionable basic attitude, this unique development of a hyper-differentiated anti-canon remains an interesting, stimulating call for precise observation of objects and a contribution to their evaluation according to reasoned criteria, which

can be found today in complex social contexts rather than purely design features. (Werkbundarchiv – *Museum der Dinge Berlin* 2008:77–87/ Böse Dinge 2009/10)

Besides the museum or collection concepts introduced above, the *Deutsches Warenbuch* from 1915 was a more flexible instrument to educate taste, completely independent of place. The *Werkbund* published this catalogue of exemplary products (glass, porcelain, metal goods, lamps, domestic, and kitchen equipment) together with the Dürerbund and continued the concept with the *Deutsche Warenkunde* from 1939–1942 and 1955–1961. The *Deutsches Warenbuch*, according to Ferdinand Avenarius (founder of the Dürerbund), aimed to be "a well-illustrated catalogue of selected goods" and serve the "distribution of the good". Avenarius had already conceived his ten commandments of good taste around 1900 – "Furnish your home functionally!" "Avoid all imitations!" "Thou shalt not be prissy!" etc. – and wrote in his foreword to the *Warenbuch*: "Perfect furnishings have always been simple but solid in material and function, noble and characteristic in form. This means that there continues to be something timeless about them." (Avenarius 1915:18) In contrast to the art and craft objects exhibited as

gekommen ist. Das Eingangsbeispiel spricht jedenfalls nicht gerade dafür. Die Empörung des zeitgenössischen Rezensenten darüber, wie Deutschlands höchster Staatsmann es wagen kann, wider alle höhere Baukultur unter Harzer Pfannen zwischen Carport und Pergola zu hausen, mag vielleicht etwas weniger pathetisch daherkommen als vergleichbare Brandreden noch vor 100 Jahren, sie sieht nichtsdestoweniger in dem Gebäude den Ausdruck ethischer Verfehlung. Meiner Ansicht nach kommt man dem eigentümlichen Charakter der modernen Bausündenschelte deshalb wohl noch immer am nächsten, wenn man sie auch weiterhin in dem von Schultze-Naumburg gemeinten emphatischen Sinn als ästhetische Bußpredigt begreift. Nur unter dieser Voraussetzung erklärt sich zwanglos die für das Genre spezifische Vermischung von funktionalen, ästhetischen und ethischen Gesichtspunkten, die stereotype Aufgeregtheit der Texte – und weshalb Bausündenprediger typischerweise keinen Zweifel daran lassen, dass sie, im Gegensatz zu denen, über die sie schreiben, fähig zu ästhetischer Offenbarung sind.

Begreift man die Bausündenschelte als eine ihrem Wesen nach homiletische und damit stark ritualisierte Form der Rede, dann wird auch einsichtig, weshalb sie in aller Regel auf ein eng begrenztes Instrumen-

exemplary in the context of the *Deutsches Museum*, it was mainly mass products that were selected by a jury and praised in the Warenbuch. The type of presentation – products lined up adjacently at equal intervals, before the same background, and from a perspective that remained the same, all numbered in sequence without naming the designer or production company – underlines their character as serial, mass products. The sale of products was organised on a cooperative level, and the *Warenbuch* remained in use unchanged until 1927. In the nineteen-twenties, however, the advisory publications for home furnishing, and the *Werkbund's* activities to design everyday life overlapped with those of the *Bauhaus*, founded in 1919.

In the era of National Socialism, despite the dissolution of the German *Werkbund* in 1938, the *Warenbuch* was adopted once again, and from 1939–1942 the *Deutsche Warenkunde* was published by the evangelical art service, commissioned by the *Reichskammer* of Fine Arts, as a loose-leaf collection presenting 3,000 objects. In contrast to the *Warenbuch*, here each individual product was allocated a standard sheet with an illustration as well as information about its material, designer, producer, price, and occasionally some comment. Various

Eklektizismusschelte also hatte den Kritiker zum Diagnostiker für ethische Verfehlungen berufen, dessen wesentliche Aufgabe fortan darin bestand, nicht so sehr auf als vielmehr „hinter die Fassade" zu blicken, indem er Gestaltung als Symptom für verdeckte Motive las. Diese Form der Moralisierung des Architekturdiskurses beförderte nebenbei ein äußerst schmeichelhaftes Selbstbild der damit befassten Experten. Indem sie ihnen die exklusive Fähigkeit zusprach, die innere Verfassung des Zeitalters an der Physiognomie seiner Bauten ablesen und gegebenenfalls auch therapeutisch beeinflussen zu können, verlieh sie dem Kampf um die angemessene Gestalt – und damit zugleich auch denen, die ihn auf sich nahmen – eine eminente gesamtgesellschaftliche Bedeutung, ja in letzter Instanz sogar, wie es im Vorwort zur ersten Auflage von Band 1 der *Kulturarbeiten* heißt, eine Mission „zum Wohle der ganzen Menschheit".

Aus heutiger Sicht wirkt ein solch unbescheidener Erlösergestus in Verbindung mit dem naiven Vertrauen in die Tragfähigkeit physiognomischer Analogien zunächst einmal kurios. Die Frage ist allerdings, ob das Gros der populären Architektur- und Designpublizistik demgegenüber methodologisch mittlerweile wirklich entscheidend voran-

Werkbund members were involved as expert consultants – e.g., Mia Seeger, Hermann Gretsch, Hans Schwippert, Walter Passarge, or Wilhelm Wagenfeld. They continued their efforts to educate taste in the reestablished *Werkbund* of the post-war years: in the *Deutsche Warenkunde* published from 1955 onwards, among other things. The quality criteria cited by Gretsch in 1939, "simplicity, authenticity, and clarity" (*Werkbundarchiv – Museum der Dinge Berlin* 2008:107) remained valid after 1945.

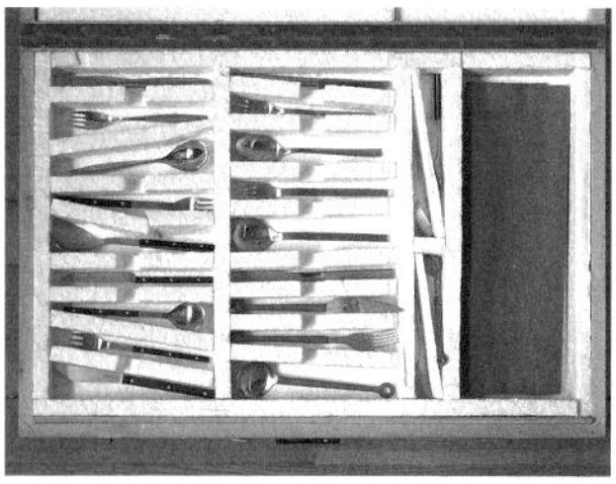

However, in the post-war period, the link between ethics and aesthetics was motivated differently in terms of cultural policy. After the Second World War and the Holocaust, Germany's moral and economic collapse, the newly established Bund in the western part succeeded in readopting the programmatic starting points of the nineteen-twenties and -thirties, using German products as ambassadors of a better Germany under the – not only formally and aesthetically based – heading of "good form" (Oesterreich 2000:78 ff./Betts 2004:1 ff.) Besides the *Warenkunde*, which

concentrated on the recommendation of individual products, there were other instruments to educate taste: home furnishing advice and the so-called *Werkbund* boxes. Home furnishing advice and the equipment of model apartments related to the design of one's everyday surroundings, while the Werkbund boxes were part of aesthetic education programs employed at elementary schools and high schools. They were directed at school pupils as the country's future consumers.

In the post-war period, the subject of "housing" was of key importance, and the massive destruction of housing gave those within the Werkbund the perceived chance to realise their vision of modern living. In two exhibitions in 1949 – *Neues Wohnen* in Cologne and *Wie wohnen?* in Stuttgart – the *Werkbund* showed simple furnishings with suitable materials and functions, reasonably priced and corresponding to the *Werkbund's* aesthetic ideas. The concepts employed in the context of the *Werkbund's* advisory and educational activities followed a top-down model, thus producing an authoritarian, almost dictatorial sense of mission. In the catalogue to the Cologne *Werkbund* exhibition, we read: "We would like … to awaken a feeling that those with poor taste are poor class human beings. We do not blame such people, es-

Nicht immer ging er bei der Übersetzung des Architektonischen ins Ethische derart hemdsärmelig vor. Die meisten kurzen Analysen der Fallbeispiele, die Schultze-Naumburg vorlegte, sind deutlich subtiler als beiläufige physiognomische Studien angelegt, in denen im Modus des Als-ob lediglich der Anmutung von Gebäuden und Einzelformen charakterliche Qualitäten wie „behagliche […] Verständigkeit" (Schultze-Naumburg 1912:163) oder auch „parvenühafte […] Rücksichtslosigkeit" (Schultze-Naumburg 1912:86) zugeschrieben werden, wobei ungeklärt bleibt, wie metaphorisch oder auch wörtlich derartige Anthropomorphisierungen gemeint waren. „Hat es nicht ein breites, gutes, ehrliches Gesicht?" (Schultze-Naumburg 1912:19), lautet ein typischer Kommentar, oder: „[W]elche Anmut, welches Daseinsbehagen und welche Wahrhaftigkeit von der Tür bis zum obersten Dachziegel hinauf!" (Schultze-Naumburg 1912:11); einem Schulgebäude attestierte er „Gleichgültigkeit, Nüchternheit und Kälte" (Schultze-Naumburg 1912:126); ein altes Gartentor wiederum entzückte

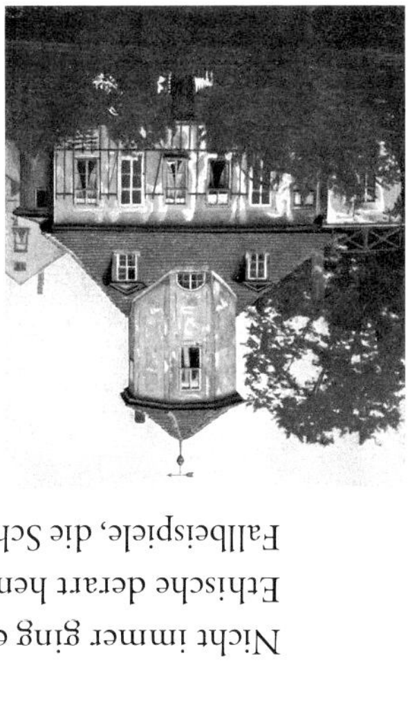

pecially not the young ones, for they have not yet seen anything; the education of their taste has been neglected. But it is possible to educate people's taste." (Schmitt 1949:0.5)

The home furnishing advice encompassed exhibitions and the equipment of model apartments, publications, and events that brought together producers, consumers, and planners. This centred around a free, personal advice session, during which an apartment's furnishing was taken into consideration on the basis of ground plans brought in by the customer. Often small models of furniture were used as well. Material samples and pattern books helped with the choice of suitable woods and fabrics, wall colours and wallpapers, or floor coverings. In addition to sample furnishings, illustrations of recommended furniture and well-formed household goods were provided. From the setup of the first independent furnishing advice service in Mannheim in 1953 until the mid-nineteen-sixties, similar advice centres operated by the *Werkbund* existed in thirteen West German cities. (von Albrecht/Flagmeier 2007:243/ *Werkbundarchiv – Museum der Dinge Berlin* 2008:114–122) In the context of the 1957 Interbau exhibition in Berlin, a first home furnishing advice centre was also established in addition to the

auch ethisches Versagen: „In ihren tiefsten Wurzeln berührt sich Schönheit mit Ethik, indem sie uns das im weitesten Sinne für den Menschen ‚Gute' als ‚schön' sichtbar macht und ihn es lieben lehrt." (Schultze-Naumburg 1912:4f.) Wie man sich die Interaktion der unterschiedlichen Sphären und nicht zuletzt das Wirken der erotisierenden Kraft des Schönen genauer vorzustellen habe, lässt Schultze-Naumburg weitgehend im Vagen. Aussagen, wie: „[V]on Vollkommenheit der Gestaltung kann man erst dann reden, wenn sämtliche Zwecke zum sichtbaren Ausdruck gelangt sind" (Schultze-Naumburg 1912:3f.), stellten bereits das Optimum an methodologisch systematischer Konkretion dar, das er seinen Lesern zu bieten bereit war. Die Grundintuition, der er in seinem Buch folgte, wird dennoch hinreichend deutlich. Schultze-Naumburg deutete Gestaltung jeglicher Art als „Ausdruck" einer Idee beziehungsweise eines sie beseelenden „inneren Wesens" (Schultze-Naumburg 1912:142), weshalb er davon ausging, man könne von Form und Anlage eines Gebäudes ohne Weiteres auf die dem Projekt zugrunde liegende Gesinnung des Bauherrn schließen („Der bloße Augeneindruck wird davon überzeugen, dass es ein von gutem, ehrlichen Sinn erbauter Wohnort ist." (Schultze-Naumburg 1912:86).

sixty model apartments furnished by *Werkbund* members. It became a fixed institution after the exhibition, directed by Charlotte Eiermann. The same maxims were valid for the exhibited and recommended furniture and household goods as in the *Warenkunde*: simple, possible to combine, and functional.

With the help of the *Werkbund* boxes, the formation of taste was extended to include the education of school pupils in the nineteen-fifties, because the majority of young people were exposed increasingly to the "temptations" of a developing consumer society due to their growing income and additional spare time. The *Werkbund* boxes were independently conceived by the various state associations of the *Werkbund* as teaching materials for use in art and woodwork or metalwork lessons, and offered to schools on loan until into the nineteen-sixties. The combination of objects was selected according to various standpoints: material, technique, form, and function or practical field. There were, for example, boxes on plastics, porcelain or wood, on pouring vessels or vases, and on the kitchen work area. In addition to the selected objects, the boxes included text brochures or visual materials. The up-to-date product samples were commented on individually and examined

seine Überzeugung, dass jedwede Gestaltung „sichtbarer Kultur" sich in Kategorien von „gut" und „schlecht" beurteilen lasse, zu sinnfälligem Ausdruck. Das betraf sowohl die Funktion, insofern nun einmal jedes Gebäude beziehungsweise jedes einzelne architektonische Element mehr oder weniger „praktisch brauchbar" oder „unbrauchbar" war, als auch die Form, die sich einem bestimmten Punkt auf der Skala zwischen den Polen „schön" und „hässlich" einordnen ließ.

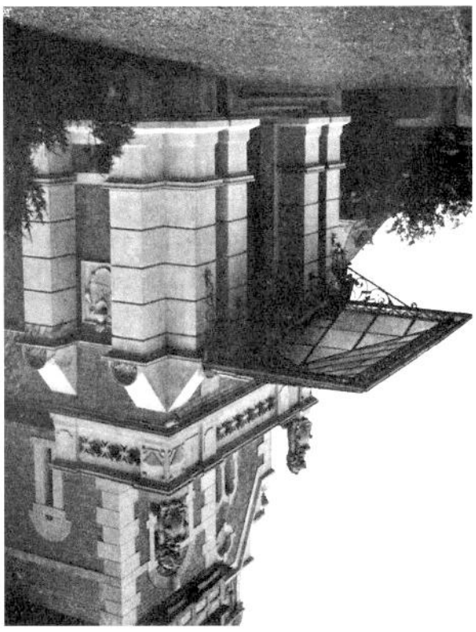

Diese eher harmlose Anrufung zweier seit Vitruv gängiger architektonischer Leitkategorien (*utilitas* beziehungsweise *venustas* – *firmitas*, die dritte von Vitruv eingeführte Größe, spielt in den *Kulturarbeiten* eine untergeordnete Rolle) wurde bei Schultze-Naumburg zum Dreh- und Angelpunkt für eine höchst suggestive Verschiebung des architektonischen Diskurses vom Ästhetisch-Technischen ins Ethisch-Moralische. Gut und schlecht, stellt er bereits im Vorwort klar, bedeute in gestalterischem Zusammenhang immer auch „moralisch gut und schlecht", funktionales und ästhetisches Versagen sei also immer

with respect to various criteria of "good form". Here, emphasis was placed on the formal aesthetic qualities of the chosen, mostly simple and unembellished, objects: for example, the harmonious effect of proportions, the line of curves or flat surfaces, and the aesthetic attraction of the materials. When depicting functional objects, it was a matter of sensitising people to the many aspects that led to practical ease of use. The choice of products was restricted almost exclusively to the exemplary canon of those companies with affinity to the *Werkbund*: the porcelain factories Arzberg and Schönwald, the cutlery and silverware manufacturer Carl Pott, the Württemberg metal goods factory,

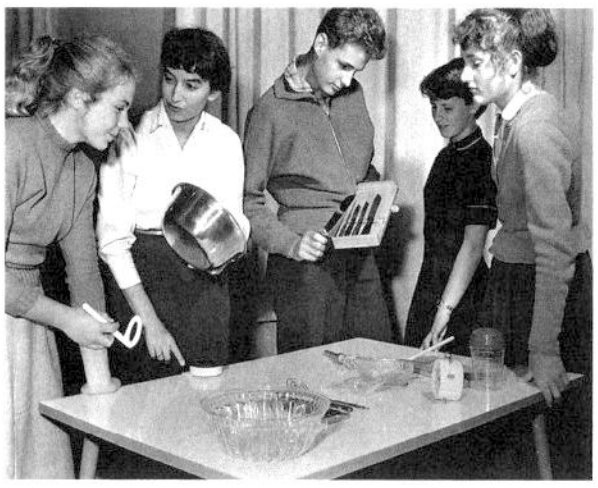

and the coloured glass works Zwiesel, etc. The designs often originated from *Werkbund* members Heinrich Löffelhardt and Wilhelm Wagenfeld. Looking at the selection of products and the accompanying material, the emerging argumentation was primarily object oriented – focusing on function, material, and production – but it failed to take into account young people's everyday experiences and values. This discrepancy becomes particularly obvious in

seines Reformansatzes anschaulich demonstrieren zu lassen, ohne von den Lesern größere diskursive Anstrengung einfordern zu müssen: „[U]nser Wunsch ist es, das Volk zu gewinnen", macht er im Vorwort zur ersten Auflage klar, „den kleinen Bürger, die Arbeiter, diejenigen, die am nachhaltigsten an der Umgestaltung des Antlitzes unsere Landes tätig sind." Auch wenn Schultze-Naumburg die suggestive Methode der kontrastiven Gegenüberstellung nicht erfand – der kämpferische katholische Architekturreformer Pugin, ebenfalls ein überzeugter Kulturverfallstheoretiker, hatte sie schon 1841 in England in ähnlicher Weise, wenn auch weit weniger systematisch eingesetzt – war er es doch, der ihr großes propagandistisches Potenzial erkannte und sie konsequent auch über das architektonische Feld hinaus nutzte (anfangs unter anderem im Kampf für weibliche Reformkleidung, Ende der 1920er Jahre dann, mittlerweile politisch extrem nach rechts gerückt, zur Popularisierung rassistischer Entartungstheoreme). Die strikte Zweipoligkeit des kontrastiven Präsentationsverfahrens kam seinem erzieherischen Grundanliegen ideal entgegen, brachte sie doch

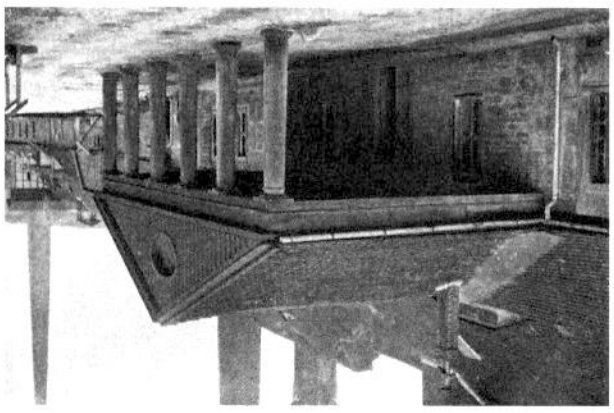

the Werkbund boxes' focus on table culture. Here, a theme had been chosen that played only a very small part in the young people's experience. In the *Werkbund* box themes "The Breakfast Table", "The Dinner Table", and "Flower Vases" developed later on, aesthetic standpoints took a back seat in comparison to the importance of practical use: these boxes relating to well arranged tables seem like a metaphor of the *Werkbund* idea behind them: i.e., that an intact family gathers around such an ideal table. In the accompanying brochures, a meal shared around a nicely set table is described as the symbol of harmonious family life. These "good objects" were intended to make their users into "good people."

In all the *Werkbund* activities of the nineteen-fifties and nineteen-sixties, it is possible to discern a strong aversion to all things fashionable, as two quotations indicate. Rudolf Schwarz wrote in the catalogue of the Cologne exhibition in 1949: "The work of the *Werkbund* is not concerned with fashion but with validity, not with rapidly changing styles but with long-established custom, not with the striking, momentarily interesting new form but with things that have proved themselves in use over many generations" (Schwarz 1949). And Hans Eckstein wrote in

gabe vorbildhaft gelöst hat; auf der rechten Seite folgt korrespondierend ein entsprechendes abschreckendes Beispiel aus der jüngeren und jüngsten Vergangenheit.

Über 16 Jahre hinweg fertigte und montierte Schultze-Naumburg, der seine ästhetischen Vorstellungen als Mitbegründer des *Deutschen Bundes für Heimatschutz* (1904) und des *Deutschen Werkbundes* (1907) parallel dazu auch architekturpolitisch durchzusetzen versuchte, Band für Band nach dem gleichen Muster zahllose weitere akribisch aufeinander abgestimmte fotografische Bildpaare, anhand derer er die These von der fortschreitenden *Entstellung unseres Landes* (so der Titel einer Flugschrift zum Thema „Heimatschutz" aus dem Jahr 1905) an allen nur denkbaren architektonischen Aufgaben, vom Wohnhaus über Siedlungstypen unterschiedlicher Größe bis hin zur Gestaltung ganzer Landschaften, durchdeklinierte. Die langen Fotostrecken, die bei den Folgebänden den Textanteil um ein Vielfaches übersteigen, betrachtete Schultze-Naumburg nicht etwa als illustrative Beigabe zu seiner vorangegangenen Argumentation. Die „beharrliche Durchführung von Beispiel und Gegenbeispiel" war für ihn vielmehr der eigentliche „werbende und erzieherische" Kern seines Unternehmens, schien sich dadurch doch die Richtigkeit

1964: "The economic compulsion to stimulate needs, so that the complicated workings of the modern economy function in an easy and profitable way, also has a destructive effect on the sensible, good design of objects. The merely novel pushes aside the tried, tested, and good; a deceptive appearance displaces authenticity. There is no demand for the good but for a large and continually growing, fast and ever more rapid turnover" (Eckstein 1964:9). By the end of the nineteen-sixties at the latest, the *Werkbund* had abandoned the attempt to control product culture and exercise a decisive influence on consumer behaviour. In the course of the cultural revolutionary developments around 1968, it became more difficult to establish norms of taste. At the beginning of the nineteen-seventies, "good taste" was no longer an educational aim. The home furnishing advice service became a residents' advice service: in other words, the *Werkbund* began to see itself more as stimulus to citizens who were being encouraged to try out alternative forms of housing and participate in the processes of housing construction and urban planning.

As becomes clear from the aforementioned instruments developed by the *Werkbund* and the quotations from the relevant actors in-

schen Hauptwerks mit dem einprägsamen Titel *Kulturarbeiten*. Die Reihe eröffnet – wie könnte es anders sein – mit einer harschen Abrechnung mit der Trostlosigkeit zeitgenössischen Siedlungsbaus. Nirgends, so Schultze-Naumburg, sei der „Wert der Gestaltungen" gegenwärtig „kümmerlicher, in seiner Tragweite unheilvoller und demoralisierender, als auf dem Gebiete des Bauens."(Schultze-Naumburg 1912:1) Der ausführlich ausgebreiteten These vom architektonischen Traditionsverlust, den er als wichtigste Ursache für diese „entsetzliche Verheerung" ausgemacht hatte, ist ein umfangreicher, nur von kurzen Bildunterzeilen begleiteter fotografischer Abbildungsteil beigegeben, der sich durch das gesamte Buch zieht und die von ihm beklagte „traurige Verwüstung unseres Landes durch die Neubauten seit der Mitte des 19. Jahrhunderts" (Schultze-Naumburg 1912:1) anhand konkreter Beispiele aus dem Wohnbau vorführt. Die Präsentation der Fotografien folgt über weite Strecken einem strengen Vorher-nachher- beziehungsweise Positiv-negativ-Schema. Auf jeder linken Buchseite ist jeweils ein Wohngebäude, manchmal auch nur ein einzelnes architektonisches Detail aus der Zeit vor der Jahrhundertmitte zu sehen, bei dem der Baumeister nach Schultze-Naumburgs Ansicht seine Gestaltungsauf-

volved, in all its strategies, the association attempted to guide the language of objects rationally in the context of consumer goods and to merely validate common sense in the relations between people and objects. This striving is manifest in its leading terminology such as "usefulness", "practicality", and "objectivity". The *Werkbund* translated the huge impact of industrialisation on everyday culture into a deliberate object language and design intent. It was not only a matter of asserting the "purposeful object" beyond emotional needs and desires; this object was also to be presented using objective typography and advertising, by the "object-poster" and the "objective display window" – this is especially true of the early phase. Objects were to become silent helpers and servants, according to a characterisation applied by Erwin Braun to the products of the WB-company *Braun*. The *Werkbund Warenkunde* was concerned with an "ordered world of objects" behind "barriers to stem a tide of goods" and with attempts to immunise the consumer against the whispered temptations of a growing, increasingly uncontrollable provision of goods, against *nouveautés* and "fashionable-ising", against the unbridled greed of the tradesmen.

Argumentationsfigur, auf die bereits Hübsch seine Vorschläge zu einer Architekturreform gegründet hatte und die man ihrerseits abkürzend als „Eklektizismusschelte" bezeichnen könnte: die Klage über eine funktionsfremde, rein dekorative, unorganisch äußerliche, gedankenlos konventionelle und somit willkürliche Übernahme historischer Gestaltungsformen in die Gegenwart.

Im Wesentlichen auf Grundlage dieses ästhetisch delegitimierenden Topos entwickelte sich um die Jahrhundertwende die moderne Bausündenschelte als eigenständige, ausdrücklich an ein Laienpublikum gerichtete publizistische Disziplin. Eine der formprägenden Figuren in diesem Prozess war der als Propagandist seiner eigenen Ideen gespenstisch produktive Architekt, Maler, Architekturfotograf, Denkmalschützer und Schriftsteller Paul Schultze-Naumburg. 1901 erschien in dem der Lebensreformbewegung nahestehenden Kunstwart-Verlag der erste von neun Bänden seines – trotz streckenweise quälender Langatmigkeit – viel beachteten kulturpädagogi-

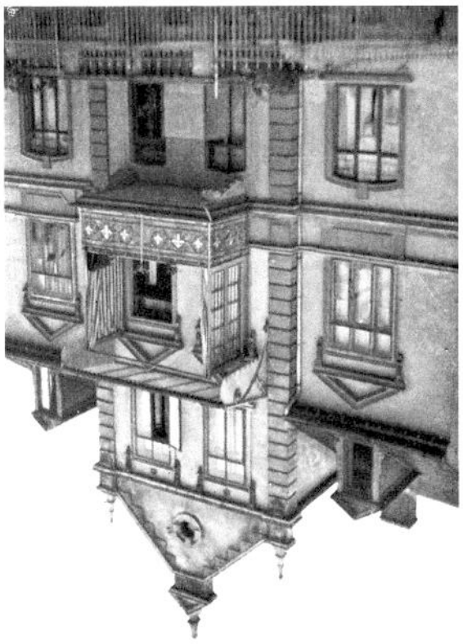

In terms of social and cultural politics, the *Werkbund* was oriented on both integration and integrity, combatting the interests that were drifting apart in society with a unified interest in style and form. The reformers wanted to see a redesign, a new style of the urban as well as the industrial sphere and goods production: the point at which social contradictions met. They supposed that without outward uniformity there was a threat of chaos, disorder, insoluble social contradictions, and the dominance of the individual over social community. Its efforts for the homogeneity, purity, and clarity of (product) culture meant that the *Werkbund* – like many culturally critical movements in the twentieth century – took a stand in the spirit of enlightenment. Its programmatic debates revert back to the many discussions concerning objects as consumer goods throughout the twentieth century – from Horkheimer/Adorno's culture industry thesis to Wolfgang F. Haug's *Kritik der Warenästhetik*, a classic in the nineteen-seventies. But today, the question of "false needs" and the manipulation of the masses via aesthetic promises of usefulness is posed in a more differentiated manner. According to Böhme, this form of cultural criticism is subject to goods fetishism itself, rather than eliminating it or presenting an alternative.

He provides an interesting evaluation of this position: "Despite all cultural criticism, … [how] can the negative, sick, or false be eliminated via confrontation with the counter-image of the positive, healthy and truthful here? … People always overlook the fact that this dualist form of criticism needs to evoke and uphold the side that is criticised, for otherwise it will lose its object." (Böhme 2006:328) One key point regarding the modernity of the *Werkbund* is the association's understanding of consumer culture as an open cultural sphere. Since the beginning of the twentieth century, the *Werkbund* has attempted repeatedly to overcome the "fruitless contrasting comparison" between culture and art and to define and create a connection. The efforts of the reform movement – at the beginning and during the period after the Second World War – remained a utopian attempt to establish exchange value as a pure expression of functional value.

Notes: 1 The Werkbundarchiv – Museum der Dinge regards this as its purpose. As a museum of the product culture of the 20th and 21st centuries centred around the historic core theme "Deutscher Werkbund", it strives to provide a space for discussing social values as well as criteria of meaning and quality. Cf. the catalogue Werkbundarchiv – Museum der Dinge, Berlin 2008. **2** After Osthaus' death in 1923, the collection was sold to the Kaiser Wilhelm Museum in Krefeld. On the history of the museum, cf. the exhibi-

jemand so Weitgereister derart genügsam in puncto Baukultur ist? Etwas mehr als solchen Durchschnittsgeschmack hätte man schon von einem Amtsträger erwartet, der Vorbild für alle Deutschen sein soll." Ob es, vom Standpunkt journalistischer Ethik aus betrachtet, besonders vorbildlich war, die zu diesem Zeitpunkt gerade erregt geführte öffentliche Debatte um einen möglichen Amtsverzicht Wulffs wegen möglicher Vorteilsnahme durch diese ästhetische Abreibung zu bereichern und dafür zugleich eine derart hämisch herablassende Diktion zu wählen, wäre ein eigenes Thema. Hier soll die abstruse Präsidentenbeschimpfung ausschließlich in ihrer eigenen x-Beliebigkeit betrachtet werden, insofern sie nämlich ihrerseits ein typisches Beispiel für ein im ästhetischen Alltagsdiskurs allgegenwärtiges und dafür doch erstaunlich selten hinterfragtes volkspädagogisches Ritual liefert, das ich, in Ermangelung einer präziseren Bezeichnung, schlicht die „moderne Bausündenschelte" nennen möchte, obwohl diese spezielle Form der rhetorischen Intervention in ästhetisch missionarischer Absicht in jedem anderen Gestaltungsbereich, vom Produktdesign über die Kleidermode bis hin zum häuslichen Blumenschmuck, natürlich ebenfalls anzutreffen ist. Der mediale Architekturdiskurs (im weitesten Sinne) bietet sich diesbezüg-

tion catalogue 1998. **3** Deutsches Museum – collection of the KEOM Archive, Hagen, under A 151/3

Literature: Avenarius, Ferdinand (1915), in: Deutsches Warenbuch, Preface, p.18, Hellerau bei Dresden | Betts, Paul (2004): The Authority of Everyday Objects. A Cultural History of West German Industrial Design, Berkeley/Los Angeles/London (University of California Press) | Böhme, Hartmut (2006): Fetischismus und Kultur. Eine andere Theorie der Moderne, Reinbek bei Hamburg (Rowohlt) | Cleve, Ingeborg (1996): Geschmack, Kunst und Konsum, Göttingen (Vandenhoeck & Ruprecht). (Thesis 1992) | Eckstein, Hans (1964): "Freie Kunst – gebundene Gestaltung", in: Werk und Zeit, p. 11–12 | Kaiser Wilhelm Museum Krefeld und Karl Ernst Osthaus-Museum der Stadt Hagen (1998): Das Schöne und der Alltag, Krefeld/Hagen (Snoeck-Ducaju & Zoon, Gent) | Muthesius, Hermann (1907): "Die Bedeutung des Kunstgewerbes", in: Hohe Warte, 3, 1907 | Oestereich, Christopher (2000): "Gute Form" im Wiederaufbau. Zur Geschichte der Produktgestaltung in Westdeutschland nach 1945, Berlin (Lukas Verlag) | Osthaus, Karl Ernst (1909): "Das Deutsche Museum für Kunst in Handel und Gewerbe", in: Die Welt des Kaufmanns, Vol. V, Issue 10, October 1909 | Pazaurek, Gustav E. (1912): Guter und schlechter Geschmack im Kunstgewerbe, Stuttgart/Berlin (Deutsche Verlagsanstalt Stuttgart and Berlin) | Schmitt, Hans (1949): "Schöner – Aber nicht teurer. Unsere Dingwelt und die Forderungen der Zeit", in: catalogue of the Werkbund exhibition Neues Wohnen, Cologne 1949, no page | Schwarz, Rudolf (1949): "Geleitwort", catalogue of the Werkbund exhibition Neues Wohnen, Cologne 1949, no page | Volkers, Imke (2009): "Böse Dinge – eine Enzyklopädie des Ungeschmacks." brochure for the exhibition of the same title at Museum der Dinge, 16.07.2009 to 11.01.2010 | von Albrecht, Nicola /Flagmeier, Renate (2007): "Die Beteiligung des Werkbunds an internationalen Ausstellungen", in: Nerdinger, Winfried /Durth. Werner (Eds.): 100 Jahre Deutscher Werkbund, Munich (Prestel Verlag) | Werkbundarchiv – Museum der Dinge Berlin (Ed.) (2008): Kampf der Dinge – Der Deutsche Werkbund zwischen Anspruch und Alltag, Leipzig (Koehler & Amelang)

einer solch architektonisch verkehrten Welt ihr freudloses Erscheinungsbild verleihen. „Straßauf, straßab", beklagte sich der Autor, stünden da die immer „gleichen Kästen", „mal mehr, mal weniger steile Satteldächer, mal mit, mal ohne Balkon", allesamt gedeckt mit roten „Harzer Pfannen", allesamt mit einem „über Erdniveau ragenden Kellergeschoss, beschönigend Tiefparterre oder Souterrain genannt" sowie mit Carport und der unvermeidlichen Pergola, kurz: ein ästhetisches Grauen.

Eine der Kisten in einer der x-beliebigen Vorstädte erregte den Missmut des Rezensenten in besonderem Maße. Es residiere dort, ließ er wissen, nämlich kein x-beliebiger „Max Mustermann", sondern „Christian Wulff, seinerzeit Ministerpräsident von Niedersachsen, derzeit Bundespräsident". Wer aber ein derart herausragendes politisches Amt bekleide, der habe gefälligst auch in gestalterischer Hinsicht höchsten Ansprüchen zu genügen: „So über die Maßen durchschnittlich, so durch und durch standardisiert? Worüber soll man sich mehr wundern? Dass dieses pseudotraditionalistische Niedersachsenhaus von der Stange 415 000 Euro kostete? Dass ein führender Politiker unseres Landes für dessen Erwerb Ruf und Amt riskierte? Oder dass

List of illustrations: All illustrations and documents from the collection of the Werkbund-archiv – Museum der Dinge, Berlin. Photos by Armin Hermann | p. 125: Shell souvenir of the Werkbund exhibition 1914, category according to Pazaurek: souvenir kitsch | p. 131: Nickel jug, illustrated in the Deutsches Warenbuch, 1915 | p. 133: Historic showpiece jug, late 19th century | p. 136: Werkbund box on the subject of "Cuttlery", 1960s | p. 140: Young people at a presentation of the Werkbund box on the subject of "Kitchen", Berlin, 1960s

CHRISTIAN DEMAND

Architekturkritik als Laienpredigt: Paul Schultze-Naumburg und die moderne Bausündenschelte

Vor einigen Monaten erschien in der *Frankfurter Allgemeinen Zeitung* eine harsche Abrechnung mit der Trostlosigkeit zeitgenössischen Siedlungsbaus (Bartetzko 2011). Wie so oft, wenn im deutschen Feuilleton zum Feldzug gegen das architektonische Elend geblasen wird, regierte auch hier ein Tonfall ungeduldiger Empörung, der signalisierte, dass der Autor von den kritikentrückten Höhenlagen kategorischer Geschmackssicherheit aus auf seinen Gegenstand herabblickte: „Wie viele Kampagnen mag die Bundesstiftung Baukultur wohl schon gegen den Einheitsbrei des deutschen Einfamilienhauses geführt haben?", hob er widerwillig an: „Sie könnte pausenlos wider die Kasten- plus Satteldachtristesse trommeln und hätte doch so viel Erfolg wie der Fisch, der Fahrrad fahren will. [...] Wer sich mit eigenen Augen davon überzeugen will, schlendere durch die äußeren Wohnbezirke einer x-beliebigen Groß- oder Kleinstadt." Es folgte die genretypisch verdrießliche Aufzählung all der verfehlten Gestaltungselemente, die

JOHAN HOLTEN

Good, Bad, and Truly Expensive Taste. The Part Played by Ethics in Twenty-first-century Aesthetics

To launch the exhibition programme of the Staatliche Kunsthalle Baden-Baden under my direction, an exhibition about good, bad, and truly expensive taste took place in summer 2010.[1] The exhibition made an attempt to show that visual taste is no longer linked to moral, political, or ethical values; today it has degenerated into a strategy of commercial staging. More than ever before, good taste serves socioeconomic distinctions and so cannot be cited as a parameter on which to base the programme of an institution with a public assignment. The exhibition began – chronologically rather than spatially – with an excursion to the era of German museum foundations around 1800. A great cultural change began – almost unnoticed at first – around 1770. In the founding phase of public picture galleries in Germany, the focus in the forewords to collection catalogues shifted increasingly: just ten years earlier, the pleasure of collecting princes had often been the key aspect described, but now a different viewer was appearing quite sud-

denly – the bourgeois citizen. In this context, Bénédicte Savoy quotes a passage from the catalogue of the Dresdner Gemäldegalerie dated 1765: "The ultimate, noble purpose of the finest collections of paintings bearing this gallery's name is not simply to exhibit those same works and so demonstrate a splendor not to be scorned in itself; no, this may be joined with more noble intentions, having an influence on the common good." (Savoy 2006:15) Thus it was not the exclusive purpose of the picture gallery – the early form of museum – to please the collector; this institution also had an enlightening impact on the well-being of the general public. Museums were founded in the spirit of enlightenment and through the centuries they were borne by a belief in a moral education in the sense of ethics, in disseminating the aesthetic norms of *good* taste. Showing various loans from the Staatliche Kunsthalle *Karlsruhe*, the exhibition presented a reevaluation of the genre motif of idealised landscape paintings, regarded as secondary up to that time, and thus recalled – in the form of a brief excursion – this original task of German museums. Beginning with the idyllic Italian landscape scenarios with ruins and mythological scenes, the intention of which was to symbolise the moral qualities of past epochs, this section showed

how such paintings had not only conveyed pleasure but had also been moral didactic plays. By transferring these ideas to idealised local landscapes around Baden-Baden, painters like Johann Wilhelm Schirmer and Carl Kuntz had widened their search for edifying motifs. Over the course of the exhibition and a leap in time, it was shown on the basis of individual examples how artists had continued to be guided by this basic idealistic notion that they could change the world with visual forms until well into the twentieth century. According to my thesis, however, a turning point was reached in this respect with the work of Andy Warhol. In the exhibition, it was possible to see a film from the period of Warhol's legendary New York studio, The Factory. *Camp* (1965) shows actors from the artist's circle parodying poems by Allen Ginsberg and opera productions. The purpose here is not to invent a new poem or a new form of opera. Far more, an existent high culture is viewed with different eyes, with a different attitude. At that time, these presentations captured on film would have appeared completely irrational to a wider

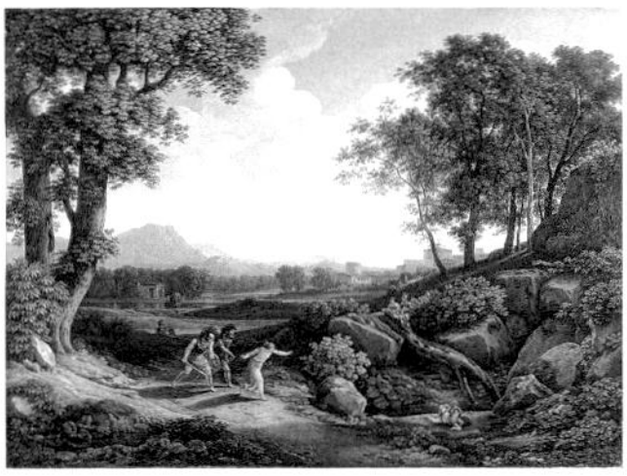

'democratie' à son propre lieu d'énonciation et d'exposition: à l'en-commun de ce peuple dont elle porte le nom sans peut-être encore trouvé la voie, ni la voix de son articulation". In der deutschen Übersetzung, Die nichtdarstellbare Gemeinschaft, sind die letzten beiden Kapitel, aus denen das hiesige Zitat stammt, nicht wiedergegeben. Übersetzung des Zitats: Michaela Ott.

Literatur: Baumgarten, Alexander G. (2007): Ästhetik, Hamburg: Meiner | Deleuze, Gilles (1992): Differenz und Wiederholung, München: Fink | 1992, S. 382 | Deleuze Gilles (1994): Logik der Sensation, Frankfurt a. M.: Fink | Gilles Deleuze (1997): Das Zeit-Bild, Kino 1, Frankfurt a. M.: Suhrkamp | Deleuze, Gilles/Guattari, Fèlix (1992): Tausend Plateaus. Kapitalismus und Schizophrenie, München: Merve | Heidegger, Martin (1960): Der Ursprung des Kunstwerks, Stuttgart: Reclam | Heidegger, Martin (1993): Sein und Zeit. Tübingen: Niemeyer | Merleau-Ponty, Maurice (1966): Phänomenologie der Wahrnehmung, Berlin: De Gruyter, S. 484 | Merleau-Ponty, Maurice (2003): Das Auge und der Geist, Hamburg: Meiner | Nancy, Jean-Luc (1986): La communauté desœuvrée, Paris: Christian Bourgeois Editeur; deutsche Fassung: Nancy, Jean-Luc (1988): Die nichtdarstellbare Gemeinschaft, Stuttgart: Schwarz

audience, and even today it requires some effort to interpret the distanced comedy of the scenes. Some years earlier, in her short – but legendary – essay "Notes on Camp"[2], Susan Sontag had attempted to capture theoretically the attitude that Warhol's film adopts. Since the nineteen-fifties, the attitude that Sontag calls "camp" had existed in certain big-city milieux, but very little had been written about it. As the author saw it, "camp" was a polarisation of existing norms, undertaken solely inside the viewer. Thus, there are no firmly established elements of "camp", but only a specific kind of standpoint that makes things appear to the viewer as "camp" (Sontag 1968:284). The eye has the power to transform, to alter the visual appearance of an object or a performance. Thus, what is *bad* and what is *good* taste is dependent on *how* the viewer regards what he sees. Sontag describes this small aesthetic revolution, which represented the insight that taste and aesthetic ideals are not qualities that can be determined from a person's clothing or the visual surface of an object, but that categorisation on the register of taste is a culturally connoted process, the actual origins of which can be sought in the viewing subject. By describing how the "camp" eye can fluctuate back and forth between a normal, unreflected

fender Arbeitsprozesse zur Ansicht. Eine der ersten weiblichen Figuren der europäischen Kulturgeschichte, Penelope, eröffnet den Film und webt noch immer am unvordenklichen Gewand kultureller Artikulation. Etwas nimmt sich immer wieder zurück, trennt sich auf, fließt in unscharfen Einstellungen aus. Sein amorpher Klangteppich lässt zahllose unpersönliche Sprecher und ein unbestimmtes „Gemeinsames" hörbar werden. An die Stelle des Gemeinschaftlichen der Rezipienten treten hier Verkettungen von kaum wahrnehmbaren, auch dinglichen Agenten und unscheinbaren „Mans", von filmimmanenten Meuten, die dem Film ein „Politisch-Werden" verleihen: Die von ihm evozierte unbeendbare Migrationsgeschichte schließt alle erdenklichen vergangenen und künftigen Migranten in ein unbestimmtes Welt-Werden ein.

Anmerkungen: 1 „Philosophie et communauté ont ceci en commun: un impératif catégorique, antérieur à toute morale, de ne pas lâcher sur le sens en commun" (Nancy 1986:234). In der deutschen Übersetzung dieser Schrift (Nancy 1988) sind die letzten beiden Kapitel, aus denen das hiesige Zitat stammt, nicht wiedergegeben. Übersetzung des Zitats: Michaela Ott **2** „Mais il devrait s'agir de porter la

observation and a distanced, ironic observation, Sontag visualises the arbitrary nature of aesthetic judgments of taste *per se*. As early as 1964, by means of this small but brilliant trick, Sontag had illustrated the radical delimitation of visual styles that began only a few years later. She anticipated the changes in visual styles that have taken place with increasing velocity since then, by making the evaluation of style into a question of the viewer's inner attitude. In this way, she anticipated the dissolution of categories of taste as a reliable social dimension for communicating a political or social attitude and affiliation.

Artist Josephine Meckseper, who lives in New York, also investigates in her works the meanings that objects receive due to their specific staging. In one of three works presented in Baden-Baden, she displays diverse banal objects – e.g., a lady's net stocking, a man's underpants, and a plastic toilet brush – in an illuminated aluminum display case. The consumer's schooled eye effortlessly interprets this type of presentation as that of a display window, in which the goods offered aim at prompting the desire to buy. The only disturbing factor is the arbitrary combination of goods, which leads the brain to search for a hidden logic that would also make the cheap toilet brush into a desirable

wiederholende Exposition von Filmzeichen dient hier der Erhellung des Ungehörten und Ungesehenen in den Zeichen beziehungsweise in ihrer symptomatischen und ausdrucksarmen Wiederkehr selbst. Indem sie kaum eingrenzbare und lösbare Probleme evozieren, verweigern sie konjunktive Synthesen sowohl im Rezipienten wie im Film selbst: Das freie Spiel ist hier nicht die Form des ästhetischen Urteils, sondern der heterogene Artikulationsmodus des Films selbst.

Passing Drama erzählt die lange Leidensgeschichte der Griechen seit Beginn des 20. Jahrhunderts, ihre Vertreibung aus Kleinasien, ihre Flucht und Internierung, ihren Weg als Zwangsarbeiter nach Österreich, als Gastarbeiter nach Deutschland und in die Gegenrichtung zurück; er übersetzt das Unfassbare und Unsagbare dieser Geschichte, die sparsamen und stereotypen Erinnerungen in ein Sprechen der Dinge und in Arten der Lückenbildung. Das untergründige Stottern der Tragödie bringt der Film in Serien von Affektbildern, in Nahaufnahmen bewegter Oberflächen bis hin zur Exposition des Videoschnees oder mittels ineinandergrei-

object, worthy of purchase. The consumer's eye does not search for the reason behind the supposed price in the object itself – that is, in the color or special design of the toilet brush – but in its combination with the other objects. In her other exhibited works, Meckseper continues and develops this game. She shows a hammer and sickle as luxury *accessoires* on a large pedestal constructed with mirrors. The reinterpretation of the political symbol into a luxury object is completed via the nature of the object's presentation and not via any change to the symbol itself. In an ingenious fashion, Meckseper paraphrases the way in which the *sweet cynicism* that Sontag discovered in reinterpretation by the viewer's inner eye as early as 1964 has long given way to a *rough cynicism*, which understands how to exploit this capacity for reinterpretation with maximum profit.

In his work shown in the exhibition, John Bock also reflects on the specific mechanisms employed to present goods using the example of the fashion industry. In 2009, he featured a comprehensively planned fashion show with a total of fifty-three designs in the Haus der Kulturen der Welt in Berlin.[3] The amateur models could scarcely be distinguished from the professional models employed for a regular fashion

ein nicht anthropomorphes Denken in geografischen Termini, in Flächen, Plänen und Karten zu praktizieren. Gewisse Filme lassen nicht nur „beliebige Räume" in Affektbildern entstehen, sondern vervielfältigen Zeit in bestimmten Montagen, langen Einstellungen, Kompositionen von Bildtiefen, wiederkehrenden Bild- und Tonzeichen und deren Intensivierungen. Ein Film wie *Passing Drama* (1999) von Angela Melitopoulos lässt ein experimentelles Bild-Ton-Gewebe entstehen, das seinen (de)konstruktiven Charakter mitexponiert.

Ethisch werden solche filmischen Artikulationen, weil sie entsprechend dem selbstgestellten Problem ihren Ausdrucksmodus erst generieren. Weit davon entfernt, eine vorgegebene Realität abzubilden, verknüpfen sie Bild- und Tonzeichen zu abstrakten Geweben und bieten singuläre Schöpfungen von Wirklichkeit. Das Unerträgliche gesellschaftlicher Verhältnisse ist ihnen Anlass zur Reflexion; sie umkreisen traumatisierende Erfahrungen, welche auswendiges Sprechen verunmöglichen und ein der Sprachlosigkeit und Vorbildlosigkeit abgerungenes Erzählen erzwingen. Die

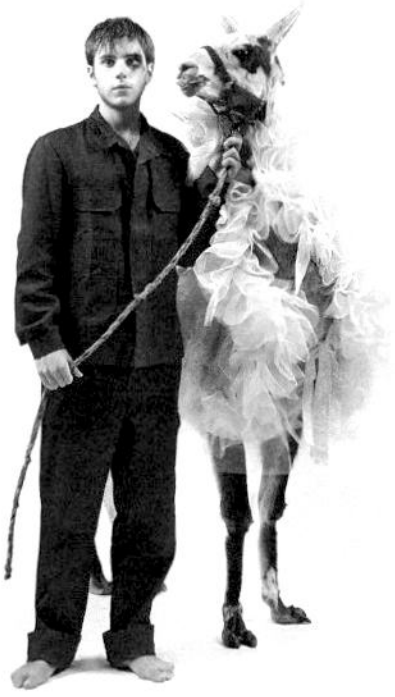

show. The light, music, stage, and seating for the audience also met the industry's customary standards – only the designs themselves were not based on any established rules. Here, the artist took the search for increasingly innovative and increasingly spectacular ideas much further than the fashion designers of even the boldest creations, and so generated a distorted image of that very search. Models entered the catwalk with constructions two metres high on their shoulders or eggshells fastened to their trousers, but they paced along the catwalk in the same style as if they were presenting the latest creations by Prada. The curious high point of an evening rich in dramatic absurdity was a design for a llama in costume, which was presented by the llama itself. If presentation is all that decides the price, it seems consistent to search for ever more original forms of staging in order to drive the price higher still. The works of painter Anselm Reyle, who – like John Bock – lives in Berlin, evidences a different reaction to the same initial situation. For

genden" des Unkenntlich-, Unpersönlich- und Unscheinbar-Werdens (Deleuze/Guattari 1992:382) und sprechen in Umdeutung Heideggers davon, dass sich das Kunstwerk nicht nur zur Welt hin Welt öffnet: Es „geht in der Welt auf" (Deleuze/Guattari 1992:381). In diesem Sinn zeigen sie an Kafkas Schriftproduktion ein Klein- und Arm-Werden sowie Stottern der Sprache, an Melvilles *Bartleby* das Uneindeutig-Werden von Figur und Text rund um den Satz „I would rather prefer not to". An Kafkas Romanen führen sie exemplarisch vor, wie sich der Protagonist in ein anonymes Buchstabenkürzel entindividualisiert, in seiner Suchbewegung das Räumliche horizontalisiert und den *Prozess* zu einer unbeendbaren Suchbewegung und einem unendlichen Prozedere werden lässt. Das Ethos des Textes liegt in dieser Bewegung des „Klein-Werdens" ... Für Deleuze – und damit noch immer in Absetzung von Heidegger – heißt philosophisch dem Leben gerecht zu werden: es in seinem Verlauf und seiner Vorläufigkeit, in seiner unbeendbaren Metamorphose zu präsentieren, die Stellung des Menschen zu relativieren und zu diesem Zweck

ten years, he has been creating visual products in his Berlin studio, for which he uses an increasingly complex, lavish production process. Reyle began with serial paintings, in which he assembled tracks of aluminium and shining lacquer paints to create various striped compositions. In the following years, he extended his approach to include sculptures. The basis for these are, for example, small-format African sculptures, whose formal language is alienated slightly and simplified in retrospective production processes until finally they are cast in aluminum as self-contained sculptures on an increasingly large scale. The adapted form is transformed into a high-gloss product using mainly purple or turquoise car paints, so that the surface reflects the viewer's gaze. Thanks to its technically perfect state, the surface has become impenetrable to the eye, degenerating into a mirror. In the Baden-Baden exhibition, it was possible to see a new work by Reyle from the recently made series of painting-by-numbers pictures, in which the contrast between the simplicity of the motif and the complexity of production has been taken to a further climax. As if the artist had found the image in a children's painting book belonging to his daughter and transferred it onto canvas on a one-to-one basis, the painting shows a

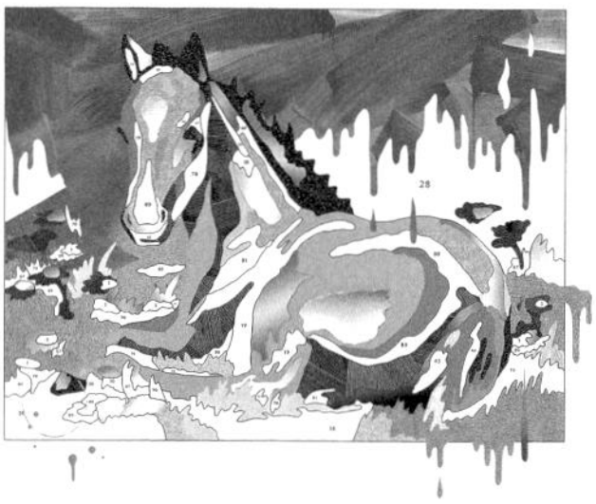

horse lying down and looking back over its shoulder towards us. The picture is divided into painted and unpainted areas. In the latter, a number identifies the colour that still needs to be applied. Only upon closer examination does the exhibition visitor notice the great effort with which the motif has been transferred onto the canvas. The painting was produced in a complex precision process consisting of several stages; it comes astonishingly close to the machine perfection of industrial products. The absurd banality of the motif represents such a huge contrast to this, that the opposition in itself becomes the work's main statement and so undermines in turn the great monetary value of the work as a desirable collector's piece. However, with his precise analyses of the contemporary state of categories of visual taste in the age of "consumer culture", Anselm Reyle still operates within the canon of western art history. This is not the case for Chinese painter Zhou Tiehai, who makes use of this art history as if it were a mail-order company's illustrated catalogue. In the exhibition, it was possible to

überhaupt und lösen sie in Informelles und zeitgebende Prozesse auf. Francis Bacons Malerei expliziert er als radikalen Entfigurierungsprozess, insofern sich das herkömmliche Porträt zu einem fleischigen Klumpen entkonturiert und einen unbestimmten Affekt artikuliert. (Deleuze 1994) Die Farbe hat bei Bacon den Affektwert zu tragen und wie bei Cezanne die Sensation zu modulieren. Heideggers Ungrund taucht hier als Ungeheures wieder auf, allerdings als eines, das an die Stelle des Figürlichen ein Unmenschlich- und Tier-Werden, eine Reduktion des Körpers auf seine Fleischlichkeit treten lässt. In der Entkonturierung der Körper entzieht Bacon der Sensation das Sensationelle: „Die Grenzen der Sensation werden in alle Richtungen gesprengt […] der Rhythmus selbst wird Sensation, wird selbst Figur" (Deleuze 1994:48). Das Abgebildete stiftet keine mystische Gemeinschaft durch Evokation eines Undarstellbaren, sondern tut dem Auge Gewalt an, setzt es einem haptischen Zugriff aus, zwingt es, das Bild, – tiefelos, plan, Wüstenzone geworden – zu durchwandern.

see a series of 160 small-format paintings. For the most part, they are based on nineteenth-century French models. The viewer finds Marianne among the apparently arbitrarily gathered images, but also a naked woman's bottom. The confusing potpourri is accompanied by a text about an obviously fictive French dessert. Called *Le juge*, which is also the title of the picture series, this dessert is supposed to reveal a close connection with the profession of the judge. The sweetmeat is even said to have been used as a means of bribery in courtroom trials. Somewhat astonished, the viewer attempts to bring this incredible explanation into some accord with the collage of familiar and unfamiliar motifs, which he finds on the big exhibition wall in the main room of the Kunsthalle. While this search for meaning was still successful in Reyle's case because he keeps to the sophisticated and ramified aesthetic strategies of western art history, seen through the eyes of Chinese artist Zhou Tiehai it comes to nothing. The visuality of an artwork is transformed into arbitrariness, and not even its perfect technical realisation is offered as salvation for the viewer who is searching for meaning. Zhou Tiehai creates a complexity that is simultaneously no longer complexity because he (more or less) openly admits that no true

und zur Bedingung der Möglichkeit von Werdens-Prozessen wird. Die Selbstaffizierung und -differenzierung der Zeit erstellt in ihren Materie-Geist-Synthesen das, was Deleuze schließlich das „Virtuelle“ nennt: die unendliche Differentialität des Wirklichen, die immer real gegeben, aber nie endgültig aktualisierbar und aktualisiert ist. „Die Subjektivität ist niemals die unsere, es ist die Zeit [...]. Das Aktuelle ist immer objektiv, doch das Virtuelle ist das Subjektive: es war zunächst der Affekt, den wir in der Zeit erleben; später die Zeit selbst, reine Virtualität, die sich in Affizierendes und Affiziertes aufteilt, ‚Selbstaffektion durch sich selbst' als Definition der Zeit.“ (Deleuze 1997:113) In Deleuzes Verständnis ist avancierten Kunstwerken – eher als etwa der menschlichen Kommunikation – die Fähigkeit eigen, Teilbereiche dieses Virtuellen zu sehen, zu hören und wiederzugeben. Indem sie sich in Wiederholung und (Selbst-) Affizierung fortgesetzt differenzieren und zu unbekannten Perzepten und Affekten gelangen, unterlaufen sie nicht nur konventionelle Ausdrucksformen, sondern unterwandern die Form

interpretation of his work is possible. The categories of taste practiced as a value system with social, moral, and political impact for 200 years collapse in front of the viewer's eyes.

For the director of a state art gallery, the question arises when encountering such works: what categories can still be applied to assemble the

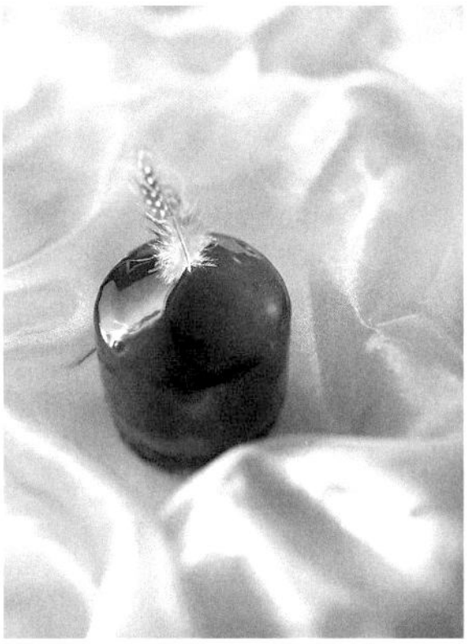

future exhibition program of a public institution when visual categories of taste so obviously no longer relate to today's society and its ethical issues in any way? The search has to begin at the beginning for every exhibition. *One* – that is, explicitly not *the* – answer was offered by the subsequent exhibition entitled *Chto Delat?* in Baden-Baden: *Das Lehrstück vom Un-einverständniss.*[4] The Russian question "Chto Delat?" – which translates as "What is to be done?" – was made famous by a pamphlet published in 1902 by Vladimir Ilyich Ulyanov, otherwise known as Lenin. However, it was Russian author Nikolay Chernyshevsky who had coined the phrase originally. In the twenty-first-century art world, the sentence has

der Sinn als Plural agiert, sieht er in Kunstwerken wiedererstehen. Das Auszeichnende von Kunstwerken liegt damit auch für Deleuze darin, dass sie einen gewissen Ungrund sichtbar werden lassen, der freilich nicht als das Ungeheure, sondern mit Merleau-Ponty vielmehr als paradoxe Selbstsetzung eines quasi-ersten Subjekts, der Zeit als solcher, ausgewiesen wird: „Ist aber das Subjekt Zeitlichkeit, so ist die Selbstsetzung kein Widerspruch mehr, da sie vielmehr genauester Ausdruck des Wesens der lebendigen Zeit ist. Die Zeit ist ‚Affektion ihrer selbst durch sich selbst': das Affizierende ist die Zeit als der Andrang und Übergang zur Zukunft hin; das Affizierte ist die Zeit als die entfaltete Reihe der Gegenwarten; Affizierendes und Affiziertes sind ein und dasselbe, da der Andrang der Zeit nichts anderes ist als der Übergang von Gegenwart zu Gegenwart." (Merleau-Ponty 1966:484) Nicht zufällig bestimmt Deleuze die Zeit als paradoxe Gründung, als erstes „passives Subjekt" (Deleuze 1992:100), das seine unendliche Vergangenheit wiederholt, qua fortgesetzter Vergegenwärtigung in die Zukunft ausgreift

undergone a further transformation: a Russian collective consisting of artists, writers, critics, musicians, and philosophers chose the phrase as the title for a newspaper it published in 2003 – as a reaction to the depressing political climate dominant in Russia at the time. As expressed by Dmitry Vilensky, a founding member of the group, the extremely one-sided plans to celebrate St. Petersburg's 300th anniversary were the final trigger prompting the group's foundation (Miziano/Vilensky 2011:34). But the project rapidly grew beyond the original format of the newspaper, taking on a life of its own. Since then the collective has participated in numerous exhibitions, seminars, panel discussions, and other events all over the world. It seems as if there was a great longing for the very special approach with which *Chto Delat?* examined what it would mean if the original idea of communism came into effect under the changed circumstances of the twenty-first century. The origin of the group in a politically active environment makes clear that aesthetic products are not a purpose in themselves for the collective, but always part of a socially committed practice. This exhibition was a conscious reaction to the question raised by the first exhibition, of how an art gallery's public assignment can be interpreted at the beginning of the

turalistischen Ansatz vorweg. Das Subjekt wird von Denkern wie Foucault und Deleuze, allerdings weit über die Erfahrung von Kunstbetrachtungen hinaus, als prinzipiell gegenläufige Bewegung gedacht: Zum einen hat es sich, um in den Subjektivierungsprozess einzutreten, den herrschenden symbolischen Ordnungen zu unterwerfen, zum anderen ermächtigt es sich gerade in der Aneignung dieser Codes. Zunächst freilich entfaltet Deleuze in Weiterführung der phänomenologischen Denktradition den Sinn ebenfalls aus der Ununterscheidbarkeit von Singular und Plural – in der Schreibung des Wörtchens „sens" – als doppelläufige Bewegung von Werdens-Prozessen, die jeder Signifikation durch ein Sprecher-Ich vorangehen. Aufkommen soll dieser Sinn als Effekt unbewusster Vorgänge in einem Feld präindividueller und unpersönlicher Markierungen, wie er in Anlehnung an Freuds Konzeption des Unbewussten sagt, die dank feldimmanenter Dynamiken, dank Wiederholungs- und Steigerungsbewegungen nach und nach zu Individuationen gerinnen; dieses unpersönliche und präindividuelle Feld, in dem

twenty-first century. Referring to Baden-Baden and Russia in one sentence may appear to awaken very specific images in the mind. On the one hand, these images relate to the historic, nineteenth-century situation, when Baden-Baden was a meeting point at the heart of Europe for the Russian elites; and, on the other hand, to the fact that wealthy Russians, or so we read and hear, have rediscovered Baden-Baden in the last fifteen years. Clichéd images of a beautiful, very historical spa town where young blond women carry expensive handbags are obviously unavoidable when one is linked with the other. Perhaps, or so the idea, this cliché may serve as the starting point for an investigation of the political and economic situation of today's Russia, which is considerably more interesting than one might think, since it contributes a wide range of complex, yet legible arguments to the issue. The best-known works of *Chto Delat?* are perhaps four musical plays, of which three works produced between 2008 and 2010 form a triptych. The decision to refer to these political *musical videos* – in which scenes with a singing choir representing public opinion alternate with others in which actors slip into the roles of a businessman, revolutionary, or artist in turn – as musical plays clarifies the intention to rethink an aesthetic-

des Nicht-Exponierbaren nennt er auch Entwerkung, Entsubjektivierung des Werks, kraft dessen geschehen kann, was ansonsten nur in der Erfahrung des Todes des anderen geschieht: Das Außer-sich-Sein des Ich als Voraussetzung für das „Mitsein". Auch für Nancy erhält das Kunstwerk im Vorgang der Entindividuierung des Betrachters und in mystischer Gemeinschaftsstiftung seinen ethisch-politischen Wert: Rund um die Entwerkung des Werks soll sich eine Gemeinschaft, wenn auch nicht die eines bestimmten Volkes gruppieren und das Kunstwerk zuletzt Demokratie stiften: „Es ginge darum, die Demokratie an ihren Ort der Äußerung und Ausstellung zu bringen: zum ‚Im-Gemeinsamen' des Volkes, dessen Namen sie trägt, noch ohne vielleicht den Weg, die Stimme ihrer Artikulation gefunden zu haben" (Nancy 1986:233).[2]

Die Ethisierung des Ästhetischen bei Gilles Deleuze und Félix Guattari | Die Deutung von Kunstwerken als jene Erfahrung, in der das betrachtende Subjekt außer sich gerät und gerade im Außer-sich-Sein die anderen erfährt, nimmt den poststruk-

ideological heritage from the first half of the twentieth century at the beginning of the twenty-first century. But one should not dismiss the works as pure repetition. As in every *reenactment*, there is a shift in significance due to changes in the environment. The four musical plays, however, also make an impression via the very specific form in which *Chto Delat?* recreates this heritage. Because the group makes complicated ideas simple while complicating simple ideas, when watching the four works visitors often find themselves smiling inwardly or even laughing out loud despite the extremely dramatic political and financial content. This was also the case during a fifth musical play, the premiere of which was performed at the opening of the exhibition in Baden-Baden. A choir of four singers pretending to be fictive patients from a nearby clinic called upon the audience at the opening to view their own illnesses as an opportunity for liberation and social change rather than as anomalies to be eradicated because they prevented them from achieving. The group integrated any foreseeable contradiction into the play, as actors interrupted the performance voicing the typical arguments of an educated art public. Such a performance not only triggered statements like "Communism, but that's the Gulag" or "I

insofern Gemeinschaftliches nur mehr in der Erfahrung des Todes des anderen erlebt werden kann, – nämlich dann, wenn Ich nicht länger Ich selbst bin, sondern außer mir, ekstatisch. Das „Mitsein" realisiert sich nicht im Geist eines Volkes, sondern in der mitgeteilten Erfahrung unserer Endlichkeit, unseres Verhältnisses zum Tod. Da die Endlichkeit aber nichts ist, sondern sich allenfalls als Grenzerfahrung dem Bewusstsein mitteilt, existiert sie nur in der Kommunikation. Die Endlichkeit „erscheint mit", „Mitsein" ist Mitteilung, Teilhabe, ist Sein als Relation. Das im „Mitsein" sich stiftende Gemeinsame will Nancy als „Einsatz" (*l'en jeu*) des Gemeinsamen, als Einsatz des „gemeinsam mit sich selbst" (Nancy 1988:124), „l'en commun" (Nancy 1986:226) denken. Die Aufgabe der Philosophie besteht für ihn in der Entfaltung des nicht exponierbaren „*en*" (Nancy 1986:230), des „Davon" des Gemeinsamen und des Sinns von „im Gemeinsamen Sein", „être-en commun" (Nancy 1986:231), in welchem das Gemeinsame von einem „wir existieren" untrennbar wird und das Nicht-Exponierbare gemeinsam exponiert wird. Die Exposition

like utopias" (but only if they don't get too real) as a reflex in Baden-Baden, but among astonishingly wide groups of the general German

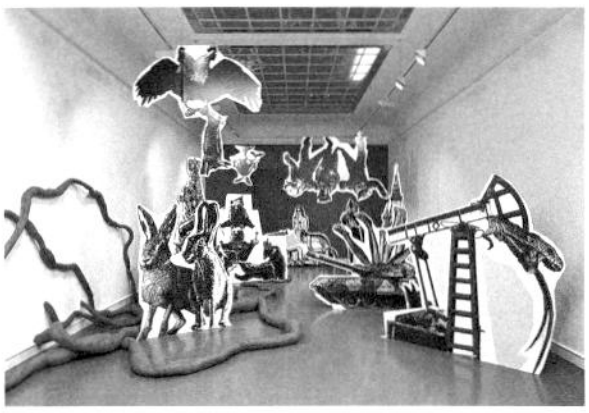

public in 2012. *Therefore, one* answer to the question posed at the outset – how the programme of a state art gallery can react to the contrast between ethics and aesthetics in the twenty-first century – could be that it should demonstrate alternative world models. Politically committed art does not inevitably have to aim for a reintroduction of real existing communism, like that experienced in the twentieth century. But this type of programme could offer a reason and basis for exploring such issues.

Notes: **1** Geschmack – der gute, der schlechte und der wirklich teure, Staatliche Kunsthalle Baden-Baden, 09.07.2011 to 09.10.2011 **2** "Notes on Camp" by Susan Sontag appeared for the first time in the magazine Partisan Review and was published in 1968 in the anthology Against Interpretation. Cf. Sontag 1966 **3** All fifty-three designs were collected in the Baden-Baden exhibition for the first time since the original performance of the fashion show. **4** Chto Delat? in Baden-Baden – Das Lehrstück vom Un-Einverständnis, exhibition in the Staatliche Kunsthalle Baden-Baden, 29.10.2011 to 12.02.2012

Literature: Miziano, Viktor/Vilensky Dmitry (2011): "Singulär Gemeinsam!", in: Johan Holten (ed.): Chto Delat? Was tun? What is to be done? Cologne: Walther König, p. 32–43 |

lichkeit von „Da-Sein" soll hier das „visuelle Quale" die Gegenwart von etwas geben, das nicht Ich ist, einfach nur ist, reine performative Präsenz. Merleau-Ponty transformiert zudem die von Heidegger angenommene Vorgängigkeit des Seins in eine vorgängige Verflochtenheit von Sichtbarem und Unsichtbarem als Bedingung der Möglichkeit von Kunst. Für Heidegger wie für Merleau-Ponty wird das Kunstwerk mit der Aktualisierung eines ontologischen Verhältnisses gestiftet. Diese seine Wahrheit verleiht ihm einen ethischen Status: Merleau-Ponty skizziert ein Zu-sich-Kommen einer amorphen Gegebenheit, ein Reflexionsverhältnis des Natürlichen, das dem menschlichen Willen und dem bewussten Sehen vorausgeht und vor allem in der Schöpfung des Kunstwerks zur Ansicht gelangt.

Der französische Philosoph Jean-Luc Nancy beginnt in Nähe und gleichzeitiger Abgrenzung zu Heidegger in *La communauté desœuvrée* mit der Konstatierung zweier endgültiger Verluste: Wie der Zugang zum Sein verloren scheint, so scheint ihm die Möglichkeit von Gemeinschaft versperrt. Den Verlust hält er für konstitutiv,

Savoy, Bénédicte (2006): "Zum Öffentlichkeitscharakter deutscher Museen im 18. Jahrhundert", in: Savoy, Bénédicte (Ed.): Tempel der Kunst. Die Entstehung des öffentlichen Museums in Deutschland 1701–1815, Mainz: Philipp von Zabern, p. 9–26 | Sontag, Susan (1966): Against Interpretation, New York: Farrar Straus & Giroux; German version: Susan Sontag (1968): Kunst und Antikunst, Reinbek bei Hamburg: Rowohlt, 2011 to February 12, 2012.

List of illustrations: p. 150: Johann Christian Reinhard: Classical Landscape with Hypsipyle and Opheltes-Archemoros, 1816. Courtesy Staatliche Kunsthalle Baden-Baden | p. 154: John Bock: The greased bendsteering in the luggage gets tangled up with the white shirt, 2009. © 2009 John Bock: photo by Jan Windszus | p. 156: Anselm Reyle: Pastural Bliss, 2010. Photo by Matthias Kolb | p. 158: Zhou Tiehai: Le Juge (detail), 2007. Courtesy Zhou Tiehai / Shanghart Gallery | p. 162: Chto Delat?: Russian Forest, view of an installation, Staatliche Kunsthalle Baden-Baden, 2011. Photo by Tobias Wootton

(Merleau-Ponty 2003:281). Für Merleau-Ponty feiert die Malerei nichts anderes als dieses Verhältnis doppelter Sichtbarkeit, die sich für ihn aus der ebenfalls doppelten Bewegung von Inspiration und Expiration ergibt. Die Dinge sehen uns an, sagt er mit Paul Klee und spricht davon, dass das Kunstwerk selbst das Feld eröffnet, sich in einem anderen Licht präsentiert, sich verwandelt und seine eigene Fortsetzung *wird*: Bei Cezanne sieht er Farbdimensionen als solche sich freisetzen, das Bild autofigurativ werden – „Schauspiel von nichts, indem es die Schale der Dinge aufsprengt, um zu zeigen, wie die Dinge zu Dingen werden und die Welt zur Welt" (Merleau-Ponty 2003:303). Kunst verweist auch bei ihm jenseits der Normalwahrnehmung auf ein Geheimnis virtueller Gegebenheiten, denen sie eine Oberfläche zu ihrer Aktualisierung bietet. Dabei wird der Betrachter in einen kontemplativen Zustand, eine Art Selbstvergessenheit versetzt, in der er sich selbst „fehlen" und dem „Sprung des Seins von innen her" beiwohnen soll. In Nähe zu Heideggers Grundlegung des Seins als Ununterschiedenheit von Ich und anderem und als Bedingung der Mög-

Merleau-Pontys und Jean-Luc Nancys Verschränkung des Ästhetischen mit dem Ethischen | In Nähe zu Heideggers Eröffnung des Kunstwerks aus Lichtungsvorgängen entfaltet es der französische Phänomenologe Merleau-Ponty aus der Erörterung von Blickverhältnissen. In *Das Auge und der Geist* bestimmt er – vergleichbar mit Lacans Ausführungen zum „Blick“ (*le regard*) – das Sehen, die visuelle Wahrnehmung, als doppelläufigen Prozess von Sehen und Gesehen-Werden: „Er, der alle Dinge betrachtet, kann sich zugleich auch selbst betrachten und in dem, was er dann sieht, die andere Seite seines Sehvermögens erkennen. Er sieht sich sehend, er betastet sich tastend, er ist für sich selbst sichtbar und spürbar.“ (Merleau-Ponty 2003:279) Allerdings versteht er die Vision als umfassendes, nicht auf das Auge beschränktes Reflexionsverhältnis, in welchem der Körper immer mitinbegriffen ist, denn „weil die Dinge und mein Leib aus demselben Stoff gemacht sind, muss sich sein Sehen auf irgendeine Art in ihnen vollziehen, muss sich ihre manifeste Sichtbarkeit in ihm mit einer geheimen Sichtbarkeit doppeln“ 93

164

The Aesthetics of Opposition? Design as Means and Mediator

RAPHIE ETGAR

Socio-political Contemporary Art as a Medium of Criticism and Protest: The Museum on the Seam as a Test Case

LEIKO IKEMURA

What Moves Us and What Can We Move? Fukushima and the Consequences

RAPHIE ETGAR

Socio-political Contemporary Art as a Medium of Criticism and Protest: The Museum on the Seam as a Test Case

What is the link between ideology and contemporary art? No artist can give way on the connection between his creativity and reality; nevertheless, according to Nietzsche, no artist can "tolerate reality". Creativity would not exist in the absence of reality, and the artist's work consists of building a bridge, between it and himself, that we onlookers are invited to stride across to encounter it on the other side. This is not for the purpose of getting us to accept the simple and straightforward interpretation arising from the work; rather, it leads us to deconstruct its components, to interpret their significance and decipher the hints that generally evade our eyes. This is the opportunity granted us by a work of art: to regain the sensations we have forfeited and acquire new sensations. The right to protest is not merely a right; equally, it relates to the obligation that comes with the privilege. But it does come about that protest is an obligation imposed upon us, when we stand to forfeit our liberty; for in that case, silence could bring down upon us a catastrophe of enormous cost. The Museum on the Seam is exactly on the meeting point between eth-

denen man selbst sich zumeist *nicht* unterscheidet, unter denen man auch ist. [...] Das ‚Mit' ist ein Daseinsmäßiges, das ‚Auch' meint die Gleichheit des Seins als umsichtig-besorgendes In-der-Welt-Sein. [...] Auf dem Grunde dieses *mithaften* In-der-Welt-Seins ist die Welt je schon die, die ich mit den Anderen teile. Die Welt des Daseins ist *Mitwelt*. Das In-Sein ist *Mitsein* mit Anderen. Das innerweltliche Ansichsein dieser ist *Mitdasein*" (Heidegger 1993:118). „Da-Sein" wird hier als notwendig mit anderen geteiltes bestimmt, wobei das Sein einen Urgrund der Gleichheit aller bereitzustellen scheint, in welchem ich mich, weil noch kein „ich mich", von anderen nicht unterscheide; erst das In-der-Welt-Sein wir zu einem „Mitdasein", in dem „umsichtiges Besorgen" vorwalten kann. Insofern ist es konsequent, das Kunstwerk als Einstimmung auf diesen Aspekt des „Da-Seins" zu verstehen, als „Miteinandersein", das das „Mitsein" im Erlebnis der Teilhabe an der Offenbarung aktualisiert. Im Anblick des Kunstwerks soll etwas geschehen, was häufig mit religiösen Zeremonien verbunden wird: die Stiftung eines Gemeinschafts-

ics and aesthetics, between morality and awareness. The word *aesthetics* in old Greek was not about beauty, it was about awareness. Museum on the Seam is a socio-political contemporary art museum located in Jerusalem. The museum, in its unique way, presents art as a language with no boundaries, in order to raise controversial social issues for public discussion. At the center of the changing exhibitions in the museum stand the national, ethnic, and economic seam lines in their local and universal contexts. Through the works of artists from Israel and abroad, who respond to the stress and tension between and within groups, the museum invites the visitors to examine the degree of influence of the social environment on the individual and vice versa. The museum is committed to examining the social reality within our regional conflict, to advancing dialogue in the face of discord, and to encouraging social responsibility based on what we all have in common rather than what keeps us apart. The exhibition *The Right to Protest*, which opened in 2010 at the museum, focused on the obligation that comes with the privilege of protest. The exhibition displayed the affinity between ideology and artistic creativity. That creativity sets out for us the ideology, by means of the artist serving as moral compass between contradictions and opposites. "The right to protest" impresses upon us to inquire whether our mission is just; whether loud forcefulness is indeed necessary, or whether it plunges individuals and

Eröffnung von Welt und des Verbergens der Erde, als Widerstreit zwischen Eröffnung eines geheuren Horizonts und Verbergung eines ungeheuren Voranfänglichen, das das Schöne als „ins Werk gefügtes Scheinen" (Heidegger 1960:55) und das Wahre als „Unverborgenheit" (Heidegger 1960:55) in einen unergründbaren Ungrund zieht. Die Wirkung des Kunstwerks auf die Betrachter wird in mystischer Gemeinschaftsstiftung erblickt: „Die Bewahrung des Werkes vereinzelt die Menschen nicht auf ihre Erlebnisse, sondern rückt sie ein in die Zugehörigkeit zu der im Werk geschehenden Wahrheit und gründet so das Für- und Miteinandersein als das geschichtliche Ausstehen des Da-Seins aus dem Bezug zur Unverborgenheit" (Heidegger 1960:69). In *Sein und Zeit* hatte Heidegger zudem das „Mitsein" und das „Mitdasein" als Existential begriffen, als wesentliche Bestimmungen des „Da-Seins". Zur Struktur des In-der-Welt-Seins gehört demnach das „Mitsein" der anderen: „Die ‚Anderen' besagt nicht so viel wie: der ganze Rest der übrigen außer mir, aus dem sich das Ich heraushebt, die Anderen sind vielmehr die, von

society into a harsher, more traumatic reality. When Martin Niemoeller expressed the following – in the face of the takeover by the most terrible evil ever known to man, in the face of the frenzy that took hold of the Nazi beast – he comprehended only too well that his words were uttered belatedly: "In Germany, the Nazis came for the communists and I didn't speak up because I was not a communist. Then they came for the Jews and I didn't speak up because I was not a Jew. Then they came for the trade unionists and I didn't speak up because I was not a trade unionist. Then they came for the Catholics and I was a Protestant so I didn't speak up. Then they came for me. By that time there was no one to speak up for anyone." These were not words of heroic, all-embracing protest capable of drawing the masses in its wake. Neither is it a poetic text that excites and inflames our senses to fling ourselves into the campaign. It is a dry, factual report, the honest declaration of one who stood by, helpless and without resource; close enough to events and happenings to see the harsh truth, and yet doing nothing.

Painful but nevertheless understandable is the wobbly distinction between "everything" and "nothing", which Albert Camus depicted in the character of the rebel. That difference arises from the distinction between an "everything" as yet fairly blurred, and a "nothing" which proclaims the possibility of sacrificing mankind to that "everything". The rebel wants to be with that "every-

aus sich heraus einen Hinblick auf etwas, das im Seienden nicht auf-, sondern über es hinausgeht: „Inmitten des Seienden im Ganzen west eine offene Stelle. Eine Lichtung ist. Sie ist, vom Seienden her gedacht, seiender als das Seiende. [...] Die lichtende Mitte umkreist [...] alles Seiende" (Heidegger 1960:51). Dieses „Seiendere als das Seiende" muss, damit es als solches erscheine – und hier bemüht Heidegger eine merkwürdige Assoziationen hervorrufende Metapher – „in das Gelichtete dieser Lichtung herein- und hinausstehen" (Heidegger 1960:51). Dieses Herein- und Hinausstehen wird als nicht enden könnende Bewegung innerhalb des Kunstwerks beschrieben und als Vorgang der Verdunkelung und Erhellung erkennbar, insofern das Seiende in der Lichtung immer auch „Verbergung" (Heidegger 1960:51) ist. Das Kunstwerk erscheint als Potenzierung einer Verhüllungsbewegung, die umschlägt in Offenbarung, was Heidegger das „Gegenwendige", „das Gegeneinander des ursprünglichen Streits" (Heidegger 1960:53) nennt. Dieser Widerstreit wird auch skizziert als die gegenläufige Bewegung der

thing", to identify entirely with that virtuous good that his mind has swiftly grasped; he wants people to acknowledge him and his personality, or to be nothing – i.e., to be utterly routed by the force dominating him. Ultimately, he will come to terms with the final defeat that is death, if he is about to forfeit for example, his liberty. "It is better to die on your feet, than live on your knees." In the words of Camus, the right to protest is effected as one of the universal and humane foundation stones of freedom and liberty.

Between May 2005 and June 2008, the Museum presented a series of exhibitions on the theme of human rights. The series was opened with *Dead End*, which dealt with the threat that violence poses to our social fabric. The exhibition presents a difficult reality that has turned violence into the language of daily life. This language threatens the existence of human society. The exhibition raises tough questions in the face of a variety of expressions of violence and calls on the visitor to examine his own path and not to stand idly by, passively watching happens. The second exhibition in the series, *Equal and less Equal* (2006), dealt with work/slavery and exposed the distressed existence of man in a world of globalisation and migration. This exhibition attempted to awaken the awareness and social sensitivity so frequently dulled in us, and to elucidate questions relating to the labour relations prevailing in our world. The exhibition displayed the discrimination, exploitation, and hu-

und jeder Seinsauslegung ans Licht gebracht und genuin begriffen werden" (Heidegger 1993:17). Wie an diesem Zitat ersichtlich, wird das notwendig in der Zeit sich vollziehende und Zeitlichkeit explizierende Verstehen der Phänomene von Heidegger in vorwiegend optischen Metaphern zum Ausdruck gebracht: Wie das Phänomen eines ist, das sich offenbart und ans Licht gebracht werden kann, so versteht Heidegger den *logos*, die Rede, als „etwas sehen lassen" (Heidegger 1993:33). Und weil der *logos* ein „Sehenlassen" ist, „‚*deshalb*' kann er, wahr oder falsch sein" (Heidegger 1993:33). Das „Wahrsein" des *logos* bedeutet zwangsläufig: „Das Seiende […] aus seiner Verborgenheit herausnehmen und es als Unverborgenes sehen lassen" (Heidegger 1993:33). Heideggers Wahrheitsbegriff folgt durchgängig der Vorstellung des Freiräumens und Platz-Schaffens, des Lichtens von Vorgängigem.

In eben diesem Sinn wird Kunst 1934 als „Feststellen der sich einrichtenden Wahrheit in die Gestalt" (Heidegger 1960:73) jenseits von Künstler und Rezipient gedacht. Das „Ins-Werk-Setzen der Wahrheit des Seienden" (Heidegger 1960:30) eröffne

miliation experienced by so many, and called upon us to reinforce the aspiration to strive for greater equality between human beings. *Bare Life* (2007) was the third exhibition and last in the series dealing with human rights. Following the philosophy of Giorgio Agamben, the exhibition focused on the disintegrating line between abnormal and normal situations. *Bare Life* pointed to the dangerous place where a temporary emergency situation can be turned into a legitimised status quo accepted by the silent majority, a situation that can in the end lead to a paranoia of suspicion and to the use of violence to reestablish public order. The exhibition *Heart Quake* (2008) sought to shudder and shake identity and otherness "vis-à-vis" anxiety; to highlight and stress the process of man's emotional contention with his environment, and to peer through the prism of dread to examine his reactions, whether as aggressor or victim – all this with the purpose of attempting to comprehend and influence the dynamic of social and political relationships. The outlook expressed by this exhibition holds that anxiety is a pivotal factor in the interrelationship between humanity and its world. In examining that connection, anxiety becomes a complex symbol; it does not end with man's sense of helplessness in the face of the realities of his existence; on the contrary, it holds a decisive potency both as warning signal and as existential utterance, whereby we can contemplate the meanings our life takes on. The exhibition *Nature Nation*

vorgängigen Angesprochen-Werden ergibt. Darin zeigt sich bereits eine wesentliche Prämisse dieser philosophischen Überzeugung: Jedes bewusste Denken entfaltet sich als Reaktion auf einen Appell, auf ein Gefragt-Werden, ja wird Denken nach Maßgabe dessen, wie es dieses Aufgerufen-Werden zu einem Moment seines Vollzugs werden lässt. Heidegger weist zwar von sich, dass es sich bei diesem Fragen, das als „vorgängige Hinblicknahme auf Sein" dessen Grund-Freilegung leistet, um einen Zirkel handle. Gleichwohl ist sein Fragen und das der Poststrukturalisten durch eine Spiralbewegung gekennzeichnet, die in der Entwicklung der Gedanken ihre Grundlegung im Unbewussten und Vorbewussten mitzubedenken und als noch nicht gewusste Voraussetzung miteinzubegreifen sucht. Heidegger bestimmt das menschliche „Da-Sein" als einen reflexiven Existenzmodus, der einen privilegierten Zugang zum Sein hat, insofern es ihm als Seiendem um dieses Sein selbst geht. Da das „Da-Sein" in der Weise des Verstehens auf das Sein bezogen ist, ist es zwangsläufig in die Zeit gestellt: „Diese muss als der Horizont alles Seinsverständnisses

(2009) was based on diverse aspects of distinctions, positions, beliefs, ideologies, and social, political, and economic points of departure that explore the complex encounter between man and the environment and between man and nature. The exhibition proposed a critical reading, which presumes that the encounter between them is a mirror for broader phenomena. This mirror reflects the crisis in the relations between man and nature, which finds expression in neglect, conquest, and deterioration. The exhibition *Home less Home* (2010) aspired to investigate the relationship between the private home and the state. It studied the formal and functional similarity between the two spaces, which enabled the definition of both as "home" (the national home), and the difference between them, which traditionally places the former in the private (or natural) sphere and the latter in the political sphere. The difference was explored in light of the traditional placement (since Aristotle) of the home as the "other" of the political, containing what has been removed from it, and thus defining the contours of the political, which it may not trespass. The home is seen as something "natural", as a space dominated by needs that are of no interest to the designed public space. Its interior is identified as a private, safe space, beyond the reach of legitimate intervention of the state. The last exhibition, *West End* (2011), dealt with the clash of civilizations between Islam and the West and its possible consequences. The exhibition

Formfindung selbst einer Befragung zu unterziehen, andere Wissensweisen und Aktualisierungen des Wirklichen vorzustellen, die Aktualisierung von Ungesehenem und Ungehörtem zum Gestaltungsprinzip zu erheben und multiple Arten des „Welt-Werdens" zu erfinden.

Heideggers „Mitsein" im Kunstwerk | Heidegger hat in seiner Schrift *Sein und Zeit* von 1926 die Phänomenologie als Fundamentalontologie verstanden, die dem Anspruch, das Wesen unserer Existenz zu klären, dadurch nachkommen wollte, dass sie dessen Sein offenlegt. Dieses Sein, das die abendländische Metaphysik vergessen haben sollte, wird als der vorgängige Ungrund des Seienden konzipiert, als die Voraussetzung dafür, dass wir unser „Da-Sein" als Entfaltung dieses Seins oder, wie er auch sagt, als sich zeitigende Sorge leben. Heideggers hermeneutische Methode beruht dabei auf der Einsicht, dass das Suchen einer „vorgängigen Leitung vom Gesuchten her" (Heidegger 1993:5) bedarf. Sie beginnt, wie Deleuze später schreibt, in einem „Mittendrin", mit dem Eintritt in eine Bewegung des Fragens, die sich aus einem

invited its viewers to partake in an experience as it is happening, and to examine the different approaches of artists who created their works in the abovementioned space of conflict. To walk between struggles for honour, faith, and prestige weighted down by suspicion, and to look closely at the maze of hostility that led two civilizations to an existential struggle over power and control of the world of tomorrow. Our future exhibition, *Beyond Memory*, will open on March 2012. The exhibition sets out on a memory-aided journey to the future, to face works of art that expose us to images delved from the archives of repression and denial of fears and anxieties from our past experiences. It attempts to examine through them future scenarios awaiting us and to learn from them how to avoid repeating past mistakes.

lassen sie sich mit dem französischen Philosophen Jean-Luc Nancy auch als Verschränkung von Selbstreflexion und Denken der Gemeinschaft begreifen: „Philosophie und Gemeinschaft haben dieses gemeinsam: einen kategorischen Imperativ, der jeder Moral vorangeht: am Sinn *im* Gemeinsamen nicht locker zu lassen.“[1] Für Nancy gibt es ein der Moral notwendig zugrunde liegendes Ethos, das sich aus der Verschränkung des Sinns des „Daseins Da-Seins“ mit dem Gemeinsamen, einem pluralen Existieren und Sprechen, ergibt. Über Nancy hinausgehend soll mit Deleuze dann gezeigt werden, dass der „Sinn im Gemeinsamen“ nicht in einer an menschliche Kollektive gebundenen Weise seine radikalste ethische Einlösung findet, sondern in der immanenten Vervielfältigung des Kunstwerks selbst. Indem es sich an affektive, perzeptive und kognitive Vermögen wie an gesellschaftliche und umweltliche Vorgänge anschließt, sich von diesen weiteraffizieren lässt, gewinnt es nicht nur innere Lebendigkeit, sondern auch symptomatische Relevanz. Ethos bedeutet hier, die werkhafte Abgrenzung, die Differenzbildung und

eine relevante ethische Haltung formuliert, wenn sie von ihrer Situiertheit in der Welt und, um es mit Deleuze und Guattari zu sagen, von einer als unendlich differentiell zu verstehenden Wirklichkeit ausgeht – und darum weiß, dass sie nur einen Ausschnitt, einen Bruchteil dieser virtuellen Wirklichkeit aktualisieren, gleichwohl diesen modellieren und zu einer singulären Artikulation erheben kann. Merleau-Ponty und Deleuze lassen die virtuelle Wirklichkeit, wie zu zeigen sein wird, mit primären (Selbst-)Affizierungen der Zeit beginnen und suchen eine grundlegende Sinnlichkeitsvielfalt zu konzipieren, die aus sich heraus andere menschliche Vermögen generieren und unbeendbare Differenzierungsprozesse ermöglichen kann. Aus diesen hervorgegangen, wird eine ästhetische Praxis dann ethisch, wenn sie ihr Gefüge als in sich bewegliches, offenes, weiteraffizierbares und metamorphotisches anlegt, sich in immanenten Auswahl- und Intensivierungsvorgängen transformiert und auf diese Weise zu besonderen Problemkonturierungen gelangt. Da derartige ästhetische Praktiken vielfältige Sprecher und Miniagenten haben,

LEIKO IKEMURA

What Moves Us and What Can We Move? Fukushima and the Consequences

We were all shocked by what happened in northern Japan a year ago. As a consequence of the Fukushima catastrophe, we are suddenly faced by the reverse aspect of prosperity and civilization. We have arrived at a point where we need to think about how we treat our environment, both politically and privately. But time passes and our memories of the events continue to pale. Everyday life returns and the next catastrophes take over from previous ones. The media show the most spectacular of current events as if they were addicted to catastrophes. In the meantime, however, the problem has not been solved: comprehensive information and transparency are still missing, even today. But although people's concern and shock pass, they leave obvious traces behind. Anger and self-criticism regarding our previous handling of nuclear energy are on the increase.

11.03.2011 | When the earthquakes of historic force occurred in Japan, I was busy meeting with the curators of the National Museum of Modern Art Tokyo in Berlin. We followed the events on the Internet but continued to work in a disciplined manner – it was immediately clear to us that something very

serious was happening over there. We followed the news daily and the images were as overwhelming as those of September 11, 2001. The apocalyptic situation gave me a sense that my work in the studio had suddenly become absurd. Soon, I also felt a need to help the victims. Art and aesthetics lost their previous importance, but they also triggered questions.

Impulse | After the first impulse to help those suffering immediately, I realised that it is not enough to organise a charity event. Instead, I tried to conceive an exhibition with content that would make a symbolic stand and also stimulate thought via art. The exhibition was not devised thematically, but understood as an action. I thought about what possible reactions there could be for an artist in particular or a person in general facing such an urgent situation. The first conceivable option – a deeply felt solidarity and empathy across nations – became the force behind the action.

Art does not need to illustrate political themes in order to be political. Precise observation and action – authentic and aesthetic – can also be political. But what can be done when we face oblivion on all sides?

Breaking News | Despite great sympathy, my tireless attempts to win over various institutions for this exhibition did not immediately lead to concrete realisation. Ultimately, I was very fortunate to receive support from Gabriele Horn, director of the KW Institute for Contemporary Art in Berlin. She saw the

Das Ethos, das die Kunst in den philosophischen Reflexionen der Moderne zugesprochen erhält, leitet sich ebenfalls aus ihrem Verhältnis zu Sinnlichkeit, Wahrnehmung und Denken und nicht aus künstlerischen Normsetzungen her. Ethisch erscheint sie nicht nur, wenn sie sich gewissen politisch korrekten Grundsätzen unterstellt, das heißt, als gut anerkannte Zwecke verfolgt – etwa als Ökokunst mittels gestalterischer Intervention umweltliche Bedingungen zum Guten des Menschen oder des Globus modifiziert. Als radikaler ethisch wird sie begriffen, wenn sie gängige Ausdrucksmuster hinterfragt, Darstellungskonventionen unterläuft, überkommene symbolische Ordnungen dekonstruiert, dabei ein Wissen um das Nicht-Artikulierbare performiert und die Vielfalt des Empfindens, Wahrnehmens und Denkens vermehrt.

Im phänomenologischen und poststrukturalistischen Denken erscheint sie erst dann ethisch, wenn sie ihre Weise der (Selbst-)Begründung, ihre zeitliche Vorgängigkeit und grundlegende Erschlossenheit wie den Prozess der Erschließung ins Werk setzt und

urgency and necessity of reacting to the emergency. She interrupted her sequence of planned exhibitions and offered me the chance to realise an improvised show. In order to underline this, she gave the exhibition the title: *Breaking News. Fukushima and the Consequences.* My starting point for the development of an exhibition concept was to see Fukushima as a caesura. At the same time, I wanted to highlight the fact that it was a symptom, the origins of which could be found in Hiroshima and Nagasaki. Those events, which have never been worked through emotionally in Japan, are a wound that should be reexamined. How can people ignore what happened at that time? The irrational thing is that we continue to use and develop nuclear energy, although we know full well that it can have catastrophic consequences. Worse than that: the Japanese themselves did not see the dropping of atomic bombs – viewed as an experiment – critically, but accepted it as they would a natural catastrophe. And, for the sake of so-called progress, they have also accepted the use of nuclear energy.

The technology developed by mankind, as well as our treatment of nature, calls for responsible actions. This is no longer a topic restricted to individual countries – on the contrary, in the name of progress and prosperity people all over the world have been exploiting natural resources. Ultra-capitalism knows no bounds. The fatal cycle repeatedly shows us the extent to which all

einfordern, sehen sie in bestimmten philosophischen Denkhaltungen und in bestimmten Werken der Kunst eingelöst.

Philosophische Ästhetik befasst sich seit ihrer wissenschaftlichen Begründung in Alexander G. Baumgartens *Aesthetica* (Baumgarten 2007) um 1752 nicht nur mit Theorien der Kunst, sondern mit der Konstitution der „unteren" Vermögen beziehungsweise einer „Logik des Sinnlichen". Obwohl sie sich nicht explizit in ein Verhältnis zum Ethischen setzt, lässt sich in der Beachtung und Aufwertung der unteren Vermögen bereits ein ethischer Zug erkennen, insofern sie alle menschlichen Vermögen gleichrangig zu behandeln und deshalb die herkömmliche Höherschätzung der Vernunftlogik durch theoretische Gewichtung der sinnlichen Logik zu kompensieren sucht. Baumgarten gelingt es indes nicht, das Sinnliche aus sich heraus zu begründen oder gar als Voraussetzung anderer Vermögen darzulegen. Er lässt es vielmehr im Stil seiner Zeit aus dem „angeborenen ästhetischen Temperament" (Baumgarten 2007:44) und der Verfassung „höchster ästhetischer Grossmut" (Baumgarten 2007:394) des Künstlers hervorgehen.

living beings are threatened by extinction – in this case by an invisible radiation that people refuse to be aware of.

Re-, Post-, and Pre-THINKING | There is a close link between feeling, thinking, and acting. When something moves us strongly emotionally, it motivates us to act and thus set something in motion. Even just an awareness of crisis can be challenging. It is all about rethinking matters of ecology and energy in an age of aesthetic and moral contamination. This includes using light that wastes electric current, but equally the enormous production for our immeasurable consumerism, or our emphasis on speed as the pinnacle of efficiency. Collectively experienced negative events like wars or natural catastrophes leave behind traumata that need to be dealt with. For this reason, I wanted to highlight the desolate feelings of the post-war period arising from the events in Hiroshima/Nagasaki, as well as subsequent drastic contemporary documents, which seem like a dark presentiment of the Fukushima catastrophe in their turn. The ethical/aesthetic impact of art can galvanise people either directly or indirectly. At the same time, it was important for me to point out that

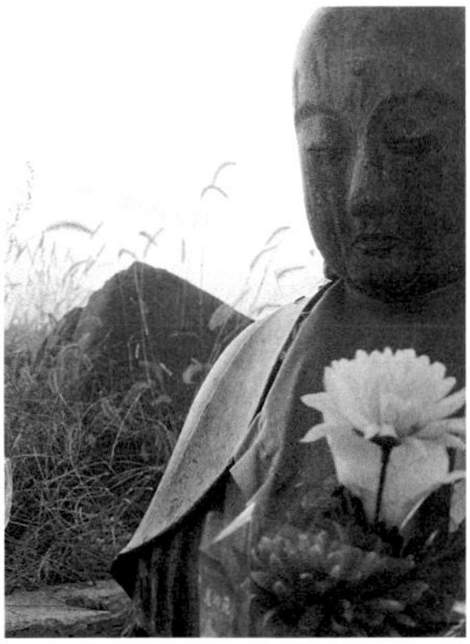

MICHAELA OTT

Ästhetik und Ethik in Philosophie und Kunst

Die Philosophie der Phänomenologie und des Poststrukturalismus leben bekanntlich von dem Impuls, unsere medial vermittelte, durch instrumentelle Vernunftpraxis, Bild- und Spracheinsätze und eingeübte Kulturtechniken geregelte und plausibilisierte Welt denkerisch zu durchdringen, und zwar auf Fragen der Genese des Bewusstseins und der menschlichen Sinnlichkeit hin, ja solche des (un)möglichen Anfangs alles Seienden überhaupt. Mit ihrem Anspruch, grundlegend zu denken und die Erschließung von Welt aus unseren sinnlich-denkerischen Vollzügen selbst herzuleiten, beabsichtigen sie keine soziologisch-historische Analyse unserer Existenz, sondern die begriffliche und diskursive Entfaltung dessen, auf das wir uns beziehen oder das wir freilegen müssen, wenn wir den Sinn der Existenz nicht verfehlen wollen. Das Sinnlich-Sinnhafte erfährt in diesen Reflexionen daher besondere Beachtung. Das Ethos, das sie für erfüllte Lebensvollzüge

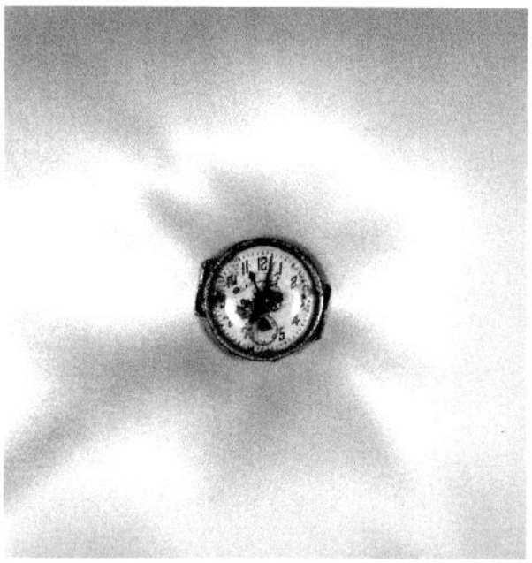

the philosophically/artistically thinking and perceiving human being is able to anticipate things intuitively. We suddenly discover things that were concealed before, and our altered, intensified outlook is ready to perceive individual aspects as an entirety.

Selection of Artists and Criteria | Tomei Shomatsu's photos are magnificent, crystalline images of injured surfaces, powered by a vital will to survive. He does not document moments; he creates a new reality that we have not experienced in this form before. His perspective shows an awareness of possible complete destruction. The clock found in Nagasaki is a symbol of this. The two post-war photographers Daido Moriyama and Yutaka Takanashi are equally sharp observers who felt their way towards the existential despair of the post-war period in Japan. The coastal landscape image by Takanashi suggests the dark side of the country's modernisation, which forced compromises. Boris Michailov's photography reveals the loneliness of homeless people; it is something that is actually universal but presents a current problem in Japan as a consequence of the catastrophe. His perspective eradicates the distance between the photographer and the subject:

the former becomes one with whatever he photographs. I feel that his images represent the absence of humanity in a desolate civilization. Suddenly, everyone could become a refugee. It is strange that photography was the medium with which artists could convey their reaction more directly and rapidly in this context. The directness of the artists' reactions and their impact was striking in this crisis situation. Jun Kaneko left Japan in the nineteen-sixties, moving to live in the USA, where he has worked as a sculptor for a long time. The material of most of his work is clay. His motifs – a spectrum from circles to lines – are primordial forms with a characteristic, elementary formal language that always recalls the power of the archaic. His brush and ink drawings reflect this same attitude. The black circle dissolving into darkness suggests destruction.

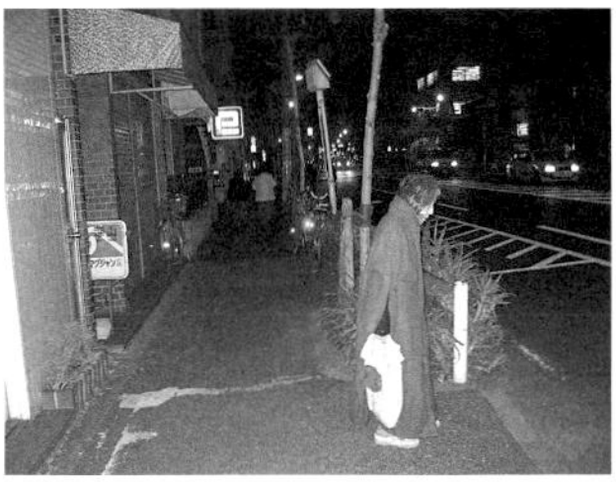

I have found inspiration in the sensitive photos by Donata Wenders, who has known Japan "from the inside" for some time now, adopting the Japanese culture's themes of subtlety and transience in her works. She captures the world at its most fragile moments. Wim Wenders has also visited Japan frequently and had an opportunity to photograph a Buddha figure concealed behind closed doors. He captured the wooden sculpture from the Edo period

ders.: Werke, hg. v. L. Bellermann, Bd. 7: Philosophische Schriften, 2. durchgesehene u. erläuterte Aufl., Leipzig: Bibliographisches Institut o.J., S. 251–392 |
Wittgenstein, Ludwig (1921): „Tractatus logico-philosophicus", in: ders.: Schriften. 4.–6. Tsd., Frankfurt a. M.: Suhrkamp 1963, S. 9–83

in mysterious silence. Its innermost gaze is directed at us; its absolute presence and simultaneous absolute absence show us stringency and salvation. The spiritual aspect of Wenders' work was an important component of the exhibition. Yoko Ono sent us the words "imagine peace" on a postcard. They were part of her Peace Action. Rosemarie Trockel's ceramic sculpture was the only plastic work in the exhibition. The crystalline form covered in a glaze reminiscent of platinum suggests a seed-like, primordial form. Its glow and enigmatic, abstract quality light up the whole space. The painting-object by Katharina Grosse resembles a fallen angel's pair of wings. This sprayed object took possession of its own reality within the exhibition, in contrast to the surrounding photographs that reproduced reality. By repeating its dot, Curtis Anderson reworked the Japanese flag symbolically, as a negative form. The flag was thus given an iconography of reversal – one might also call it injured identification. Stefanie Stein's inkjet work also goes into the catastrophic situation at the time. She adopted elements from news photos and developed them into a collage-commentary. The events of Fukushima influenced us to such an extent that we could see and understand the artworks in a different context. For example, Boris Michailov took his photos before the catastrophe in Japan – but we see them with a different level of consternation now – this is also true of those taken by Yutaka Takanashi.

senschaft, Stuttgart/Weimar: Metzler, S. 215–218 | Leschke, Rainer (2002): „Von der Medienethik zur Analyse normativer Muster der Medienproduktion", in: Gebhard Rusch (Hg.): Einführung in die Medienwissenschaft. Konzeptionen, Theorien, Methoden, Anwendungen. Wiesbaden: Westdt. Verl., S. 208–226 | Leschke, Rainer (2003): „Vom Nutzen und Nachteil der Medienethik. Plädoyer für die metaethische Analyse", in: Bernhard Debatin/Rüdiger Funiok (Hg.): Kommunikations- und Medienethik. Grundlagen – Ansätze – Anwendungen. Konstanz: UVK, S. 51–63 | Leschke, Rainer (2007): „Von den Regeln der Medienmoral. Zur Pragmatik des Ethischen in den Medien", in: LiLi 37. Jg., H. 146, S. 91–103 | Leschke, Rainer (2009): „Von der Moral der Texte und Medien. Reflexionen zu den Bedingungen von Normativität in Kunst- und Mediensystemen", in: Christine Lubkoll/Oda Wischmeyer (Hg.): ‚Ethical Turn'? Geisteswissenschaften in neuer Verantwortung, München: Fink, S. 79–99 | Lessing, Gotthold E. (1766): „Laokoon. Oder Über die Grenzen der Malerei und Poesie", in: ders: Werke in fünf Bänden, Bd. 3, 5. Aufl., Berlin/Weimar: Aufbau 1965, S. 161–332 | Luhmann, Niklas (1993): „Ethik als Reflexionstheorie der Moral", in: ders: Gesellschaftsstruktur und Semantik. Studien zur Wissenssoziologie der modernen Gesellschaft, Bd. 3, Frankfurt a. M.: Suhrkamp, S. 358–447 | Luhmann, Niklas (1990): Paradigm lost: Über die ethische Reflexion der Moral, Frankfurt a. M.: Suhrkamp | Nietzsche, Friedrich (1889): „Götzen-Dämmerung. Oder Wie man mit dem Hammer philosophiert", in: ders.: Werke Bd. 2, hg. von V. K. Schlechta, 6. durchgesehene Aufl., München: Hanser 1969, S. 939–1033 | Schiller, Friedrich (1784): „Was kann eine gute stehende Schaubühne eigentlich wirken?", in: ders: Schillers Werke. Nationalausgabe. 20. Bd. Philosophische Schriften, 1.Teil, unveränd. fotomechan. Nachdr. [der Ausg.], Weimar: Böhlau 1962, S. 86–100 | Schiller, Friedrich (1795): „Über die ästhetische Erziehung des Menschen, in einer Reihe von Briefen", in:

Space and Light | Philipp von Matt and I designed the exhibition space as a whole. Our intention was to enable concentration. The inside of the windows was painted with buttermilk, so that only dim light could fall into the room. The walls were painted with an adobe colour.

Interaction | A book was placed in the exhibition space, and every visitor could contribute to the exhibition by writing in it. Artists who did not participate in the exhibition could send us documents referring to it in retrospect. I hope to realise a modest publication using these materials as documentation. Despite the agreement of some architects we had invited to a discussion, unfortunately no collaboration with them came about. It would have been possible to work on themes ranging from power supplies to awareness of materials and autonomous, self-sufficient provision for every household, and the question of what a house is actually capable of achieving as an organism. Such cooperation with architects is still an interesting prospect, which definitely ought to be realised.

To Combat Forgetfulness | Art often refers to art itself; and generally we forget that art is often, and directly concerned with the *here and now* and its current surroundings. On the one hand, the language of art is autonomous and timeless; on the other hand, it is a contemporary witness. It is perhaps rare for art to contribute directly to the solution of conflicts. But

7 Auf diese dramaturgischen Konditionen reflektiert auch Nietzsche, wenn er auf die normative Validität der Tragödie zu sprechen kommt: „Was teilt der tragische Künstler von sich mit! Ist es nicht gerade der Zustand ohne Furcht vor dem Furchtbaren und Fragwürdigen, das er zeigt? – Dieser Zustand selbst ist eine hohe Wünschbarkeit; wer ihn kennt, ehrt ihn mit den höchsten Ehren. Er teilt ihn mit, er muß ihn mitteilen, vorausgesetzt daß er ein Künstler ist, ein Genie der Mitteilung. Die Tapferkeit und Freiheit des Gefühls vor einem mächtigen Feinde, vor einem erhabnen Ungemach, vor einem Problem, das Grauen erweckt – dieser siegreiche Zustand ist es, den der tragische Künstler auswählt, den er verherrlicht. Vor der Tragödie feiert das Kriegerische in unsrer Seele seine Saturnalien; wer Leid gewohnt ist, wer Leid aufsucht, der heroische Mensch preist mit der Tragödie sein Dasein – ihm allein kredenzt der Tragiker den Trunk dieser süßesten Grausamkeit." (Nietzsche 1889:1005)

Literatur: Adorno, Theodor W. (1967): „Keine Würdigung", in: ders.: Gesammelte Schriften. Band 20: Vermischte Schriften I/II, Frankfurt a.M.: Suhrkamp, S. 503–504. | Brecht, Bertolt (1928): „Die Dreigroschenoper", in: ders: Gesammelte Werke in 20 Bänden, Bd. 2, 133.–137. Tsd. Frankfurt a. M.: Suhrkamp 1990 | Dilthey, Wilhelm (1883): „Einleitung in die Geisteswissenschaften. Versuch einer Grundlegung für das Studium der Gesellschaft und Geschichte", in: ders.: Gesammelte Schriften Bd. 1, Göttingen: Vandenhoeck & Ruprecht 2006 | Horkheimer, Max (1933): „Materialismus und Moral", in: ders.: Kritische Theorie. Eine Dokumentation, hg. v. Alfred Schmidt, Bd. 1, 2. Aufl., Frankfurt a. M.: Fischer 1968 | Kant, Immanuel (1790): Kritik der Urteilskraft. Werkausgabe Bd. X, hg. v. W. Weischedel, 4. Aufl., Frankfurt a.M.: Fischer 1979 | Leschke, Rainer (2001): Einführung in die Medienethik. München: Fink | Leschke, Rainer (2002): „Medienethik", in: Helmut Schanze (Hg.): Metzler Lexikon Medientheorie/Medienwis-

perception of the urgency of events and a concern for aesthetic issues seem to me to be key components of the artistic. The political aspect of art is not a party statement but the disclosure of conflicts or elements impacting on our inner lives. I hope that the fragility of our being will find an expression in art.

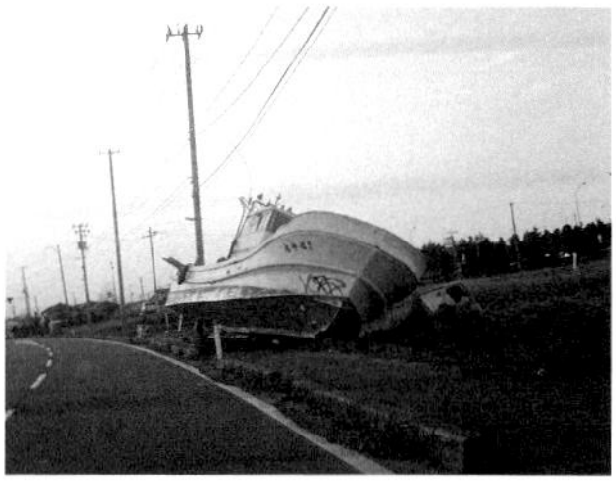

Seven Months after the Event | On November 1, 2011, I was in the Sendai region and visited the site of the tsunami flooding. Although I am critical of the voyeuristic behaviour of some journalists, it was important for me to view the area. The towns are quite well restored already, so that externally very little is noticeable now. But the area beside the sea is still very badly destroyed and no one has returned to the site since the cleanup activities. The landscape near Fukushima, which is ghostly due to the absence of people, made me wistful: I visualised the fact that people had once lived here; people who were not only surprised by a tsunami but also by something invisible – radiation. Transience is an aspect in the life of Japan – a country where eternity consists in the repetition of living and dying. But it is painful that this – the worst conceivable accident in a nuclear power station – could not have been prevented. The destruction

Status ist ob der Klammern, in die er gesetzt ist, alles andere als zweifelsfrei. Ganz unabhängig davon, dass Wittgensteins Äußerungen zur Ästhetik – etwa in den Vorlesungen zur Ästhetik – ebenso rudimentär wie unergiebig und uninspiriert sind, wird der Schulterschluss, zu dem Ethik und Ästhetik hier genötigt werden, vor dem Hintergrund der Wertproblematik gemacht. „Wenn es einen Wert gibt, der Wert hat, so muß er außerhalb alles Geschehens und So-Seins liegen." (Wittgenstein 1921:80 (6.41)) Diese aus der Perspektive der Ethik gedachte und ästhetisch allenfalls angedeutete Wertfrage, die mit ziemlich viel Schaum daher kommt „Der Sinn der Welt muß außerhalb ihrer liegen." (Wittgenstein 1921:80 (6.41)) und ethisch weitergeführt wird, gilt in der Tat für beide. **5** Interessant ist, dass Dilthey den systematischen Gegensatz von ästhetischer Polyvalenz und normativer Eindeutigkeit in seiner wissenschaftstheoretischen Reflexion weitgehend verdrängt. Offenbar sind normative Mehrdeutigkeiten für das Wilhelminische Bürgertum per se undenkbar. Und nur so können dann Kunst und Moral in derselben Klasse zusammenkommen: „Und innerhalb einer jeden dieser Klassen besteht dasselbe Verhältnis, oder wie könnten die Wahrheiten der Wissenschaft der Ästhetik ohne die Beziehung zu denen der Moral wie zu denen der Religion entwickelt werden, da doch der Ursprung der Kunst, die Tatsache des Ideals, in diesen lebendigen Zusammenhang zurückweist?" (Dilthey 1883:48) **6** Dass Ethik genau solche Kriterien aus guten, weil systematischen Gründen nicht liefern kann, macht Horkheimer deutlich: „Verbindliche moralische Gebote bestehen nicht. Der Materialismus findet keine die Menschen transzendierende Instanz, die zwischen Hilfsbereitschaft und Profitgier, Güte und Grausamkeit, Habgier und Selbsthingabe unterschiede. Auch die Logik bleibt stumm, sie erkennt der moralischen Gesinnung keinen Vorrang zu." (Horkheimer 1933:93) Insofern operiert Moral mit Behauptungen, die sie grundsätzlich nicht einlösen kann, was ihren Status zusätzlich prekär werden lässt.

almost resembled that of a war, and worse than that: the survivors are exposed to radiation and uncertain consequences.

I could not stop myself taking photographs, as this world and its phenomena forced themselves upon me so urgently – especially that invisible threat combined with the unbridled force of nature that aims for catharsis through catastrophes. I took photos that reveal destruction and a new beginning – not the catastrophes as such, but their traces. They are almost surreal images, since the full syntax of their contexts has been lost; like what we see, for example, when a big ship is stranded on a road meant for automobiles. The poetry is naked, unsentimental and threatening.

The Exhibition in the National Museum of Modern Art Tokyo | As I mentioned already, these changes in my emotional life came unexpectedly. The significance of my work at that time, directed towards setting up a museum exhibition, was relativised – but it gained fresh importance later on. I could only demonstrate an immediate reaction in my work in the form of texts and actions. The inner transformation came about after a delay; some time had to pass before I could internalise things.

Continuity and inner coherence in my artistic development were the criteria for the exhibition, which was initially conceived as a retrospective. But it seemed more important to the curators, and to me, to accentuate the pre-

denn es wäre an der Kunst dann ohnehin nichts mehr zu retten, und Künstler beschränkten sich fortan auf das, was Nietzsche ihnen seit jeher schon unterstellt, nämlich „Genie[s] der Mitteilung" (Nietzsche 1889:1005) von was auch immer zu sein.

Anmerkungen: 1 „Nun sage ich: das Schöne ist das Symbol des Sittlichguten; und auch nur in dieser Rücksicht (einer Beziehung, die Jedermann natürlich ist, und die auch jedermann andern als Pflicht zumutet) gefällt es, mit einem Ansprüche auf jedes andern Beistimmung, wobei sich das Gemüt zugleich einer gewissen Veredlung und Erhebung über die bloße Empfänglichkeit einer Lust durch Sinneneindrücke bewußt ist, und anderer Wert auch nach einer ähnlichen Maxime ihrer Urteilskraft schätzet." (Kant 1790:297) **2** „Angesichts dieser Sachlage ist es die vielleicht vordringlichste Aufgabe der Ethik, vor Moral zu warnen." (Luhmann 1990:41) **3** „Kühne überhangende gleichsam drohende Felsen, am Himmel sich auftürmende Donnerwolken, mit Blitzen und Krachen einherziehend, Vulkane in ihrer ganzen zerstörenden Gewalt, Orkane mit ihrer zurückgelassenen Verwüstung, der grenzenlose Ozean, in Empörung gesetzt, ein hoher Wasserfall eines mächtigen Flusses u.d.gl. machen unser Vermögen zu widerstehen in Vergleichung mit ihrer Macht, zur unbedeutenden Kleinigkeit. Aber ihr Anblick wird nur um desto anziehender, je furchtbarer er ist, wenn wir uns nur in Sicherheit befinden; und wir nennen diese Gegenstände gern erhaben, weil sie die Seelenstärke über ihr gewöhnliches Mittelmaß erhöhen, und ein Vermögen zu widerstehen von ganz anderer Art in uns entdecken lassen, welches uns Mut macht, uns mit der scheinbaren Allgewalt der Natur messen zu können." (Kant 1790:185) **4** Dieser vergleichsweise häufig zitierte Satz sagt genauso wenig über die Ästhetik wie über die Ethik aus und sein eigener

sent rather than conceive the course of time as a linear process. The title *Transfiguration* reflects this idea of change, which became a motor to creativity – the force of the event, which renews. In this context, ethical issues represent a thread that runs through my works. In my view, bringing ethics and aesthetics into harmony is an extremely subtle matter. I do not want to employ aesthetics as attractive packaging for difficult content; instead, I intend the strong content to reveal itself as an aesthetic aspect in its realisation. In my creative work, I repeatedly illuminate the *conditio humana* together with its holistic character. And so the exhibition began with my most recent landscape images, which show mountains meeting sharply with the sea. It was as if a work of anticipation had occurred, after being frozen in shock, as it were, following the events associated with the tsunami and Fukushima, I continued to work on these pictures. Even though it was undisputedly important to curate an exhibition about Fukushima, my own artwork made the necessity abruptly clear to me: I needed to go deeper into the subject, in a different way. As ever, painting seemed and seems to me the most suitable method, for it facilitates the transfer of such experiences into a different substrate; the transformation of social criticism into something individual and poetic.

ist. Vielmehr leistet ästhetische Komplexität moralischen Einfachheiten gegenüber fühlbaren Widerstand. Allenfalls vermittelt, also als Raum für normative Explorationen, kann die Kunst von normativem Interesse sein. All das, was bis jetzt ausgeführt worden ist, ging von einigen Voraussetzungen aus, von denen gar nicht so sicher ist, dass sie immer noch gelten. Nämlich denen, dass neue Kunst zumindest noch formästhetische Differenzen und damit gestalterisch neue Formen schafft; dass die Dynamik der Kunst sich an diesen Differenzen orientiert und sich damit unabhängig vom Kunstmarkt bewegt; und dass es noch andere Differenzen zum Mediensystem gibt als die, dass die Zahl der Zuschauer im Kunstsystem definitiv geringer ist, sie dafür aber besser zahlen – dass also das System autonomer Kunst in seinen wesentlichen Parametern noch besteht. Ob diese Voraussetzungen noch ernstlich Geltung beanspruchen können, muss jeder selbst entscheiden. Sollte man sich gezwungen sehen, das zu verneinen – und dafür gibt es durchaus gute Gründe –, dann wäre es letztlich auch egal. Dann könnte Kunst genauso gut moralisch sein,

len Amoralität nichts weniger als eine Überlebensfrage des Kunstsystems. Umgekehrt hat gerade das Mediensystem den Kunstvorbehalt, also die Tatsache, dass Kunst einen besonderen gesellschaftlichen Schutz genießt, nach Kräften ausgeschlachtet. Denn seit jeher sind dann, wenn Kunst im Spiel ist, Tabubrüche wohlfeil und nahezu ohne Risiko. Der Effekt, also das mit Tabubrüchen zu erzielende Aufmerksamkeitskapital, kann daher einigermaßen sorglos eingestrichen werden. Der Kunstverdacht sorgt so im Mediensystem für eine moralische Freifahrkarte, weil er normative Ächtung ausschließt. Das führt zu jener auffälligen Dichte krampfhafter Kunstsignale in normativ zweifelhaften Medienerzeugnissen. Auf Kunstmotive wird daher im Mediensystem nicht wegen ihrer ästhetischen Qualität, sondern einzig wegen ihrer Legitimationsleistung zurückgegriffen.

Bei allem Verständnis für das Gut-sein-Wollen – es mag vielleicht privat sinnvoll sein, in der Kunst ist es schlicht nicht angebracht. Kunst ist kein Ort für bigotte Gutmenschen, also jenen Verhaltenstyp, der in Politik und Religion offenbar ziemlich verbreitet

List of illustrations: pp. 177, 182: Views of a journey by Leiko Ikemura in Sendai, near Fukushima, Japan in October 2011. Photos by Leiko Ikemura | p. 178, 179: installation views, Breaking News. Fukushima and the consequences, Kunst-Werke Berlin, 2011. Photos by Philipp von Matt | p. 178: Tomei Shomatsu: Atomic Bomb Damage: Wristwatch Stopped at 11:02, August 9, 1945, 1961 | p. 179: Boris Mikhailov: Untitled (1), 2007, Courtesy Galerie Barbara Weiss, Berlin

schaften nahezu unbezahlbar ist. Mit diesem Aufmerksamkeitskapital honorieren Sozialsysteme offenbar die Kunst für ihre sozio-kulturellen Leistungen, und diese Entschädigung macht das Kunstsystem auch noch unter Konditionen wie denen der gegenwärtigen medialen Totalität überlebensfähig, die ihm ansonsten nicht sonderlich gnädig gesonnen sind. Die gesellschaftliche Leitfunktion hat ohnehin längst das Mediensystem übernommen; die Orientierungsleistung, die der Kunst einst von ihrem sozialen Träger, dem Bildungsbürgertum, zugesprochen wurde, musste sie damit abgeben. Einzig der kulturelle und normative Freiraum nebst seiner Skandalfähigkeit ist ihr geblieben, denn das Mediensystem kann sich allein schon ökonomisch Experimente nur leisten, wenn sie massenhafte Teilnahme versprechen – und dann sind es zweifellos keine Experimente mehr. Die moralische Schließung des Kunstsystems würde sie damit auf die normativen Reproduktionsschleifen des Mediensystems herunter transformieren, und dann stellt sich ernstlich die Frage, wozu es überhaupt noch einer Kunst bedarf. Insofern ist der Erhalt ihrer strukturel-

Sustainability. Possibilities of Design for the Future

DERRICK DE KERCKHOVE

The Ethics of the Aesthetics of Global Art

STEPHAN BOHLE

It's the Design, Stupid!

CÉSARE PEEREN

The Return of Objects

solchen Raum normativer Offenheit offenbar ein nicht unerheblicher Eigenwert beigemessen wird. Und nicht zuletzt wegen eines solchen Experimentierraums, so steht zu vermuten, leisten sich Sozialsysteme überhaupt Kunst. Dass verkrustete Wertesysteme dazu tendieren, kulturelle Entwicklungen eher zu behindern als zu fördern, gleichzeitig aber Sozialsysteme dringend auf Entwicklung angewiesen sind, bringt das Kunstsystem in Stellung. Insofern reduziert sich die Leistung des Kunstsystems nicht ausschließlich darauf, Sozialsystemen ästhetische Gestaltungsangebote zu machen, sondern eben auch Räume für die Applikation neuer normativer Standards bereitzustellen. Allerdings bietet Kunst keine normativen Lösungen, denn die müssen die Rezipienten sich noch immer selbst suchen. Wenn die Tabuverletzung sich solcherart als Kollateralschaden ästhetischer Produktion erweist, dann hat das durchaus auch auf das Kunstsystem Auswirkungen: Kunst genießt bei diesem Schleifen normativer Standards zwangsläufig öffentliche Aufmerksamkeit und wird damit mit einem Attraktionswert versehen, der in Mediengesell-

DERRICK DE KERCKHOVE

The Ethics of the Aesthetics of Global Art

"… after more than a century of electric technology, we have extended our central nervous system itself in a global embrace, abolishing both space and time as far as our planet is concerned. Rapidly, we approach the final phase of extensions of man – the technological simulation of consciousness, when creative processes of knowing will be collectively and corporately extended to the whole of human society, much as we have already extended our senses and our nerves by the various media." (Marshall McLuhan, *Understanding Media*)

Back to the Future | I will never forget how I felt when about fifteen years ago, I saw a real-time videoconference from Tokyo performed within the virtual simulation Art+Com had made of their office complex in Berlin. That was introduced by *Terravision*, the world navigating device that allowed one to zoom in from outer space (with a 3D mouse!) on a rather large globe and see the progressive enlargement of a satellite photograph of Berlin (or San Francisco, if you chose to) on a screen, as if you were about to land in the city. We virtually did since we could enter the simulated office. Through one of the virtual windows, you could see, in real-time the running hand of the hour on the broken bell tower of the famous *Gedächtniskirche* of Berlin Centre. I was a witness to the absolutely coherent and unquestionably useful association of the real – or the actual as Pierre Lévy would prefer – and the virtual; a true

die Kunst zu moralisieren, denn das verkürzte ihre Lebensfähigkeit und ihre soziale Leistung enorm. Wenn Kunst mittels ihrer prinzipiellen normativen Offenheit einen Raum für das öffentliche Ausprobieren von Sinn- und Wertsetzungen bietet und wenn darin eine ihrer zentralen sozio-kulturellen Aufgaben liegt, dann käme die Schließung dieses Raums durch einseitige moralische Stellungnahmen einer Verweigerung dieser kulturellen Funktion gleich. Das jedoch könnte Kunst sich kaum ernstlich leisten, geriete damit doch zugleich ihre gesellschaftliche Legitimation in Gefahr. Der Sonderstatus, den autonome Kunst seit ihrem Bestehen für sich reklamieren kann, nimmt sie genau von jenen moralischen Zwängen aus, denen ansonsten nahezu alles andere in Gesellschaften unterliegt. Der Kunstverdacht suspendiert bereits traditionell von beinahe jeglicher normativen Rücksichtnahme. Der Kunst sind moralische Verstöße, die jeden anderen in ernstliche Schwierigkeiten brächten, nicht nur erlaubt, sondern geradezu geboten. Die Tabuverletzung wird damit als eine immanente Notwendigkeit des Kunstsystems akzeptiert, weil einem

and visible moment of "augmented reality" as it would later be ratified by general usage. To the limpid vision of the future, was added for me the emotion generated by this superb installation. The globalness of the piece invited, at least from me, something akin to the "emotion of multitude", a phrase used by the poet W.B. Yeats to describe how we feel when we associate and identify with very large numbers of anonymous people and indistinct places. In retrospect, I see that *Terravision* was a determining moment in global art.

Global Art | The concept of *Global Art* follows the global spread of human interactions, in particular those connected to virtual exchanges. It is a reflection of ubiquitous man who lives in and off real time negotiations that need neither territory nor materiality. That said, ubiquitous man takes part in a very real society, grounded in a territory that he has decided to privilege. And it is located in a "principal residence", a given place on the Earth. However, we belong to those other spaces where we are not, but we do share, exchange, create a symbolic space that we occupy. What influence could this ever more common situation have on art and on the representation we have of the world? Does this integration in globalisation via networks have an artistic expression of a new genre? What new practices uncovered and cleared by artists are exported in the general public or in the industry? *Global Art* is a category – or a branch – of the arts that one can better understand as an extension of what we know and recognise as "public art". This is art that is addressed to the general public of a city and is usually, but not exclusively, presented

teme miteinander zu tun. In der Postmoderne herrscht so etwas wie ein latenter normativer Bürgerkrieg, der nur dürftig von einem Set als gemeinsam deklarierter, aber längst nicht von allen geteilter elementarer Werte kaschiert wird. Allein schon diese Situation, also eine Konstellation unversöhnlich konkurrierender Normensysteme, liefert für das Kunstsystem einen weiteren Anlass, normativ äußerst zurückhaltend zu agieren. Denn wenn die Kunst sich normativ entscheiden und ihre Polyvalenz aufgeben sollte, dann müsste sie zwangsläufig auf eine dieser Gruppen und deren Moral setzen und bliebe dann auf Gedeih und Verderb eben dieser Gruppe verbunden. Während in traditionellen Sozialsystemen mit einer vergleichsweise überschaubaren normativen Situation solche Spekulationen auf einen normativen Mehrwert etwa in religiöser Kunst noch einigermaßen aussichtsreich gewesen sein mögen, würde sich gegenwärtig derart moralisch aufgerüstete Kunst mit ziemlich geringen Halbwertszeiten zufrieden geben müssen, was für ein auf Langfristigkeit angelegtes System wie die Kunst ziemlich fatal wäre. Es spricht also nicht viel dafür,

outdoors. From its beginnings in Greco-Roman cultures, public art, architecture, and urban design have defined the space of the city. They have served to anchor this spatial unity in the concept of the city itself and projected this same unifying bias in the way people represent their city to themselves. Public art is the figure that points to the urban ground. In *Global Art*, the scale is new. It is the scale of the planet itself that provides the new ground, not that of the city. What is this new ground? It has been made apparent by satellites as McLuhan observed. It is a huge ecosystem with a struggling humanity self-organising painfully towards unification. It is experienced physically and intellectually. It is represented and technologised through and through. Or, to those who would argue that art, even public, doesn't define a space or need to, I would answer that the effect, if not the purpose of global art is precisely to define that particular kind of space, a global one.

A Global Sensibility | The global sensibility is both a feeling for the Earth and its humanity in any one of us, and a sense of the emergent zeitgeist. It is an ambient feeling, often unspoken, of the basic unity of the Earth, a common ground for localised differences. A global sensibility could and probably often does begin with an ecological awareness, accompanied by a feeling for the beauty and the fragility of the ecosystem. This feeling is often reported by people who enjoy frequent exposure to the countryside, sea, or mountains – that is, settings other than urban ones. It could also begin with the vision of the Earth as it can be made to appear on television or on-line.

grundlegend angeschlagen. Moral funktioniert unter pluralistischen Konditionen nur als domestizierte. So leidet Moral in der Postmoderne darunter, dass sie sich stets handzahm geben muss, ihr strukturelles Verlangen nach Universalität sich jedoch kaum unterdrücken lässt. Hinzu kommt, dass Wertesysteme immer auch machtcodiert sind und der zurückgehaltene Universalitätsanspruch somit auch einen Machtverzicht bedeutet. Gelänge es nämlich, ein einziges Wertkonzept kulturell durchzusetzen, dann müsste eben auch der Machtanspruch kaum mehr gezügelt und die Macht nicht mehr geteilt werden. Nun ist das unter postmodernen Konditionen sicher nicht der Fall. Für jedes Wertkonzept ist eine kaum weniger attraktive Alternative zur Hand, ja es gibt nahezu so viele Normensysteme, wie es gesellschaftliche Gruppen mit eigener Identität gibt. Wenn also sämtliche gesellschaftlichen Gruppen über identifizierbare moralische Wertesysteme verfügen, die sich in postmodernen Sozialsystemen bestenfalls gelegentlich und dann keineswegs in einem Punkt überschneiden, dann hat man es mit der permanenten Auseinandersetzung aller Wertesys-

When they were contemplating the Earth for the first time from their spaceship, the first visitors to the Moon expressed their intense emotion, a feeling of deep belonging, perhaps even love, or at the very least the dominant impression of the fundamental unity of the planet. The astronomer Fred Hoyle said: "Once a photograph of the Earth, taken from outside is available, a new idea powerful like no other in history, will arise." Likewise, it is not without emotion that I see, for the nth time, the satellite vision of the Earth at night displaying the objective and actual distribution of electrical illumination on the planet.[1] It is worth noting that electricity itself is a strong representation of unity. And even at a subconscious level, that image can continue to work on the way we develop a feeling for the blue planet.[2]

On the human side, there is a site on line, called worldclock,[3] which underlines very strongly this sense of unity, by listing statistics of every imaginable kind. All of these stats are based, of course, not on direct sensing but of averaging the real numbers to give a maximum approximation to exactitude. It is one way to make one "feel" the planet. It offers the emotion of multitude. There are already many works of art and installations that operate at that scale. When one brings them together, something akin to a global sensibility emerges. The effect of *Global Art* is to expand our sensibility from that which is attuned to our immediate surroundings, to one that includes the planet as a whole. The global sensibility can perceive the Earth as the new body, the new sensorial environment with endless new possibilities, the new ground of society and social

rens notwendig mit Werten aufgefüllt werden muss. Kunst ist eine Art Lückentext der Moral: Vollständig sind die Texte erst mit moralischem Ballast, transportiert jedoch werden sie erheblich leichter ohne das moralische Beiwerk. Dabei gilt es zu bedenken, dass nahezu jede Moral als ein solcher Ballast zu dienen vermag.

Und dass beinahe jede Moral möglich ist, ist keineswegs nur ein Zeichen der Kunst, sondern genauso gut auch der gegenwärtigen Zeitlage: Die Zeiten einigermaßen homogener Wertkonstellationen in Sozialsystemen sind, sofern keine fundamentalistischen Interventionen ins Haus stehen, weitgehend vorbei. Stattdessen zeichnen sich moderne Sozialsysteme durch eine Art Wertpluralismus aus. So wird man vermutlich auf jedem Quadratkilometer einer mitteleuropäischen Großstadt alle nur denkbaren Wertkonstellationen und Konfessionen dicht beieinander finden. Insofern sind nicht nur Gesellschaften, sondern selbst die Quartiere nicht mehr sauber normativ sortiert. Moralische Irritationen durch alternative Wertesysteme sind daher der Normalfall. Eine Moral jedoch, der so entschieden ihre Limitiertheit vorgehalten wird, ist

behavior, the new image for self-recognition, the new object and subject of responsibility.

The Global Artwork is not necessarily conceived in a literal way but rather as a simulation of the kind of representations one could include in one's imagination and mental schemas concerning the Earth. The complexity of the subject of the Earth requires an infinity of strategies to represent it in science. So it is in art. *Global Art* has been around for a long time, but few, if anybody took notice. A great many artists, whether deliberately or not, have been addressing the planet, and especially its occupants, as a whole. They have been presenting or featuring the Earth, not only as a backdrop, but also as a presence for all to experience. The category is new but the practice goes back several decades and coincides with the developments of electricity and the first network technologies. Initially, it is mainly related to communication arts. For example: 1914: F.T. Marinetti uses a telephone in a pre-multimedia performance at the Doré Gallery, London. | 1922: László Moholy-Nagy produces his *Telephone Paintings*. | 1963: Nam June Paik begins a life-long association with global art by launching his *Electronic Television*. | 1973: Although some might prefer to put Elvis Presley in a different category of art altogether, one could claim as a global art the performance his *Aloha from Hawaii*, the first music concert broadcast live via satellite around the world. | 1976: With the support of the Contemporary Arts Museum in Houston, Douglas Davis performs *Seven Thoughts* in the empty Houston Astrodome. | 1977: Joseph Beuys, Nam June Paik, and Douglas Davis perform live

Frauenversteher und Dichter der weiblichen Emanzipation, zum realistischen Chronisten, der gerade auch die soziale Unterdrückung der wilhelminischen Gesellschaft beherzt geißelt. Und der furchtsame Hölderlin macht ebenso als Patriot in prominenten Tornistern des Ersten Weltkriegs Karriere, wie er in der Folge der Studentenbewegung zum Linksjakobiner mutiert. Derartige normative Schwenks und Umcodierungen um 180 Grad sind keineswegs rar und beileibe kein Zeichen mäßiger Kunst, eher im Gegenteil: Den Artefakten gelingt es offenbar nicht selten, sich von den teilweise durchaus beschränkten moralischen Horizonten ihrer Erzeuger zu emanzipieren.

Kunst hält Werte gewissermaßen in Bewegung: Sie reproduziert dabei Werte nicht zuletzt in ihrer Rezeption, denn jegliche Sinnzuweisung enthält eben nicht nur Sinn, sondern mit ihm zugleich auch Moral. Dabei bietet Kunst gerade auch neuen Werten eine Folie, das heißt einen kulturellen Ort der Einschreibung. Kunstwerke sind damit jeweils eine Textur, die zwar selbst über keine eindeutigen Werte verfügt, die aber im Prozess ihres Funktionie-

at *Documenta 6* and are broadcast by West German TV to many countries, including the USSR.

With the *Satellite Arts Project* (1977), Kit Galloway and Sherrie Rabinowitz inaugurated the use of videoconferencing in art, bringing dancers to perform together via quasi real-time retransmission across the Atlantic.[4] They repeated the experience with *Hole in Space* (1980), a very poetic videoconferencing installation joining two streets in New York and San Francisco, allowing passersby to simply see each other and talk. Today, of course, we take that sort of thing literally for granted with Skype. On January 1, 1984, Nam Jun Paik – with the Satellite broadcast of *Good Morning Mr. Orwell* from the Centre Pompidou, Paris, and a WNET-TV studio, New York – would confirm the global status of the art forms he was pursuing. Clearly there has been a lot of global art activity before and after 1984, but it seems a good point to show that by then, global art was a real trend. It involves today many contemporary artists and designers, among which Rafael Lozano-Hemmer (Spain, Canada, Mexico), Maurice Benayoun (France), Hiroshi Ishii (Japan), Olivero Toscani, Franz Iandolo, Franz Fischnaller, and Giuseppe Stampone (Italy), Usman Haque (Pakistan), Tom Klinkowstein (USA), and scores of others who never even thought of themselves as belonging to that, or to any particular category.[5] Many artists in France, for example, seem to have pursued the global vision, Stéphan Barron with *Le bleu du Ciel*, bringing together the skies of Toulon and Lille in real time via twin video cameras (long before people even thought of the web, let alone webcams). Jean-Marc

Philippe (*Message de l'homme à l'univers*), Fred Forest (*Le centre du monde*), Erik Samakh (*Petite planète*, with David Rokeby), Pierre Lobstein (*Portrait de l'humanité*), Philippe Boissonet (*Galilée* and *Gaia* series), Maurice Benayoun (so many pertinent works, among which, *Frozen Feelings* and *Emotional Traffic*, which show the distribution of emotions on a map of the world – taken from a real-time sampling of 3,200 cities covered by Google Trends) – all have created installations that reflect this global dimension. Even today, a French photographer, Yann Arthus-Bertrand, with his celebrated (worldwide) *Earth Seen From Above* series, is instilling the shock of recognition, bringing more and more people to pull back and see the skin of the Earth. In Germany, besides Art+Com, another precursor is Ingo Gunther, with his *Worldmapping* exhibits, displaying world statistics in their local configurations on dozens of stand-alone globes. There is a special meaning given to Global Art by a French critic, Jean-Claude Moineau, who condemns it as the selling-out of the art market to the ideology of globalisation and international business. This, clearly is not what I intend here. However the book offers a fair warning to distinguish where art is really telling us something new about our lives on the planet and where it is simply serving the interest of globalising the economy. In its deeper meaning, global art need not be commercial, political, or ideological. It can also be a beautiful emotion like the one that was created by Rafael Lozano-Hemmer with *Alzado Vectorial*. Inviting people the world over to celebrate the change of millennia during the night preceding January 1, 2000 by contributing via a simple design interface on the web to gener-

das Funktionieren des autonomen Kunstsystems und das heißt, die Integration des Neuen ist eine der zentralen Leistungen dieses Systems. Das Kunstsystem arbeitet daher grundsätzlich mit Inklusionsoperationen, sobald Differenzen nachgewiesen werden können und der Originalitätsverdacht erhoben werden kann. Einzig Redundanz wird systematisch negativ bewertet. Moral dagegen kann nur geschlossen operieren: Denn Normen stellen nicht nur Exklusionsoperationen dar, sie können vor allem auch Neues nur durch Negation, das heißt durch Vernichtung oder Unterwerfung, verarbeiten. Moral garantiert Stabilität durch den Ausschluss des Abweichenden. Dieser strukturelle Konservatismus widerstreitet dem Kunstsystem somit zutiefst. Moral ist insofern für Kunst keine gute, sondern eine ziemlich riskante Sache, und das erklärt dann auch, warum auf Moral immer erst dann zurückgegriffen wird, wenn ästhetisch nicht mehr viel zu verlieren ist. Die parasitäre Partizipation an Moral wird von Kunstwerken mit ideologischen Obligationen zumeist nur dann eingegangen, wenn das Überleben im System allein aufgrund ästhetischer

ate patterns of lights projected above the main – huge – square of Mexico City. In the same way that Art+Com's *Terravision* was predictive of Google Maps, all these artists have preceded and announced the technological innovations and social changes that would follow. There is a need for allowing people from different cultures to appreciate that they belong to a single environment, for connecting people to that environment and attuning their sense of responsibility and exploring their feelings regarding that dimension. Maybe now is the time to think that we cannot be fully local, and understand the scale of our immediate surroundings in all their extensions, if we do not feel a sense of connection and belonging to a connective whole, a connective skin that bridges the gap and refills the interval developed by our false notion of separateness. I believe that global art could and should become a significant part of the future of New Media Art and Design.

Rethinking the Earth or the Ethics of the Aesthetics of Global Art | "By referring to the continually increasing distances that we put between ourselves and our roots, the Earth is called into question, into a state of survival and uncertainty." (Philippe Boissonnet)

It is possible that the most urgent task for each one of us – from the first awakening of the consciousness of a child to the last thoughts of a dying person – is to "think the Earth", by which I mean to include the whole of the planet into the realm of awareness. That would imply adding to our sense of self a number of Earth's images as constitutive elements of the heart and substance of the individual. Not

ein Austausch von Werten wenigstens tendenziell einen Wechsel der Moral. Moral erträgt Kunst daher nur in der Bonsai-Variante, als kontrollierbaren kulturellen Zwerg auf der Fensterbank. Alles andere wird als latente Bedrohung aufgefasst und darauf reagiert Moral dann wie die meisten eher eng gebauten Systeme auch, nämlich aggressiv. Moral ist auf Kunst daher selten gut zu sprechen – und wenn doch, so handelt es sich dabei zumeist um ästhetische Belanglosigkeiten.

Mit Kunst und Moral opponieren daher nicht nur unterschiedliche Normensysteme, sondern darüber hinaus widerstreitet auch noch ein geschlossenes einem offenen System. Wenngleich ebenso das Kunstsystem ein normativ operierendes System ist, so ist es aufgrund seiner immanenten strukturellen Dynamik prinzipiell nicht abzuschließen. Der Originalitätsimperativ sorgt für die permanente Erweiterung des Kunstsystems, sodass jegliche Kanonbildung immer vorläufig und retrospektiv verläuft, niemals jedoch die Zukunft des Systems und dessen Hunger nach Neuem zu erfassen vermag. Zukunftsoffenheit ist mithin konstitutiv für

having that many answers, I would like to suggest that the notion of rethinking the Earth in terms of ethics before aesthetics be guided by a few questions. They aim to ask how Global Art interrelates to different aspects in the fields of art production and consumption. 1. *Representation:* What influence does globalisation have on art and on people's representation of the world? 2. *Emergence of the Concept:* Does the gradual integration of the world via networks call for a new kind of artistic expression? Can it be called Global Art? 3. *Contamporary Sensibility:* Is this emerging global art the artistic expression that reflects the sensibility of a globally contemporary, connected society? Is Global Art a consequence of technological changes or does it sprout from social desire for a new kind of sensibility in which identity, intelligence, and consciousness are connective, distributed, and extended? 4. *Ethical Nature of Global Art/Glocal Art:* What are the shapes, processes, aims, and scale of this emerging kind of art? Connective, collective, distributive, and extended? Is the nature of Global Art socially and environmentally minded and inscribed in the Alter Global Mobilisation, Alter Global Movement, Global Justice Movement, which aim at a deep change in our planet, and push for the development of a deeper sensibility in relation to social minorities, emigration processes, land distribution, women and children rights, ecology, and other social movements and alternative social movements that are usually present in World Forums? 5. *Global/Glocal:* How does Global Art relate to local realities? Is a physically situated global art work a kind of Glocal Art in the context of Global Art? 6. *Art Strategies:* What are

ästhetischer Reproduktion im Prinzip vereitelt, ist der Moral gleichgültig, geht es doch um den Erhalt der eigenen Definitionsmacht. Dem Kunstsystem kann das hingegen weniger egal sein, denn es setzt im Prinzip die Reproduktion des Kunstsystems aus, in dem Moral ein auf Dynamik angelegtes System mit festgezurrten Werten stillzustellen versucht. Kunst verträgt Moral bestenfalls bedingungsweise – etwa als die Moral von der Geschicht'. Denn jede Geschichte hat nun einmal ihre Moral, da Dramaturgien normativ codiert[7] sind. Allerdings können solche Formen moralischer Prinzipschaltung, wie sie in Dramaturgien vorkommen, grundsätzlich von jeder Moral ausgefüllt werden. Und so muss denn auch jegliche Werteinschreibung in ästhetische Artefakte prinzipiell revidierbar sein, um die Möglichkeit alternativer Deutungen und damit die konstitutive Polyvalenz des Ästhetischen nicht von vorneherein zu vereiteln. Der Funktionsprozess der Kunst ist daher grundsätzlich daraufhin angelegt, Wertwandel verarbeiten zu können. Moral toleriert einen Wertwandel jedoch nur in entschieden begrenzteren Bandbreiten, bedeutet doch

the artistic strategies carried out, how is meaning being produced? Bottom-up? Top-down? Both? 7. *Role of Spectator:* Is it still possible to talk about the spectator or has the spectator turned into a coauthor in Global Art? Is Global Art the next phase of Net Art, a kind of extended Net Art into the analogical side of reality? 8. *Authorship:* How is the issue of authorship in Global Art? Is it a kind of complex cocreation that reflects the very characteristics of interaction that comes from Web 2.0+? 9. *Features of Global Art:* What and how are the kinds of space, time, and matter that sustain global art? Are these condensed spaces, the time of now, and the hybrid (analogical-virtual) matter? 10. *Paradigma Shifts:* What kind of perceptive and cognitive change do global artworks provoke? What contemporary paradigm is reflected in Global Art practices?

If survival imposes priorities on anyone, it should impose priorities on the new collective and connective consciousness that our communication technologies are creating around us. The new priority of a population growing constantly in approximate understanding, if not harmony, via planetary exchanges, but always threatened with dissent and the exhaustion of natural and vital resources should be to achieve a new image of self and community. This image should carry beyond the skin, beyond the point-of-view that each one carries as a permanent reference to position oneself into time and space. The image of self that would include the Earth should transcend local differences and individual projects without eliminating them. It should also perhaps – but that may be the topic of another reflection – be based

existenzielle Herausforderung dar: Das ästhetisch Neue muss moralisch bewertet werden – und sei es negativ. Gelänge das nämlich nicht, dann wäre die Moral am Ende. Der Moral wohnt ein Universalitätsanspruch inne, was bedeutet, dass sie grundsätzlich alles entscheiden und bewerten können muss. Das ist auch die Leistung, die sie ihren Anhängern bietet: Sie erwerben mit der Moral ein sehr einfaches – meist eben zu einfaches – Instrumentarium, das ihnen bei jeder Entscheidung zuverlässige Kriterien[6] liefern soll. Anhänger von Moral sind daher selten um Entscheidungen verlegen. Insofern geht Moral grundsätzlich alle etwas an, sie kann nichts außen vor und unbewertet lassen. Für Moral darf es keine weißen Flecken auf der Landkarte geben und gerade die Kunst als Hort kultureller Dynamik und Innovation muss von Moral beherrscht werden, will sie nicht ihren Scheck auf die Zukunft und damit ihre Reproduktionschancen sowie die Gewähr für ihre Anhänger verspielen. Denn gerade mit der Reglementierung von Kunst versucht sich die Moral gegenüber zukünftigen Überraschungen abzusichern. Dass Moral dabei den Prozess

on tactile and proprioceptive perceptions as well as dominantly visual one. It is not enough to "see" the Earth in a different way, we also need to "feel" it anew.

The Earth is not only a concept, it is also a physical reality. Our mental processes should include rather than exclude the body as if it were merely the biological support system of something more important that happens on our heads. The inclusion of the body and the need for physical participation in much of technological art are no accident. Not is it some sort of epiphenomenon: rather it is the very message of the medium. Interactivity is not some artifice, it heralds a new relation between art and the public. Global Art implies that the user is the true content, both of the art form and of the Earth as medium. This is radically opposed to the intent of any form of Renaissance Art, and most art that followed, to remove the spectator (user) from the scene (of the stage, of the theory), to separate thinking and emotion, and to reinforce an artificial division between an objective world and the subjective reactions it engendered. That may not always be an altogether comfortable or agreeable sensation, but it would be part of the deal to survive collectively. The idea would be to extend both a sense of pain or anxiety and responsibility beyond guilt and shame to the dimension of the human presence on the Earth. The fact is that, like it or not, the world has become my backyard in a globally electronic environment. I may personally disapprove the vertical integration of media that is more concerned with the bottom line than with my well-being or that of my instruction, but I am obliged to recognise that I benefit from it to a certain degree, and that I share in the responsi-

Zugleich unterbricht Moral noch einen weiteren Funktionszusammenhang von Kunst: Kunst imprägniert sich durch systematische Bedeutungsoffenheit gegen die Zeit. Kunst ist daher in ihrem Wesen polyvalent und das heißt, sie kann immer wieder neu gedeutet und mit Sinn versehen werden.[5] So können ästhetische Objekte zu unterschiedlichen Zeiten zum Gegenstand sehr verschiedener und sich zum Teil sogar widersprechender Sinnsetzungen werden. Kunst ist daher nie eindeutig, sondern konstitutiv mehrdeutig. Sie bietet eine Folie für höchst unterschiedliche Projektionen und sie widersetzt sich solchen Deutungsalternativen selten grundsätzlich. Moral versucht verzweifelt die irrationale Vielheit von Welt auf ihr kleines binäres Schema von Gut und Böse herunterzubrechen und das heißt, der Moral inhäriert, ein Wille zur Vereinheitlichung, dem nicht selten mittels Gewalt Geltung verschafft wird. Moral funktioniert dadurch, dass alles über einen Leisten geschlagen wird. Kunst hingegen funktioniert dadurch, dass ein neuer Unterschied gesucht und eröffnet wird. Solche neuen Unterschiede stellen für Moral regelmäßig eine

bility of their existence simply by buying into their services. I may rebuke the unjust dependence of advanced industrial economies on the arms trade that make the world less secure, but I am also free to express my opinion about it, not invest my money or my influence to support such practices. I may be fiercely against fundamentalism or the destruction of the Amazonian forest or whatever, but – in order to both feel and dominate their effects on the Earth's health – I must appropriate such ills; that is, recognise that they, like me, are part of the total destiny of this planet, of which I am a citizen and dependent. From a psychological standpoint, this situation is not completely new, inasmuch as the most ancient tribes in the most primitive contexts have almost always developed a concept of the world as part of a unified whole, a cosmology. Even the Ancient Greeks, without any of our sophisticated tools, had a better idea and representation of the Earth than that we have today. It is precisely because of the interference of technology between our consciousness and our "natural" roots that we do not connect very well nor do we have an intuition of the planetary dimension of our personal being. Merely to perceive it requires a qualitative jump at another level of perception. To help them reach this enlarged perceptual field, people need models. Global Art is thought precisely in those terms to provide such models.

The need to represent unity as much as matter without losing touch with mental processes is the reason the sphere is so often featured in new media art and installations. In most global art pieces and installations, there is a visible attempt at revers-

wartete, durch alle Phasen technischer Reproduzierbarkeit der neuen Medien hindurch eine erstaunliche Vitalität bewiesen hat: Selbst unter den Konditionen digitalen Kopierens, des Sampelns und der Mash-up-Medien scheinen noch Künstler-Subjekte Wert auf die Singularität und ästhetische Unterscheidbarkeit ihrer Produkte zu legen, und der Kunstmarkt funktioniert genau aufgrund dieser ausgestellten ästhetischen Differenzen. Dieser Originalitätsimperativ ist nicht nur ein ziemlich starker Motor für ästhetische Innovation im Kunstsystem selbst, er dynamisiert letztlich eben auch die angrenzenden Sozialsysteme und liefert damit eine kaum zu unterschätzende Leistung des Kunstsystems für die Gesellschaft. Kunst setzt Sozialsysteme dadurch unter Innovationsstress, dass sie sie mit immer neuen ästhetischen Angeboten versieht. Moral ist dabei allein deshalb enorm störend, weil sie die Freiheiten und damit die Chancen möglicher Innovation von vorneherein einschränkt. Normativ gemaßregelte Kunst ist daher ästhetisch zwangsläufig konservativ und wenig innovativ, und in diesem Sinne ist moralische Kunst eher schlechte Kunst.

ing the container/content relationship between (wo)man and the planet. Thinkers and designers, as well as artists share in Global Art's planetary sensibility without falling into the trap of the facile mysticism of New Age philosophy. People such as Roy Ascott, Pierre Lévy, Jean-Marc Philippe (†), Howard Rheingold, Steward Brand, Lynn Margulis, Joel de Rosnay, Peter Russell, Frijthoff Capra, Mohammed Yunus, Joi Ito, and countless others are militant about the need for people to adjust their perception of reality. Once again – as before and during the Renaissance – artistes, explorers and philosophers are at work to adjust the psychological and social reaction of people to the new conditions predominant in their own times. However, while artists, musicians, novelists, poets and dramatists were working to help people develop a better perception of their position in space and time, global artists give us access to our new spatial condition, the planet itself.

Notes: 1 http://apod.nasa.gov/apod/image/0011/earthlights2_dmsp_big.jpg **2** Or, for that matter, the vision of the first fossil radiation on the universe, a larger, more involving emotion still: http://irfu.cea.fr/Sap/en/Phocea/Vie_des_labos/Ast/ast.php?t=fait_marquant&id_ast=2798. Or, for more precise info: http://en.wikipedia.org/wiki/Big_Bang **3** http://www.poodwaddle.com/clocks/worldclock/ **4** This contributed to the instant enlargement of my mental interpretation of space. **5** It is almost embarrassing for me to select only a few examples, quasi at random, knowing full well that I am missing dozens or more who would recognise at least one of their works as addressing our potential feelings for the global scene. So the ones mentioned here are selected principally to explain the concept more clearly.

diskutiert und relativiert werden können. Denn nur dann sind Normen nicht mehr mit sich allein und können zum Gegenstand der Reflexion werden. So werden die Absolutheitsforderungen einer Moral immer schon durch eine Kunst unterlaufen, die sich ihr nicht umstandslos unterwirft – und das ist der Grund, warum die Künste sich in autoritären Systemen, die ihr Wertesystem systematisch gleichzuschalten suchen, so unbeliebt machen: Sie bedeuten allein dadurch, dass sie normativ anders organisiert sind, das Risiko, die herrschenden Normen und damit die Definitionsmacht solcher Systeme nicht anzuerkennen. Und auf solche Widersetzlichkeit reagiert autoritäre Gesinnung mit äußerster Unerbittlichkeit. Umgekehrt ist Moral für Ästhetik eine Art Fremdkörper: Kunst im autonomen Kunstsystem funktioniert mittels eines Originalitätsimperativs und das bedeutet: Nur sich unterscheidende ästhetische Gestaltung ist kunstfähig, den Rest bilden Epigonen und Kopisten. Die Bedeutung dieses Originalitätsimperativs wird deutlich, wenn man sich vergegenwärtigt, dass dieser Imperativ, ganz anders, als Walter Benjamin das noch er-

heißt: ‚der Teufel hole die Moral!'" (Nietzsche 1889:1004) Und erst diese grundsätzliche Unabhängigkeit der beiden Normensysteme voneinander bringt die Spannung in das Verhältnis von Ästhetik und Ethik, denn erst als jeweils autonome sind alle möglichen Relationen zwischen Kunst und Ethik vorstellbar. Kunst muss insofern nicht notwendig moralisch gut sein, vielmehr kann sie genauso gut auch moralisch bedenklich sein, ohne dass die Ästhetik zwangsläufig darunter leiden müsste und wir kennen historisch jede Menge Beispiele dafür. Dass etwas zum ästhetischen Kanon gehört, heißt noch längst nicht, dass es auch ethische Meriten aufweisen muss. Wenn so sämtliche Kombinationen von Ethischem und Ästhetischem prinzipiell denkbar und auch wirklich werden, dann ist gerade dies das Spannungsfeld, das so viele gesellschaftliche Diskurse provoziert. Die beiden unabhängig voneinander funktionierenden Normensysteme beäugen sich offenbar äußerst argwöhnisch und ringen um die Vorherrschaft. Zugleich ermöglicht erst die Spannung zwischen diesen beiden normativen Systemen, dass Normen in Gesellschaften

STEPHAN BOHLE

It's the Design, Stupid!

According to Rudolf zur Lippe, aesthetics means sensory awareness, the participation of all our senses in our experiences, perceptions and design of the world. (zur Lippe 1987) But the decisive question is: What kind of world will survive to be experienced, perceived and designed if humanity continues to deplete the earth as it has done in the past? We have allowed western societies to cultivate a lifestyle based on waste and destruction. We define our sense of self-esteem through consumerism and the possession of goods. (Leonard 2010:57) Erich Fromm has summed up this attitude: "I am what I own." (Fromm 1979:80) Things cannot continue as they are. That is simply not an option. We need to discuss values, attitudes and opinions.

I would like to look at the question of "Ethics in Aesthetics?" from the perspective of design. Design plays a key role in any discussion regarding the "correct" model of civilisation. On the one hand there is the consumer society, which appears very attractive and tempting but is untenable for the future – and on the other a sustainable society that needs to become even more attractive in order to gain wide consensus. (Glauber 2006) My first thesis is that design has played a decisive part in the fact that our world is now in a dangerous state. My second thesis is that design could be a motor for change; it must accept responsibility to lead people back out of the woeful state of affairs into which it once seduced them. In this context, I do not see design

gegen ihre Unterordnung unter die Moral [ist]. L'art pour l'art

mer der Kampf gegen die moralisierende Tendenz in der Kunst,

mit Ethik zu tun haben sollte, dann ist dasjenige, was auf sein prekäres Verhältnis zum Ethischen befragt werden muss, entweder die semantische Codierung, also der Inhalt, oder aber das, was nach Kant vom bloßen sinnlichen Effekt abgespalten wurde, nämlich das Kunstschöne. Das Kunstschöne beruht, wie auch das Ethische, auf einer normativen Codierung von Sachverhalten. Und in dieser Hinsicht ist jener häufig bemühte Satz Wittgensteins – „(Ethik und Aesthetik sind Eins.)"[4] – noch in gewisser Weise sinnvoll. Allerdings – und das ist entscheidend – decken sich die beiden Normsysteme nicht und damit hört dann die Einheit genauso kategorisch auch schon wieder auf. Denn die Unterscheidung von Kunst und Nicht-Kunst erfolgt anhand vollkommen anderer Parameter als die von „gut" und „schlecht". Wir haben es also mit zwei Normensystemen zu tun, die sich grundsätzlich unterscheiden. Das ahnt bereits Nietzsche, als er notiert, dass „der Kampf gegen den Zweck in der Kunst [...] immer der Kampf gegen die moralisierende Tendenz in der Kunst, gegen ihre Unterordnung unter die Moral [ist]. L'art pour l'art

in its limited definition, as the development of a product or mere embellishment of surfaces. Rather, according to architect William McDonough, design is the first sign of human intent. (McDonough 2012) And this intent, in its turn, represents the motive behind or the reason for activity. Design evolves when human beings act.

But first of all, let us take a look at the state of the world: the latest OECD environmental forecast asked what the environment would be like in the year 2050. The world's population will have increased by a further two billion to nine billion. The demand for energy will be 80 per cent higher than it is today, and 85 per cent of that demand will be met by fossil energy carriers. Consequently, CO_2 emissions will also increase by 50 per cent. The resultant warming of the earth's atmosphere will change rainfall patterns, increase the melting of glaciers and permafrost, raise the sea level, and also add to the intensity and frequency of extreme weather conditions and phenomena, e.g. heatwaves, flood catastrophes and tornadoes, even at our degree of latitude. This will also be the most significant acceleration factor leading to the disappearance of biological diversity. (OECD 2012) Climate change, therefore, represents an attack on the economic, social and cultural human rights of large groups of the world's population. It is essential to keep global warming at less than two degrees Celsius by comparison to the preindustrial level, according to general opinion, in order to prevent drastic climatic consequences. Climate protection has thus advanced into an extremely important issue of human rights. (Brot für die Welt, o.a. 2009:213)

Triumph der Vernunft trotz eines solchen sinnlichen *overload* mag zwar einen relativ verlässlichen Effekt darstellen, er hat jedoch nur begrenzt ethische Implikationen. Allenfalls die Frage, welchen sinnlichen Torturen man sein Publikum aussetzen darf, mag noch eine gewisse normative Bedeutung aufweisen, jedoch auch hier haben sich aufgrund schlichter Gewöhnung die historischen Grenzen als ziemlich dehnbar erwiesen. Wenn das Aisthetische nicht ausgerechnet wie gelegentlich im Computerspiel als quantitative Übersteigerung moralisch zweifelhaften Verhaltens – also etwa als Video-Killen, solange die Wahrnehmung mitmacht – daherkommt, dann ist es eigentlich furchtbar harmlos. Insofern ist das Aisthetische, falls es semantisch nicht problematisch übercodiert wird, ethisch ziemlich belanglos: Das Aisthetische und das Ethische lassen sich offenbar wechselseitig weitgehend in Ruhe, da sie schlicht unabhängig voneinander funktionieren. Insofern ist zunächst einmal wenigstens eines deutlich, nämlich dass es nicht die sinnliche Dimension des Ästhetischen ist, die ethische Risiken aufweist. Wenn überhaupt etwas an der Ästhetik

Design – forerunner of our destructive and wasteful society | Today, the richest 20 per cent of the world's population is responsible for 76 per cent of consumption worldwide, using up 75 per cent of global raw materials. (Leonard 2010:57) In this context, Friedrich Schmidt-Bleek remarks: "As early as 1990, every single German used around 70 tons of solid materials from the environment, as well as 500 tons of water. These amounts are higher for US Americans and the Finns. If the rest of humanity develops usage at this level, we will have very little strength left to think about state budgets, globalisation, pensions and unemployment. We will be fully occupied trying to guarantee our simple survival in an environment that is becoming constantly more and more hostile to humanity." (Schmidt-Bleek 2007:45) Spurred on by design and advertising, consumer societies have formed in the western industrial countries, whose lifestyle is emulated by a majority of people throughout the rest of the world. (Friedmann 2010:77) In its latest *Global Advertising Forecast* the consultancy firm Strategy Analytics assumes that the worldwide expenditure on advertising in 2012 will rise by 4.9 per cent to 465.5 billion US dollars. (Handelsblatt 2012) Advertising machinery operates at high speed. This rapid development began to pick up pace mainly after the Second World War. Factories in the USA had developed tremendous capacities for the production of war machinery. Economist and retail analyst Victor Lebow therefore demanded that the purchase and use of goods should be transformed into rituals, and people should seek a feeling of personal esteem in consumerism: this would keep them buying and the factories in

halte Lessings, ein wenig System nachzuliefern. Und das soll im Folgenden geschehen.

Nun fallen zunächst einmal das Schöne, das Ästhetische und das Kunstschöne nicht umstandslos zusammen. Im Kant'schen Begriff des Ästhetischen sind das, was sich später einmal separieren sollte, nämlich das Kunstschöne und das Aisthetische, also das Erhabene, noch zusammen gedacht. Wenn die Sache also systematisch angegangen werden soll, dann ist zunächst einmal das Verhältnis von Aisthetischem, also dem sinnlich Wahrnehmbaren, und Ethischem zu bestimmen. Das Aisthetische funktioniert bei Kant in Gestalt des Erhabenen zuvörderst quantitativ, was übertragen auf die Sinne bedeutet, dass es um sinnliche Überlastungsereignisse geht. Kant macht solche sinnlichen Überlastungserfahrungen unter anderem an wild tobenden Ozeanen fest,[3] wir heute können uns da eher an Action Movies und Computerspiele halten, deren Funktionsprinzip auf ähnlichen Strapazen unserer Sinnlichkeit beruht. Die quantitative Überstrapazierung unseres Wahrnehmungsapparates und der von Kant imaginierte finale

production. Things were to be consumed, burnt, replaced and thrown away at ever increasing speed. (Leonard 2010:57) For decades, the advertising industry has employed an infinite number of advertising slogans to make sure that we define our position and value in society via the ownership of material goods and are constantly wanting new things. One may recall, for instance, a German *Sparkasse* advert proclaiming the motto: "My house, my car, my yacht". Or the recent campaigns that cemented the attitude of very many people, granting it a kind of cult status: "Geiz ist geil" ("Thrifty is Nifty"). And everything new is equally nifty – that is the implicit message: "Today, people buy to throw away. The motto is use rather than keep. Whether a car, an item of clothing or a technical device, one buys it, soon gets fed up with using it, and can't wait to acquire the latest model." (Fromm 1979:76) The result is that today, the average German owns 10,000 objects. (Uchatius 2010) Only a few people will concede that this mania for cheap goods is only possible at the cost of other people and the environment. In the nineteenth century, economic scientist John Stuart Mill had already asked why it should be a reason to celebrate when a person who is richer than anyone actually needs to be gets the opportunity to double his consumption of objects that give him little or no pleasure at all – apart from the fact that they are representative of his wealth. (Müller 2003:29–31)

Designers and their clients have succeeded in elevating the acquisition of goods into the all-dominant elixir of life. Political scientist Uta von Winterfeld even refers to the law of "always-having-to-want-everything". (Winterfeld 2012:57–65) And they

einmal enden, nämlich im Desaster, und das heißt vor allem im ästhetisches Desaster. Der ungeschützte Flirt mit Moral und Ethik scheint insofern gerade der Kunst nicht wirklich gut zu tun. Moralisch aufgepolsterte Kunst weist in der Regel entschieden geringere Halbwertszeiten auf als die ihrer normativ weniger eindeutig engagierten Kollegen. Sie wandert, sobald ihr ideologischer Träger erst einmal von der Bildfläche verschwunden ist, quasi automatisch von den Kunstgalerien in die Depots und Giftschränke der historischen Museen. Moral bekommt der Kunst offenbar nur in genau kalkulierten homöopathischen Dosen. Nun haben wir Deutschen, wie Lessing bemerkt, „an systematischen Büchern [...] überhaupt keinen Mangel" (Lessing 1766:165), allerdings gibt es offenbar ausgerechnet zum Verhältnis von Ethik und Ästhetik nur wenig Systematisches – und das selbst scheint wiederum System zu haben. Da das Verhältnis beider, wie man bereits der bis hierher vorgenommenen ersten Sondierung des Terrains entnehmen kann, in vielen Fällen prekär, in jedem Fall aber unklar ist, gilt es, ungeachtet der Vorbe-

have conceived their products so that after only a few years they either break – so-called built-in obsolescence – or appear old-fashioned. (Packard 1964) Designer Otl Aicher deplores this fact in his book *Die Welt als Entwurf*: "The world is in a strange condition. We discover that our forests are dying and do all we can to prevent this, but instead it happens more. We discover poisons in the atmosphere and we do all we can to prevent them, but the pollution goes on increasing [...]. We produce huge amounts of rubbish and poisonous waste materials, we do all we can to prevent this, but the poisons and rubbish grow into mountains we are scarcely capable of disposing of. We aim to reduce our carbon dioxide emissions, but global warming is increasing [...]. This ought to be a challenge to design, as we are talking about products produced exclusively by mankind. This cries out for design that is critical, able to question things, that is analytical and able to unearth the root of things. Instead, design today is promoted by the state as a means to create still more attractive packaging, to spur on consumption with even more products that people don't really want, to make the surface of these often superficial products even more brightly coloured and attractive, and to reduce our existence to the implementation of constantly changing fashions." (Aicher 1991:25)

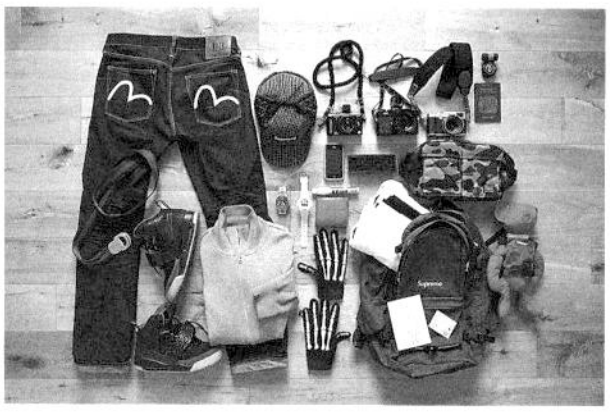

What we need to do | Jared Diamond has investigated reasons why societies survive or decline in the history of mankind. He distinguished five

griff der Kunst. Allerdings wird dieser Eingriff bei ihm niemals kategorisch oder konkret, denn er verfügt über keine eigenen Normen oder Werte. Vielmehr bleibt der politische Auftrag stets formal: Die Kunst wird als eine Schutzhülle konzipiert, die über den Terror der Moral gezogen wird und uns vor dem Eifer der Tugendhaften jeglicher Couleur schützen soll. Kunst wäre daher bei all ihrer formalästhetischen Radikalität moralisch vergleichsweise moderat, sodass es ihr gelingt, den Tugendterror zu mäßigen. Wenn Schiller seinen ästhetischen Eingriff in das System konkurrierender moralischer Zumutungen noch vergleichsweise vermittelt anlegt und die Kunst in ihm ohne Eigenwert auskommen muss und nur vorhandene Werte moduliert, dann geht das bereits entscheidend über das einfachste denkbare Modell eines Zusammenhangs zwischen Ästhetik und Ethik hinaus: nämlich über jene Idee der Tugendhaften jedweder Ideologie, wonach nur das ethisch Einwandfreie auch ästhetische Qualitäten aufweisen könne. Solche direkten Kurzschlüsse zwischen Ästhetik und Ethik enden historisch gesehen zumeist wie Kurzschlüsse nun

factors that contribute to the downfall of a society: firstly, there are environmental damage, climate change, hostile neighbours, and friendly trade partners. The fifth factor is the all-important one: the way in which a society reacts to its environmental problems. A society's reactions in this context develop from its political, economic and social institutions as well as from its cultural values. These institutions and values have an influence on whether the society is able to solve its problems (or makes any attempt to solve them). (Diamond 2006) We still have a limited period of circa ten to twenty years in which to react suitably to the various problems we face and to preserve a world worth living in for future generations. We know the areas where changes need to take place: in politics, industry (innovations, technology) and society. In the following, I would like to outline the role that design could play in this. Before doing so, I will make brief reference to some instruments of politics, upon which design has little or only indirect influence. *Pollution of the enviroment must be made more expensive:* economic instruments such as environmental taxes and emission trading systems put a price on environmental pollution and make activities damaging to the environment more costly than environmentally friendly alternatives. *The prices of goods and products must be a better reflection of the true value of natrual goods and eco-system service:* by defining the value and correct price for natural resources and any eco-system services they provide we can arrive at more sustainable usage of these resources. *We need to introduce proactive and effective regulations and standards:* norms (e.g. for air quality, sewage discharge and vehicle emissions,

zen soll. Hinter dieser moralischen Vermittlungs- und Moderationsfunktion, die Schiller dem Spiel der Kunst auferlegt, steht letztlich ein ziemlich tiefes Misstrauen gegenüber der Moral an sich. Moral ist seines Erachtens nämlich nicht per se gut, ja eher im Gegenteil: Zu viel Moral, so Schiller, könne politisch genauso schädlich sein wie zu wenig. Und noch 200 Jahre später führt dieses offenbar recht gut begründete Misstrauen gegenüber den Tugendwächtern zu Niklas Luhmanns Warnung vor der Moral.[2] Denn Sozialsysteme kranken in der Regel nicht an zu wenig, sondern an zu viel Moral, wie ein kurzer Blick auf autoritäre Systeme, die sich allesamt enorm moralisch geben, lehrt. Andererseits kommen gesellschaftliche Umstürze selten ohne moralische Begleitmusik aus, was Schiller am moralgetränkten Terror der Französischen Revolution nachvollziehen konnte und wir an jeder fundamentalistisch sich aufspielenden politischen Aktion beobachten können. Während also Kant die Beziehung zwischen Ethik und Ästhetik eher als eine vermittelte modelliert, plant Schiller wie noch viele nach ihm den politisch-moralischen Ein-

S. Bohle | It's the Design, Stupid!

supplemented by building law regulations regarding energy efficiency), bans (e.g. on illegal tree felling or trade with endangered species, on building in nature conservation areas, on specific toxic pesticides), and instruments of planning law (like spatial planning regulations and checks on environmental tolerance). *Environmentally damaging subsidies must be abolished:* many activities damaging to the environment are subsidised by the tax payer. For example, the production and use of fossil fuels are still subsidised to some extent in a large number of countries. Essentially, in the long run this means that CO_2 emissions are upheld, efforts to fight climate change are undermined, and the energy technology solutions of the past remain fixed for the future. (OECD 2012)

Design's area of influence | Since the publication of the study *The Limits to Growth* by the Club of Rome at the latest (Meadows 1972), scientists, economists and designers have been working on solutions and strategies that could help us move towards sustainable development – starting with efficiency strategies that could reduce our use of resources and energy considerably: "The basic premise of factor five is that people do not want fuel or cars, kilowatt hours or coal-fired power stations, electrons or light bulbs, tin or aluminium cans, but the 'service' behind those things, what they have to offer: mobility, energy, light or a possibility to store foodstuffs. An integrated approach to development, construction and design opens up a wide range of exciting possibilities. Rather than excessive deliveries of goods and services, we may have elegant packages with great comfort and little refuse."

Darstellung, stecken. Von dieser Sphäre gibt es offenbar keinen direkten Zugang zu dem, um das es eigentlich geht, nämlich zum sittlich Guten. Die Idee, wonach man sich an Kunstwerken – wie Adorno das einmal formulierte – „ethisch [...] wärmen könne" (Adorno 1967, 503) wäre also in jedem Falle vorschnell. Während Kant den Bezug zwischen dem Ästhetischen und dem Ethischen durch den Puffer des Symbolischen gleichsam wieder auf Distanz zu bringen sucht, ist Schiller, der dem Rigoristen der Moral grundsätzlich misstraut, da entschieden kürzer angebunden: Kunst hat bei ihm nämlich zweifellos ethische Aufgaben zu erledigen, ja sie ist eigentlich nur dort Kunst, wo sie moralisch eingreift. Allerdings handelt es sich um einen recht speziellen Eingriff, den Schiller da vorsieht: So ist seine Idee des Spiels als Kern des Ästhetischen auch normativ enorm aufgeladen; denn sie wird als eine Art Stoßdämpfer innerhalb eines Systems konkurrierender Moralansprüche gedacht, als Fender, der uns genauso vor den Niederungen aristokratischer Moral wie vor den Überheblichkeiten und Bigotterien der bürgerlichen Tugendenthusiasten schüt-

(Weizsäcker 2010:42) Consistency strategies avoid waste and organise the flow of materials in cycles or employ solar energy. (Braungart, Michael, McDonough, William 2008) 80 per cent of the environmental impact of products, buildings etc. is already predetermined during the design process (for example, the contents, inclusion of toxic chemicals, energy for production and use, expected life, disposal, influence on people's values and actions). Design has various possibilities to influence distribution by backing local materials and saving energy with intelligent storage and transport solutions, as well as reducing overall emissions due to shorter distances for transportation. Design has great influence during the conceptual phase of problem-solving strategies – by backing dematerialisation and conceiving services rather than singular products. Design can have an influence during the acquisition and use of materials by employing more and more recycled or renewable materials, by avoiding toxic materials and applying cradle-to-cradle concepts. During production, design can have an effect on the development of production procedures using much less energy, ensure that fewer resources are needed and used (resource efficiency) and that fewer poisons are involved, and take care that product solutions demonstrate component capacity (for example, individual elements can be replaced when worn out). At the point of sale, design must make sure that considerably less packaging material is used. Advertising must do more to

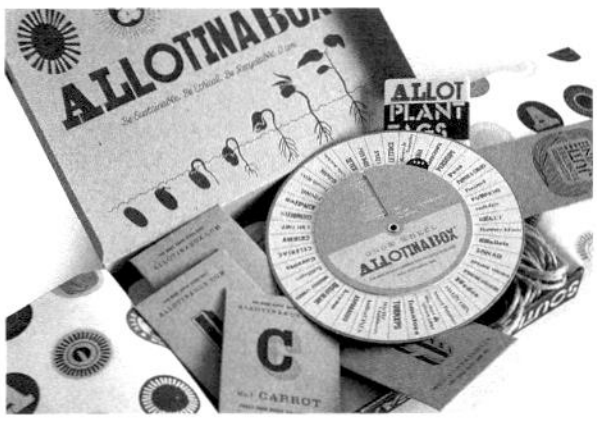

RAINER LESCHKE

Der schöne Schein des Guten und die Güte des schönen Scheins. Zum prekären Verhältnis von Ästhetik und Ethik

1790, also unmittelbar nach der Französischen Revolution, erhebt der nicht gerade für seine künstlerische Expertise bekannte moralische Rigorist aus Königsberg, Immanuel Kant, „das Schöne zum Symbol des Sittlichguten" (Kant 1790:297)[1] und stellt damit eine der wenigen gedanklichen Verbindungen zwischen dem Schönen und dem Ethischen her. Der Grund für diesen Übergriff vom Ethischen auf das Schöne dürfte sein, dass offenbar selbst für Kant das Gute nicht rein abstrakt bleiben konnte, sondern irgendwie vorstellbar werden musste. Allerdings bleibt diese Verbindung dennoch auf eine für den sprachlichen Pedanten Kant eigentlich seltsame Weise offen: Denn das Schöne ist nicht das sittlich Gute selbst, sondern es taugt bestenfalls zum Symbol und bleibt damit letztlich in seiner eigenen Sphäre, nämlich der sinnlich wirksamen

promote environmentally friendly behaviour and support strategic consumption. Design should ensure that any use of products is approached on a long-term basis, that products have a timeless design rather than being fashionable, and that they can be repaired. And when it comes to disposal, intelligent design based on the cradle-to-cradle principle may ensure that materials and parts become the starting basis for new material cycles.

Criteria of sustainable design | The newly created – in January 2012 – Federal Award for *Ecodesign* provides orientation and helps to spread information about the environmental impact of a product or a service during its full life-cycle. It aims towards better positioning of ecological design on the market and seeks to encourage agencies and companies to integrate ecological design as a principle in their everyday work. The criteria of the Federal Award for *Ecodesign* developed in conjunction by the Federal Ministry of the Environment, the Federal Environmental Office and the Internationales Designzentrum Berlin can serve as orientation for designers. They present the essential parameters for ecological design following a natural life-cycle and have the potential to become a universally valid standard for future design work. (Bundespreis Ecodesign 2012) The EU has also provided a framework, with its eco-design guidelines, within which principles, conditions and criteria for establishing ecological demands have been fixed, mainly in the case of energy-using products (EuP) like televisions, computers, refrigerators or air-conditioning apparatus. (European Commission 2009)

Zum Verhältnis von Ethik und Ästhetik

RAINER LESCHKE

Der schöne Schein des Guten und die Güte des schönen Scheins. Zum prekären Verhältnis von Ästhetik und Ethik

MICHAELA OTT

Ästhetik und Ethik in Philosophie und Kunst

Final comments | Why are the solutions I have briefly outlined – some of which have been known to us for a long time – not realised on a large scale? Why is the earth's condition continuing to deteriorate, despite agreement that we cannot go on as we have been doing? (Ismar and Humml 2011) Many people have become accustomed to a state of impressive prosperity. They want this to continue. All one needs to do is point out the frequently examined contrast between environmental awareness and environmental action. Almost two thirds of those questioned in Germany consider environmental protection important, but only eight per cent purchase ecological electric power. (Lutz 2012) Everyone claims to buy biological groceries, but the share of bio-products on the food market is not even as high as five per cent. (Kunze 2012:39 – 41) It is becoming increasingly obvious that we cannot put our faith in technical solutions alone when attempting to solve our problems; the true challenge lies in changing people's *behaviour*. Firstly, it is the task of design to employ energy- and resource-efficient, as well as consistent, dematerialised concepts to find solutions to people's needs and problems. Communication design in particular must now cooperate to influence people's behaviour so that a sustainable, adequate lifestyle is promoted. Is that possible? Is it possible to re-influence thinking? Neurobiologist Gerald Hüther from the University of Göttingen has been researching this question intensively for some time, and according to his findings it is possible. We can change our behaviour in a fundamental way, but in order to do so we require so-called neuroplastic chemical messengers. These only become active when we

are emotionally moved by something. We need to become enthusiastic about something, it is only then that such "doping for the brain" develops. (Hüther 2011) The issue of "sustainable development" therefore calls for another, additional type of mediation that has received very little attention to date. Aside from figures, data and facts, it must be possible for people to experience what this is all about, to realise what is at stake. More questions have to be asked: How do we want to live in the future? What is really important to us in life? What makes life worth living?

For decades we have known that *more* growth does not satisfy us *more* (this applies to the industrial countries). (Pinzler 2011) As a result, we need to translate our previous insights, such as those concerning climate change, into narratives that help us create a picture of what the world will be like in twenty or fifty years if we go on acting as we have done up until now. We do not require even more diagrams, charts or temperature graphs; we need stories that impact on people's emotions. We need to make the known solutions more accessible to people in attractive narrative form, making people *enthusiastic* about them. For as long as the advertising industry succeeds in telling the more exciting stories (*higher, faster, wider*), the associated action and lifestyles will also get more attention and preference: according to

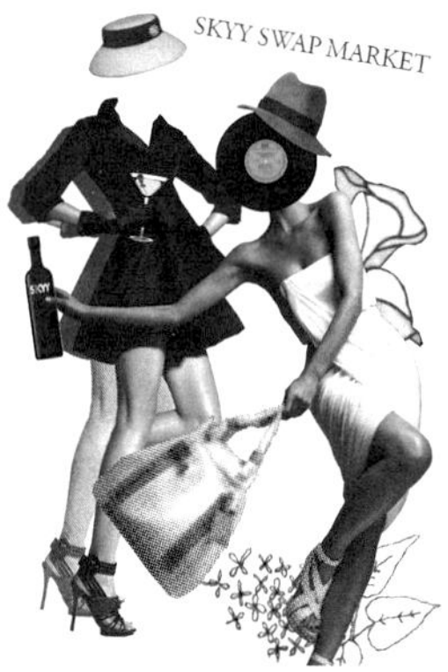

a recently published McKinsey study, for example, more than 70 per cent of those asked wish to keep a car of their own. They are convinced that a car, by comparison to other luxury goods, brings them more esteem. (McKinsey 2012) But what about the stories of *slower*, *less*, *better* and *more beautiful* – what are they like? How should we conceive sustainable communication? How can we manage to make a lifestyle of moderation and frugality worth striving for, something desirable? On the basis of my many years experience in the communications industry, I would like to try and formulate a few points in favour of this. The United Nations' environmental programme has defined six thematic points of content with respect to sustainable communication: PR and communication for environmental and social activities or environmental events; information about the environmental influence and social compatibility of products/services; sales promotion that communicates environment-related aspects; creating support for strategic consumerism or enthusiasm for sustainable development. How can these be conveyed in an emotional, motivating way? First of all, one ancient law of communication applies: get to know the people you wish to address as well as you can. The watering-can principle does not achieve anything in matters of sustainability communication, either. Do I want to address teenagers, a family with young children, a single parent or an older married couple who have been drawing a pension for a few years? We should always demonstrate to the recipient concrete options for action. To date, we have attempted to "sell climate change", but no one has bought it. That is why it will be very impor-

Schönheitsoperationen als Performance | S. 22: Jocelyne Wildenstein | S. 23: Vampirfrau Maria Jose Cristerna | S. 24: Tāmati Wāka Nene, Māori-Stammesführer, Hokianga Neuseeland | S. 25: Wim Delvoye: Donata ausgestopft | S. 26: Santiago Sierra: Eine jemandem gegen Bezahlung eintätowierte Linie von 30 cm Länge, Calle Regina 41, Mexiko-Stadt, Mai 1998 | S. 28: Atelier van Lieshout: BarRectum | S. 28: Atelier van Lieshout: Fertility Lamp | S. 30: Titelblatt der Zeitschrift: Der Kunstwart | S. 35: Annett Zinsmeister: Lost Homes 2007 | S. 37: Shigeru Ban: Paper Log Houses | S. 38: Rural Studio: Community Center, Masons Bend, 2000 | S. 39: Rural Studio: The Cardboard Pod_01, 1997-2001

tant to find emotional stories that go much further than simply conveying information; stories with which people can identify, which appear desirable to them. These can be told best using expressive images rather than graphic diagrams or tables. Climate change affects us all. The contexts are complicated but they can be depicted. The people of the industrial nations should be able to identify with issues of sustainability, find shared aspects, and be given an opportunity to work actively to create a sustainable lifestyle. The intergenerative principle of justice means that we must allow growth (non-sustainable as well) to the developing countries so that they can escape their tragic poverty. Unfortunately, in the newly industrialised countries in particular, the greatest model is still the so-called "American Way of Life", which leads to further heightening of the ecological crisis. That is why it is important – from global standpoints as well – to make efforts for sustainable development "trendy" and "sexy". Communication must be consistent, that is, it must be generated continually through all media channels (TV, radio, print, Internet) and not just in some places. We can manage to make the necessary changes so that we are able to live in a satisfying environment in the future, as well. I would like to finish with an excerpt from the so-called "Toblach theses", which were composed at the *Toblach Talks* in the 1990s, but are now more relevant than ever: "Rather than allowing ourselves to be seduced, betrayed, and lulled into complacency by the beautiful semblance of the consumer world, deluding ourselves in the process, we need personal and communal aesthetics of moderation, simplicity and serenity. We will be con-

der gute der schlechte und der wirklich teure, Staatliche Kunsthalle Baden – Baden. Köln: Walther König, S. 15 **19** Hierzu ausführlich der Beitrag von Johan Holten / Kunsthalle Baden-Baden (2011): „Der gute, der schlechte und der wirklich teure Geschmack – Zum Anteil von Ethik und Ästhetik im 21. Jahrhundert", S. 154 **20** Ullrich, Wolfgang (2003): „Tiefer hängen", Berlin: Wagenbach **21** Hierzu ausführlich der Beitrag von Leiko Ikemura (2011): „Was uns bewegt und was wir bewegen", S. 182 und von Raphie Etgar / Museum on the Seam Jerusalem (2011): „Sozio-politische zeitgenössische Kunst als Mittel der Kritik und des Protests: das Museum on the Seam als Präzedenzfall", S. 174 sowie Derrick de Kerckhove: „Die Ethik der Ästhetik in der globalen Kunst", S. 196 **22** Lepik, Andres (2011): Moderators of Change. Architektur, die hilft, Ostfildern: Hatje Cantz **23** Samuel Mockbee: „If architecture is going to nudge, cajole, and inspire a community to challenge the status quo into making responsible changes, it will take the subversive leadership of academics and practitioners who keep reminding students of the profession's responsibilities." unter: http://apps.cadc.auburn.edu/rural-studio/ (letzter Zugriff: 09.08.2012) **24** Siehe hierzu die Beiträge von Césare Peeren / 2012Architecten (2011): „Superuse! Die Wiederkehr der Dinge", S. 228 und von Stephan Bohle (2011): „It's the Design, Stupid!" S. 212

Abbildungen: S. 14: Leonardo da Vinci: Der vitruvianische Mensch, Proportionsstudie nach Vitruv um 1490, Venedig Gallerie dell'Academia, Inv.228, Popham, Arthur (1946:215) siehe auch: Zöllner, Frank: Leonardo da Vinci. | S. 19: Susan Anderson: High Glitz, Porträtserie von Mini Beauty Queens, 2009 | S. 20: Orlan: Inbetween Venus and Orlan | S. 21:

vincing to ourselves and others when we heighten our sense of the beautiful and enduring and pass on this art of living. Let us set out together on this path. The future begins now." (Toblach Thesis 12, 1998:38) And how do we do that? It's the design, stupid!

Literature: Aicher, Otl (1991): Die Welt als Entwurf, Berlin: Ernst & Sohn, p. 25 | Braungart, Michael/ McDonough, William (eds.) (2008): Die nächste industrielle Revolution, Hamburg: EVA | Brot für die Welt/ Evangelischer Entwicklungsdienst/BUND (ed.) (2009): Zukunftsfähiges Deutschland in einer globalisierten Welt, eine Studie des Wuppertaler Instituts für Klima, Umwelt, Energie, Frankfurt: Fischer Taschenbuch Verlag | Bundespreis Ecodesign (2012): http://www.bundespreis-ecodesign.de, Berlin | Diamond, Jared (2006): Kollaps, Frankfurt: Fischer Verlag | European Commission (2009): „Sustainable and responsible business", on: http://ec.europa.eu/enterprise/policies/sustainable-business/ecodesign/index_en.htm (last access: 28.03.2012) | Friedmann, Thomas L. (2010): Eine Agenda für das 21. Jahrhundert, Frankfurt: Suhrkamp, p. 77 | Fromm, Erich (1979): Haben oder Sein, Munich: dtv, p. 80 | Glauber, Hans (2006): „Langsamer, weniger, besser, schöner", in: Hans Glauber (ed.) (2006): Langsamer, weniger, besser, schöner, Munich: oekom verlag | Handelsblatt (2012): „Vergleichsweise schwache Entwicklung des Werbemarktes in Deutschland", on: http://www.absatzwirtschaft.de/content/Communication/news/_b=76262,_p=1003214,_t=fthighlight,highlightkey=Strategy+Analytics (last access: 27.03.2012) | Hüther, Gerald (2011): Was wir sind und was wir sein könnten, Frankfurt: Fischer Verlag | Ismar, Georg und Humml, Simone (2011): „Gipfel schließt Fahrplan für neues Abkommen", on: http://www.sueddeutsche.de/wissen/un-konferenz-in-durban-gipfel-beschliesst-fahrplan-fuer-neues-klimaabkommen-1.1231492 (last access: 28.03.2012) | Kunze, Anne (2012): „Schrott ist verfügbar", in: Die Zeit, No. 13, p. 39-41 | zur Lippe, Rudolf (1987): Sinnenbewusstsein – Grundlegung einer anthropologischen Ästhetik, Reinbek: Rowohlt | Leonard, Annie (2010): Story of Stuff, Berlin: Econ, p. 57 | Lutz, Manfred (2012): Wie lernen Gesellschaften heute?, Wuppertal: Wuppertaler Institut für Klima, Umwelt, Energie | McDonough, William (2012): „Design is the first signal of human intention", on: www.mcdonoughpartners.com/design_approach/philosophy (last access: 28.03.2012) | McKinsey (2012): „Automobilindustrie: Online-Kommunikation als strategischer Wachstumsmarkt", on: www.mckinsey.de/html/presse/2012/20120228_PM_Mobility_Future.asp (last access: 28.03.2012) | Meadows, Dennis L., et al. (1972): Die Grenzen des Wachstums. Bericht des Club of Rome

Werk von Orlan, siehe: Orlan 1964–2001, Ausstellungskatalog ARTIUM de Alava, Centro-Museo Vasco de Arte Contemporaneo, Salamanca 2002 **10** http://www.artinfo24.com/shop/artikel.php?id=139 **11** Witte, Sonja (2011): „Indiz der Wirklichkeit. Über die Kunst der Ware keine sein zu wollen", in: extrablatt-online http://www.extrablatt-online.net/archiv/ausgabe-6/sonja-witte-indiz-der-wirklichkeit.html (letzter Zugriff: 20.11.2011) **12** http://www.santiago-sierra.com (letzter Zugriff: 09.08.2012) **13** Friedrich Schiller (1879): „Über Anmuth und Würde", in: Schillers sämtliche Werke, vierter Band, Stuttgart: J.G.Cotta'sche Buchhandlung, S. 454–496 **14** Der Kunstwart. Rundschau über alle Gebiete des Schönen; Monatshefte für Kunst, Literatur und Leben. München. 1. Ausgabe 1887 bis 50.Ausgabe 1936/37 **15** Pazaurek, Gustav Edmund (1909): „Geschmacksverirrungen im Kunstgewerbe. Führer dieser Abteilung im Landes-Gewerbe-Museum Stuttgart", Scan der 3. Auflage, 1919, unter: http://de.wikisource.org/wiki/Geschmacksverirrungen_im_Kunstgewerbe (letzter Zugriff: 09.08.2012). Die Ausstellung: Böse Dinge. Eine Enzyklopädie des Ungeschmacks, kuratiert von Imke Volkers, wurde 2009–10 im Werkbundarchiv / Museum der Dinge gezeigt und griff die Kategorisierung der Geschmacksverirrungen nach Pazaurek auf. **16** Hierzu ausführlich der Beitrag von Renate Flagmeier / Werkbundarchiv Berlin (2011): „Gute und schlechte Dinge aus der Perspektive des Deutschen Werkbunds." S. 128 **17** Hierzu ausführlich der Beitrag von Christian Demand (2011): „Architekturkritik als Laienpredigt: Paul Schultze-Naumburg und die moderne Bausündenschelte", S. 110 **18** Holten, Johan (2011): „Geschmack – eine Einführung", in: Geschmack,

zur Lage der Menschheit, Stuttgart: Deutsche Verlags-Anstalt | Müller, Michael (2003): „Grand Hotel am Abgrund: in der Auseinandersetzung zwischen liberalem Kapitalismus und sozialer Demokratie muss die SPD ihr programmatisches Defizit beseitigen", in: SPW (2003): Zeitschrift für sozialistische Politik und Wirtschaft, Dortmund, p. 29–31 | OECD (2012): Environmental Outlook to 2050, OECD Publishing | Schmidt-Bleek, Friedrich (2007): Nutzen wir die Erde richtig?, Frankfurt: Fischer Verlag, p. 45 | Packard, Vance (1964): Die große Verschwendung, Frankfurt and Hamburg: Fischerbücherei | Pinzler, Petra (2011): „Noch mehr ist nicht genug", on: http://www.zeit.de/2011/39/Wachstum (last access: 28.03.2012) | Toblacher Thesen 1998: „Schönheit – Zukunftsfähig Leben" (These 12), in: Hans Glauber (ed.) (2006): Langsamer, weniger, besser, schöner, Munich: Oekom Verlag, p. 38 | Uchatius, Wolfgang (2010): „Kapitalismus in der Reichtumsfalle", on: www.zeit.de/2011/46/Kapitalismus (last access: 28.03.2012) | Weizsäcker, Ernst Ulrich von (2010): Faktor Fünf, München: Droemer, p. 42 | Winterfeld, Uta von (2011): „Vom Recht auf Suffizienz", in: Werner Rätz, Tanja von Egan-Krieger et al. (eds.) (2011): Ausgewachsen! Ökologische Gerechtigkeit. Soziale Rechte. Gutes Leben. Reader zum Attac-Kongress „Jenseits des Wachstums", Hamburg: VSA Verlag, p. 57–65

List of illustrations: p. 206: Mark Whitfield © 2011 Mark Whitfield for The burning house http://the-burning-house.com | p. 209: Allotinabox © 2012 Allotinabox | p. 212: designerscouts © 2010 Swap Market flyer by designerscouts berlin

Staats- und Sozialphilosophie gelten als„praktische Philosophie" im Gegensatz zur „theoretischen Philosophie", wie die Logik, die Erkenntnistheorie und Metaphysik. **3** Platon (360–346 v.Chr.): „Philebos", in: Loewenthal, Erich (Hg.,1982): Platon – Sämtliche Werke Band III, Heidelberg: Lambert Schneider **4** Früchtl, Josef (1996): „Die Möglichkeiten einer ästhetischen Ethik der Natur", in: Zimmermann, Jörg (Hg.): Ästhetik der Naturerfahrung, Stuttgart: Fromann-Holzboog, S. 60. Ausführlicher dazu die Habilitationsschrift von Früchtl, Josef (1996): „Ästhetische Erfahrung und moralisches Urteil. Eine Rehabilitierung." Frankfurt/Main: Suhrkamp **5** Zum philosophischen Fundament und Verhältnis von Ethik und Ästhetik siehe die Beiträge in diesem Band von Michaela Ott (2011): „Ästhetik und Ethik in der Philosophie und Kunst", S. 80 und von Rainer Leschke (2011): „Der schöne Schein des Guten und die Güte des schönen Scheins. Zum prekären Verhältnis von Ästhetik und Ethik", S. 48 **6** Bemerkenswert ist, dass oftmals gar nicht die Jugendlichen selbst den Eingriff wünschen, sondern ihre Eltern, wie die Kinderchirurgin Julia Corcoran von der Northwestern University in Chicago erklärte. Weigelt, Nada / dpa: Meldung vom 08.09.2008, auf: http://www.n-tv.de/politik/Selbst-Kinder-unterm-Messer-article21328.html (Letzter Zugriff: 09.08.2012) **7** Filme zum Thema: Shari Cookson (Regie): Living Dolls: The Making of a Child Beauty Queen (TV-Dokumentarfilm, USA 2001) und Jonathan Dayton, Valerie Faris (Regie)/Michael Arndt (Buch): Little Miss Sunshine (preisgekrönter Spielfilm, USA 2006) **8** http://theirishcritic.com/new-york-theatre/feminism-and-representation-an-interview-with-orlan (letzter Zugriff: 21.07.2012) **9** Ausführlich zum

ein Nachdenken über ethische Verantwortungen und Dimensionen in der Architektur, der Kunst und dem Design erschließen und befördern? Schließt das eine das andere mit ein oder gar aus, oder sind derartige Kopplungen, Betrachtungen oder Ansprüche nicht mehr zeitgemäß? In dem vorliegenden Band kommen Künstler, Gestalter, Wissenschaftler und Museumsdirektoren zu Wort, die sich dem Verhältnis von Ethik und Ästhetik in der Philosophie, der Kunst und der Gestaltung sowie in der kuratorischen Praxis annehmen. In drei Sektionen werden Projekte und Positionen aus Kunst, Architektur und Design vorgestellt, die sich ethischen Fragen stellen und ästhetische Antworten suchen oder verwerfen.

Anmerkungen | Literatur: **1** (altgriechisch ἠθική (ἐπιστήμη) ēthikē (epistēmē) von ἦθος ēthos **2** Cicero übersetzte êthikê in philosophia moralis und Aristoteles führte den Begriff Ethik als Bezeichnung für eine philosophische Disziplin ein, die das menschliche Handeln beurteilt und hieraus verbindliche Richtlinien ableitet. Die Ethik sowie die Rechts-,

CÉSARE PEEREN
The Return of Objects

The increasing world population is primarily found in ever growing mega cities, such as Seoul. We still refer to these dense conglomerates as "modern" cities. A hundred years ago, this kind of city was modern since it made use of new industrial techniques to supply the new working class with comfortable housing. In recent times, it feels a bit odd to call this "modern", because we have completely different urgencies now. Urbanisation causes both ethical and aesthetic problems: to keep from destroying nature, the modernists thought we had to densify the cities to host the growing human population, while keeping "pure" nature in "reserves" untouched. It seemed a logical system. When the fumes of industrialisation started to threaten our health, city-planners decided to separate industry from urbanisation, recreation, and agriculture. Having grown up in a city myself, I did not know much about nature. So when I began to explore nature in my free time, I understood that, contrary to how our "life support systems" – city, industry, and agriculture – are organised, all processes in nature are cyclic and interconnected, in one way or another. Our industrialised society has specialised in growing successful but simple and linear systems that are as big as possible. For example, a loss of 60 per cent of produced food is considered "acceptable" in our food system. The amount of fuel and fertiliser needed in the production, transport, and processing of food was not very important since

interessantes Beispiel ist das Wohnhaus mit Wänden aus Altpapierballen. Rural Studio konnte mittels Tests herausfinden, dass diese stark gepressten Papierballen eine bessere Feuerwiderstandskraft besitzen als manch herkömmliches Baumaterial.

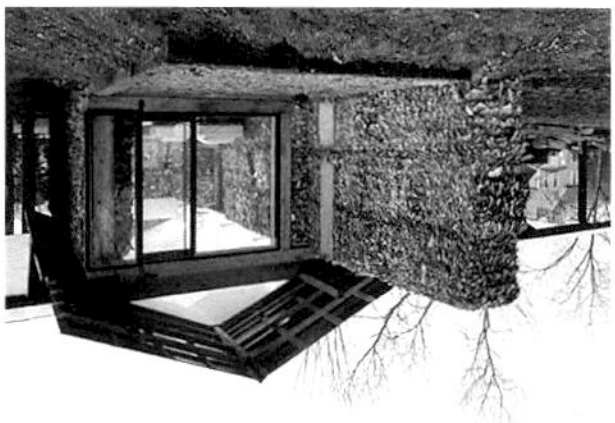

Nachhaltigkeit ist meines Erachtens eines der wichtigsten Themen in der zeitgenössischen Gestaltungspraxis, denn der Erhalt unsere Umwelt ist eine der zentralen Anforderungen an alle Gestalter für eine lebenswerte Zukunft.[24]
In welcher Form können Kunst, Design und Architektur einen Beitrag zu gesellschaftskritischen Diskussionen und politischen Auseinandersetzungen leisten? Bedingt tatsächlich „more ethics, less aesthetics" wie das Motto von Massimiliano Fuksas auf der Architekturbiennale in Venedig lautete, oder könnte nicht gerade „more aesthetics"

resources are still cheap compared to labour costs. By growing the size of all parts of the production system, it was possible to still make profit even though the system is inefficient. This growth scenario was literally fueled by the apparent abundance of oil, which is one reason we waste so much. What would happen if we would learn from nature and start thinking in cyclic and connected systems? Or even better, what if we would consider ourselves to be part of nature and its systems, if we would connect our systems to the systems of the natural world? Another typical feature in nature is that it seems to be in endless transformation. But instead of transforming the "old" products – city, architecture, furniture, fashion – human beings got in the habit of completely erasing the old and replacing it with new and "better" concepts. As soon as the ethics of a past era have been changed into a new ideal, all objects with the aesthetics that recall the previous era are also replaced. Again, this is way of dealing with our surroundings that leads to a lot of waste. Something else that strikes me when looking at nature is that although nobody began by designing it with an aesthetic idea in mind, it is nevertheless expressively perceived by most people as being beautiful. This leads me to another definition of aesthetics. In my eyes, an object, building, or city has a higher degree of aesthetic quality depending on the number of functions it fulfils. The design of nature is the best example because it has

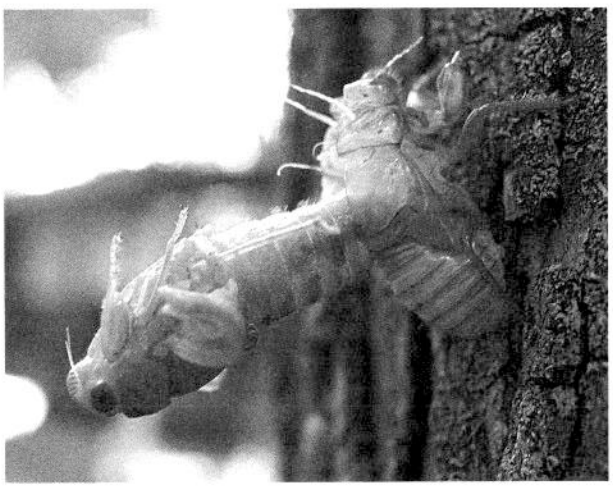

neue Nutzung überführt werden. Rural Studio hat sich mit seinem kreativen sozialen Engagement einen Namen gemacht. Das Undergraduate-Entwurfsstudio an der Auburn University in Alabama, 1993 von den Architekten Samuel Mockbee und D. K. Ruth gegründet, hatte sich zum Ziel gesetzt, die große soziale Verantwortung zu vermitteln, die der Beruf des Architekten mit sich bringt.[23] In einem beispielhaften Lehrprogramm entwerfen 18- bis 24-jährige Studierende Häuser für eine arme, vorrangig schwarze Bevölkerung im sogenannten „black belt" im Westen Alabamas. Jedes Jahr werden innerhalb des Studios etwa fünf Projekte realisiert. Rural Studio hat seit seiner Gründung über 80 Häuser gebaut. Um die Baukosten niedrig zu halten und eine Architektur unter nachhaltigen Prämissen zu entwickeln setzen sie auf *re-use* und *recycling*. Ein

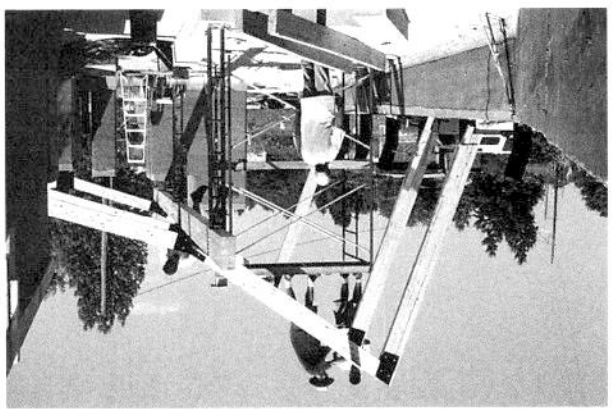

integrated an infinite number of functions into one design. To us, industrial architecture is just as fascinating to look at as a tree. An oil refinery is not designed to achieve beauty, but to efficiently process raw oil into different fractions and; in our opinion, we achieve more beauty this way than with modern architecture. Objectively, you could say you reach an expressive and ambiguous aesthetics. Whether you like it or not will be determined by materialisation and knowledge: for instance, knowing industry is polluting and "bad" makes you consider its aesthetics negatively. But try to look at an oil refinery without bias and compare it to a tree; is it really ugly or do you judge it to be ugly because you know what it does to nature? What makes the tree more beautiful then the refinery? The formal consequences of all other functions of a

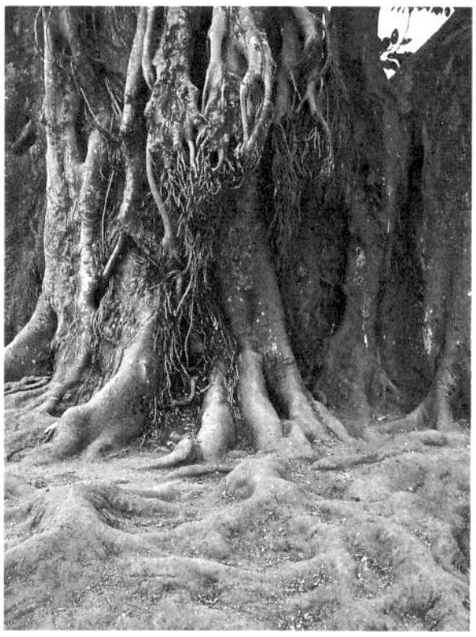

tree – for instance that it breathes air, collects solar energy, resists the wind – have further defined its shape. I believe that a notion of beauty is perceived by most of us depending on how many of these functions are integrated into the design. When I start designing, I first analyse the different layers, or what I call "flows", which are important for the design. In the design and in the building process, these layers are integrated and the aesthetics of the project evolve as a consequence of rules for ergonomics, functionality, materialisation, energy efficiency, economy, practicality.

Die Lenkung des Blickes, die einer Verdrängung, der Sprachlosigkeit und dem Vergessen entgegenwirkt, ist hierbei eine mögliche Strategie.

Nachhaltigkeit. Über die Möglichkeiten der Gestaltung für die Zukunft | Direkte Intervention ist eine weitere Strategie und die Häufung von Architektur- und Designprojekten, die auf katastrophale Zustände unterschiedlichster Couleur reagieren, könnte durchaus als eine „Rückkehr des Sozialen" gewertet werden.[22] Als ein frühes Beispiel ist der japanische Architekt Shigeru Ban zu nennen, der 1995 nach dem katastrophalen Erdbeben in Kobe eine Architektur für Notunterkünfte entwickelte. Das einfache und intelligente Konzept der *Paper-tube*-Strukturen basiert auf Konstruktionen aus gefüllten Papprollen, die als kostengünstiges Baumaterial in akuten Notsituationen in eine

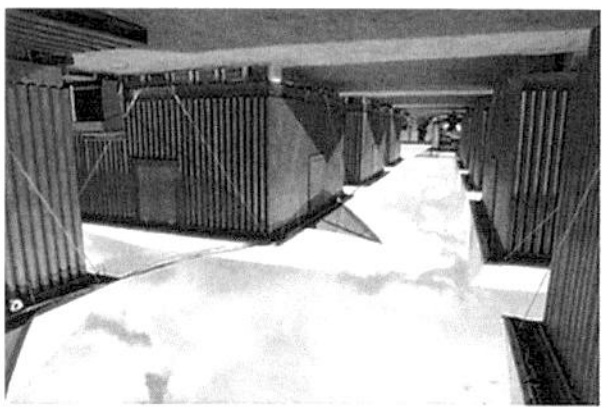

With these starting points in mind, 2012Architects set out fifteen years ago in search of a way to create an integrated sustainable architecture. The first projects we carried out were very small-scale, such as shop interiors, art installations, and furniture. For this kind of work, the relevant layers to integrate are limited to functionality, ergonomics and materialisation. In nature, things are made with only materials that are available on location; like a bird that builds its nest from twigs and grass that lay around the tree, we began building our objects from the waste available in the direct surroundings of our projects. For this, we developed a simple tool: the harvest map. On a harvest map, data about local waste streams are collected and we introduce a catalog of site-specific wasted materials. With this knowledge the design can be elaborated. In this way, the design is partly decided by the material itself. Hence, the material designs the project, and the designer only gives the direction; the wasted stuff indicates the most efficient detailing. By working this way, we increase the sustainability of our projects in several ways. By working with the help of the map we choose only materials that do not need to be transported long distances. And in designing by following "the will of the material", we also use less energy to transform the material. Our first art assignment, *The Miele Space Station*, was an architectural installation made from washing machines. The washing machines were harvested from a home appliances shop that was in the same street as our

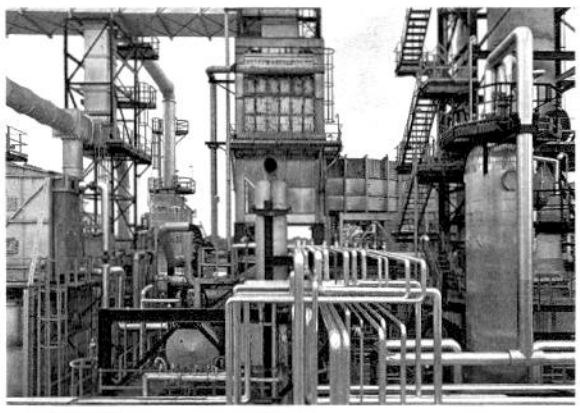

ihrer Wirkungsmacht. Was vermag die Ästhetik eines Bildes in der Darstellung von Gewalt zu vermitteln? Wirkt sie „kontraproduktiv", als Weichzeichner einer brutalen Realität, oder ist es nicht gerade eine ästhetische Bildsprache, die in ihrer Fokussierung und Zuspitzung die Wunde offenlegt und das Unaussprechliche sichtbar zu machen versteht? Sicher sind beide Fragestellungen zu bejahen und genau das macht die komplexe Herausforderung an Künstler aus: die adäquate Sprache zu finden, jenseits ethisch-moralischer Überhöhung und einer universalen Definition von Schönheit. Offensichtlich entzünden ja gerade die subjektiven und ethischen Verwerfungen in der Bestimmung von Schönheit jene spannenden und kontroversen Diskussionen, die die Vielfalt unserer gesellschaftlichen Verfasstheit widerspiegeln. Welchen Handlungsspielraum haben Künstler und Gestalter hinsichtlich Umweltkatastrophen, existenzieller Krisen und politischer Konflikte?

workshop. The standard sixty-centimetre size of the washing machines "decided" that the units would be sixty centimetres wide. This seems obvious, but if we had initially made a final design and then looked for material, we would have had more cut-offs in the end. Transportation rules and minimum sizes for human use further determined the section of the *Miele*. Functionality is not only necessary from a practical point of view. If you design a project from the most ecological materials – or as in our case, mainly out of waste – but due to your enthusiasm for using an interesting material you pay less attention to its functionality, the project will be unsustainable. A not perfectly functioning object will be used for a shorter period than a very functional one. So we always try to balance the different aspects as well as possible. From the sustainability point of view, it is essential that a project is fully functional and its functionality does not suffer from the restrictions put on it by the materialisation with waste. In other words, if you design a badly functioning object from the perfect waste material, it ends up being perceived as ugly after the fashion for waste design is over. You can fool people for a while with a fashionable look but it will not be timeless design.

For the *Duchi Shoe Shop*, we harvested 400 windshields from a factory that discards 12,000 new windshields yearly. The windshields were reused for the storage and the presentation of shoes. By combining the pie form of the windshields into a circular ground plan, we managed to use a minimum of construction but also created a very functional floor plan. The client sits on the pedestal in the middle and is served efficiently from the "corridor" around it. The shop personnel can reach all stock

nen und deren Darstellung, die Verdrängtes, Verborgenes, Verschwiegenes wieder ins Gesichtsfeld bringen; ob reflektiert, konfrontativ, emotional, es sind oftmals künstlerische Beiträge, die im gesellschaftlichen und wissenschaftlichen Diskurs politisch und unausweichlich werden.[21] Ist nicht das Erhabene, das Sublime in der Kunst – in seiner feinen Abgrenzung zur Schönheit – das, was uns berührt, ergreift, bewegt, unsere Gemüter erregt und in einer Umgebung alltäglicher medialer Reizüberflutung, im Kampf um die schwindende Ressource Aufmerksamkeit zu Hinwendung führen kann? Mich haben derlei Fragen in der eigenen künstlerischen Praxis immer wieder beschäftigt. In dem Projekt *Krieg und Stadt* (1997-2007) habe ich mich dezidiert mit Bildern der Gewalt auseinandergesetzt, mit der Frage nach der Ästhetik und

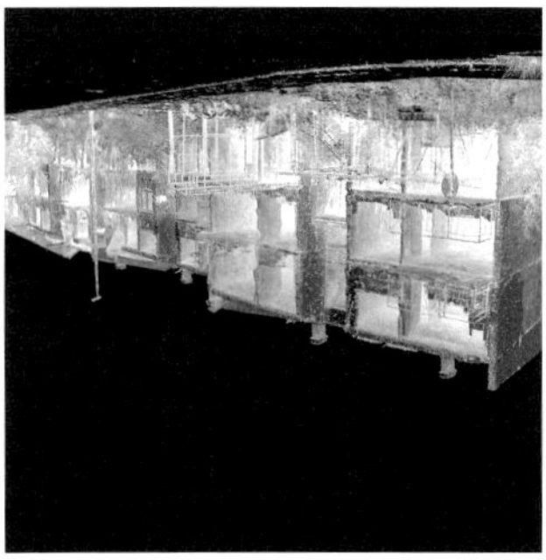

immediately and because the pedestal is lifted, the shop crew does not have to bend down to help the client try on his or her shoes. Like this functionality, ergonomics and efficient use of resources are merged into one design. Practical and ethical considerations lead to an aesthetic design. Wooden cutoffs are another material we used to compose the pedestal. This material was used to form an ergonomically formed seating and shoe-fitting island. The form and the need for a very smooth finishing led to a very labor-intense process. Both economically and ecologically, this was not very efficient because of time spent and the electric equipment involved. From this project, we learned that we should look for materials that do not need a lot of work to be transformed into their new function.

For a playground in Rotterdam, we needed big volumes to facilitate kids in their most important game, running behind each other in a labyrinth. We found out that approximately 3 per cent of windmills have to have their blades replaced annually for safety reasons. Little cracks in the polyester change these 3,500-kilogram plastic objects into a danger in the sky, while on the ground they might last another 200 years without any problem. The thirty-five-metre-long wings were cut into two pieces and used to create towers and tunnels. They are composed in such a way that they create safety zones for different kinds of play. By reusing this kind of material, we spare resources that would normally be needed to build a playground, and help to ease a serious waste-recycling problem with the wings – 200 in Holland and 30,000 worldwide must be replaced each year.

den Werken Andy Warhols nicht mehr von der Hand zu weisen und macht im 21. Jahrhundert die Trennlinie zwischen den Kategorien von freien und angewandten Künsten unscharf. „Was ist Kunst? Was will Kunst? Wozu Kunst?“ fragt sich der Rezipient. Dass Kunst als moralische Instanz gerade die Kunstbetrachtung zu einer Frage der Moral werden ließ und eine Unterwerfung des Rezipienten erzwang, lässt dem Verfall eines erhabenen Kunstbegriffs eine durchaus positive Seite von Befreiung abgewinnen.[20]

Ästhetik des Widerstandes? Kunst als Mittel und Mittler | Doch trotz oder gerade angesichts ihrer Entweihung oder Aktualisierung vermag die Kunst im Hinblick auf Politik und Gesellschaft ihren originären Beitrag zu leisten und gerade dann Fragen aufzuwerfen, Tabus zu brechen und Gespräche zu initiieren, wenn diese längst verstummt sind. Bisweilen ist es der Blick der KünstlerIn-

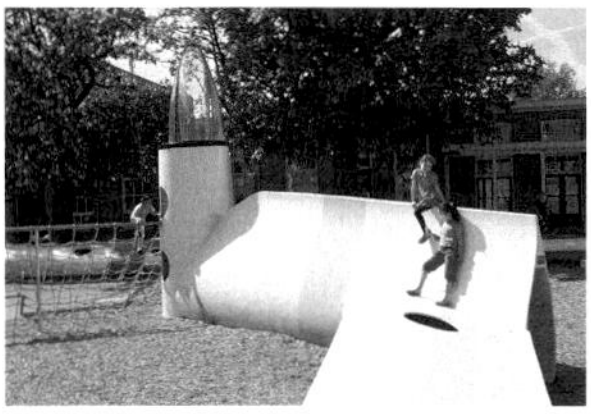

The family house in Enschede, Villa Welpeloo, was built with steel beams harvested from a textile plant as its main construction, with wood from cable reels as a façade-cladding, and with several other materials. In total, it was built with 80 per cent waste materials. We researched the environmental impact of both the wood and the metal reuse. The wood was harvested near the villa, but then it had to be transported so that it could be "platonised" – a process of cooking the pine wood planks, which made them as durable as tropical hardwood. This process is done by Plato-wood using waste-energy from a factory next-door. Comparing this four-centimetre-thick façade cladding to a normal two-centimetre-thick wooden façade cladding shows that it causes just a fraction of the CO_2 emissions of the new alternative. If we would compare it to imported tropical wood, the difference would be even bigger. And then we are not even thinking about the difference in ethical consequences of using waste wood instead of chopping down a tree in a tropical forest …

In the *Worm* project, we realised a 2,000-square-metre music and film venue in the center of Rotterdam. In this project, we made efficient use of the existing structure of the building. By making one cut in the façade and one in the floor behind, we managed to connect all of the different functions – offices, concert hall, shop, foyer and studios – in a very efficient way. The existing spaces in this monumental

beklagte.[17] Von einer „Schule des Geschmacks" war bereits 1771 in Sammlungskatalogen von Bildergalerien zu lesen, die ihren erzieherischen Auftrag mittels der Kunstvermittlung einzulösen suchten. „Das Geschmacksurteil und das Erkennen des Schönen [erfahren mit der Kritik der Urteilskraft von Immanuel Kant 1790] eine erhebliche gesellschaftliche Aufwertung, die einhergeht mit der Einrichtung der ersten öffentlichen Museen."[18] So wurde die Kunst zum Mittler zwischen einem ästhetischen Form- und einem moralischen Wertekanon und zum ideologischen Werkzeug einer ethischen Erziehung mit ästhetischen Mitteln. In der zweiten Hälfte des 20. Jahrhunderts scheint diese Ideologisierung jedoch grundlegend gebrochen. Geschmack ist nicht mehr an ethische, sondern an kommerzielle Wertigkeiten gebunden.[19] Eine zunehmende Verschmelzung von Kunst und Warenästhetik, von künstlerischer und kommerzieller Produktion ist spätestens seit

building could be reused for its new function without demolishing or changing their form. In this architectural structure, we built a flexible shop and foyer from an archive system (that we found in the basement of the location), cable reels, and advertisement board. The concert hall has an acoustic cladding that has integrated LED-lighting and a ventilation system. This cladding is made from reused airplane interiors. Flooring is made from water-resistant changing cabins and lockers that we harvested from a bankrupt Rotterdam swimming pool. In other words, we used several high-end materials in this project making it an exceptional place. But with projects of this scale, materialisation and functionality are not the only important issues for the overall environmental performance. Materialisation is responsible for only 10 percent of the total environmental impact, if you look at the complete lifespan of a project like this. Ventilation, lighting, cooling, and heating make up the other 90 percent. To reduce the lighting demand, we located all of the offices on the façade and opened up all windows that used to be blinded. The shop was also located along the façade. All functions that are in use during the day are thus located on the façade to minimise artificial lighting need. The concert hall, studios, and storage facilities are all located in the darker parts. The lighting installed is all LED or lighting with low-energy consumption. All functions located at the façade are ventilated naturally, while the concert hall is ventilated with a ventilation unit with heat exchange that has an efficiency of 90 per cent. The 10 per cent heat that is "lost" in this unit will be used in the future, together with all other heat

der Ächtung von Geschmacksverirrungen vornehmlich im Kunstgewerbe verschrieben. Er gründete hierfür eine eigene Abteilung im Königlichen Landes-Gewerbe-Museum in Stuttgart und betrieb engagiert Aufklärung, welche Dinge des Hauses einen das Grauen lehren sollten, was sie dazu auszeichnet und was sie von den „guten Dingen" unterscheidet. Dies war ganz im Sinne des Deutschen Werkbundes, der seit seiner Gründung 1907 auf der Basis moralisch argumentierter Qualitätskriterien eine neue Warenästhetik propagierte und zudem eine eigene Programmatik zur Geschmackserziehung entwickelte.[16] Der Argumentationsstil des Werkbundes ist unter anderem den Schriften des Architekten und Künstlers Paul Schultze-Naumburg, einem der Mitbegründer des Deutschen Werkbundes, zu entnehmen, der zu dieser Zeit in der bereits erwähnten Zeitschrift *Kunstwart* die sukzessive Verunstaltung deutscher Landschaften durch Architektur

loss, through the roof of the building. The owner of the building was inspired by our way of thinking and hired us to see how we could improve the ecological performance of his building. We studied the in- and outgoing flows of his building and decided to build a farm on the roof. In this farm, the lost heat will be used to heat a greenhouse. The high concentration of CO_2 in the ventilation air is also used to make the vegetables grow faster. The water for the plants will be fertilised by fish living in a pond on the roof. All organic waste from the users of the building will be composted and used for fertilising the ground. This small-scale farm in return will deliver chicken, fish, vegetables, fruit, and honey to a restaurant situated on the ground floor of the building. This project is one of the results of six years involvement in a group that intends to promote urban farming in Rotterdam. Seen from the mono-cultural way of thinking, urban farming – which forms the base of our growth economy – might seem an inefficient way of farming. But because there is practically no transport and there are an enormous amount of mutual benefits for both the farm and the city, I believe this is an economically attractive and sustainable alternative.

The materialisation of the *Worm* project and all of the projects we have done so far, are examples of our Superuse methodology. We managed to prove that it is possible to reuse waste for architecture and design in a cost-effective way, leading to a new and attractive aesthetic. The other aspects of the *Worm* project – efficient ventilation systems and urban agriculture – are the first steps to evolve ways

Neffe Richard Wagners), wollte im Sinne ganzheitlicher reformerische Überlegungen eine „Rundschau über alle Gebiete des Schönen“ zur Gestaltung und Ästhetik umweltgerechter Lebensformen bieten. Das Kulturblatt sah sich einer moralisch-ästhetischen Volkserziehung verpflichtet und setzte sich eine umfassende Geschmacksbildung zum Ziel – von der Literatur über die Malerei, Musik, das Theater und die Fotografie bis hin zu den Produkten der Alltagswelt. Abschreckung schien ein probates Mittel, um von der Geschmacksverirrung zum guten Geschmack den richtigen Weg zu weisen. *Hausgreuel* wurde seit Anfang des 20. Jahrhundert das Feindbild einer schönen Alltagskultur genannt. „Wollen wir erkennen, worin der gute Geschmack besteht, müssen wir zuerst den schlechten Geschmack beseitigen.“[15] Der Kunsthistoriker Gustav Edmund Pazaurek war einer der führenden Akteure, die sich als Wächter der „guten Dinge“ verstanden und sich

of thinking about reusing waste. This is what we call "recyclicity", the research project where we are developing means and tools to transform our buildings and cities into ecosystems. One of these tools is the "metabolic analysis". Considering a building, an area, a city, or a country as a system with a "border", we analyze the flows that go in and out of this system. Usually, it turns out that we are transporting an equal amount of water, energy, resources, money, and people into the system and out of that system again. After analysis, we can identify those points in the system where we would be able to take a shortcut. The shortcuts we call "cyclifiers". Each cyclifier represents a chance to make the system more sustainable, more stable, and often to start a business. At the moment, we are collecting examples of cyclifiers on the website cyclifier.org. The website includes: a restaurant chain that collects its coffee to grow edible mushrooms, a pipeline collecting industrial waste-heat for households, a website facilitating exchange of waste, an organisation collecting leftover food to give to the poor, and a public swimming pool in a hot water storage. The advantage of this way of working is that you do not need to reorganise the whole system, but you can gradually transform it by introducing more cyclifiers. In other words, this is a system in which you can reuse the existing infrastructure, cities, and buildings and improve them … thus transforming our existing buildings and cities into ecosystems.

und Würde (1793) und *Über die ästhetische Erziehung des Menschen in Briefen* (1793–95) zunächst zu den Idealen der griechischen Antike zurückkehrt: „So wie die Anmuth der Ausdruck einer schönen Seele ist, so ist Würde der Ausdruck einer erhabenen Gesinnung."[13] Angesichts Schillers These, Anmut sei „eine Schönheit, die nicht von Natur gegeben, sondern von dem Subjekt selbst hervorgebracht wird", entzündete sich eine Diskussion über die Bedeutung bzw. die Ausgrenzung des Naturschönen. Ende des 19. Jahrhunderts rückt die Natur wieder in den Mittelpunkt idealer Lebensvorstellungen und fand Niederschlag in einer lebensreformerischen Erziehung. Ein wichtiges Organ der aufkommenden Lebensreformbewegung wurde die 1887 in Dresden gegründete Zeitschrift *Der Kunstwart*.[14] Dessen Gründer, Ferdinand Avenarius (ein

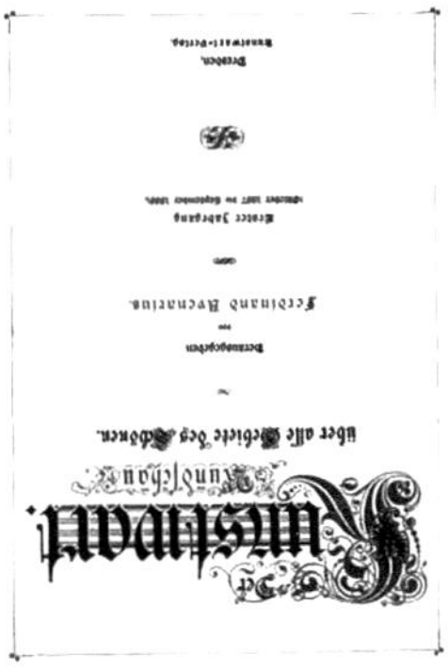

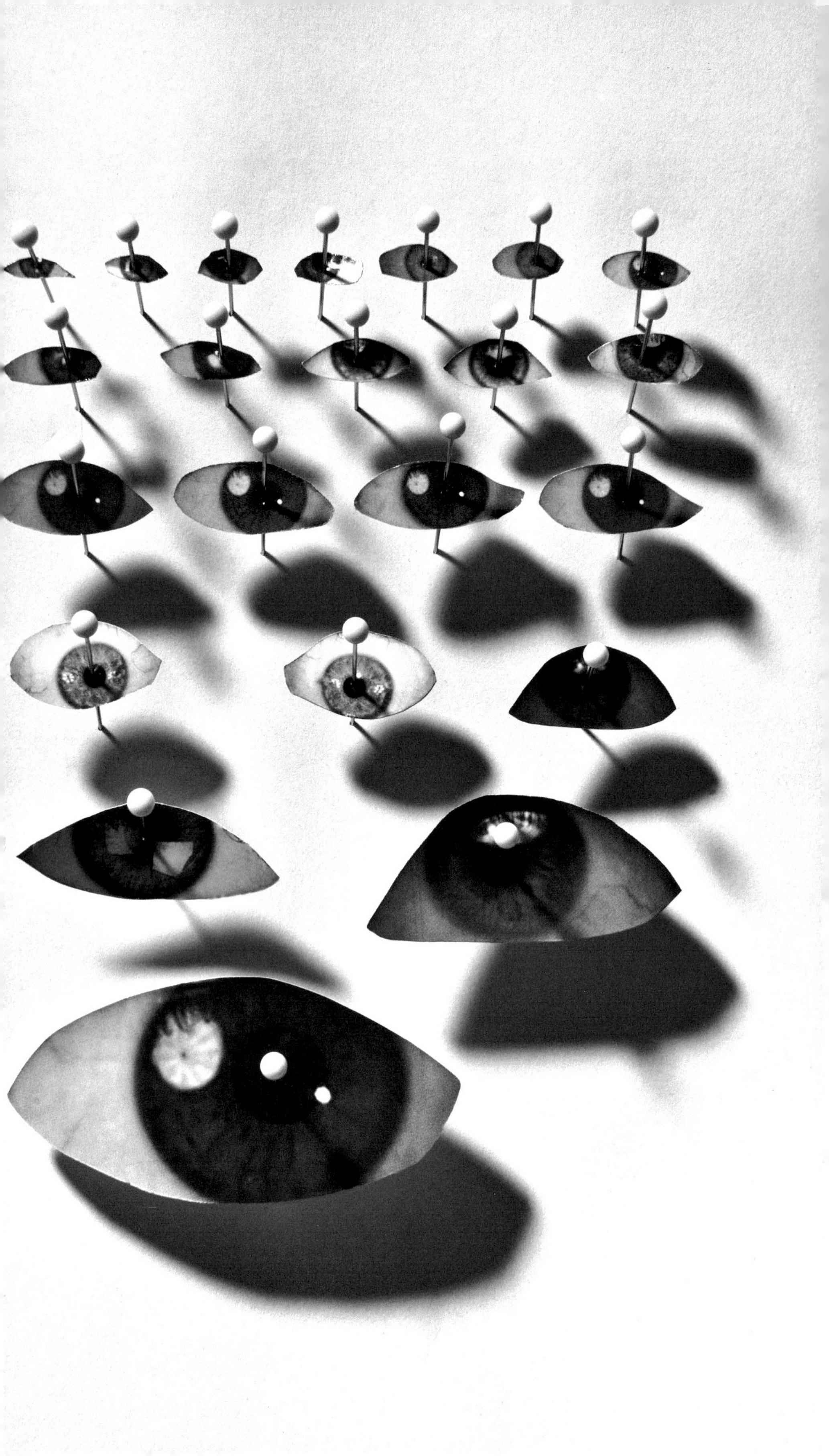

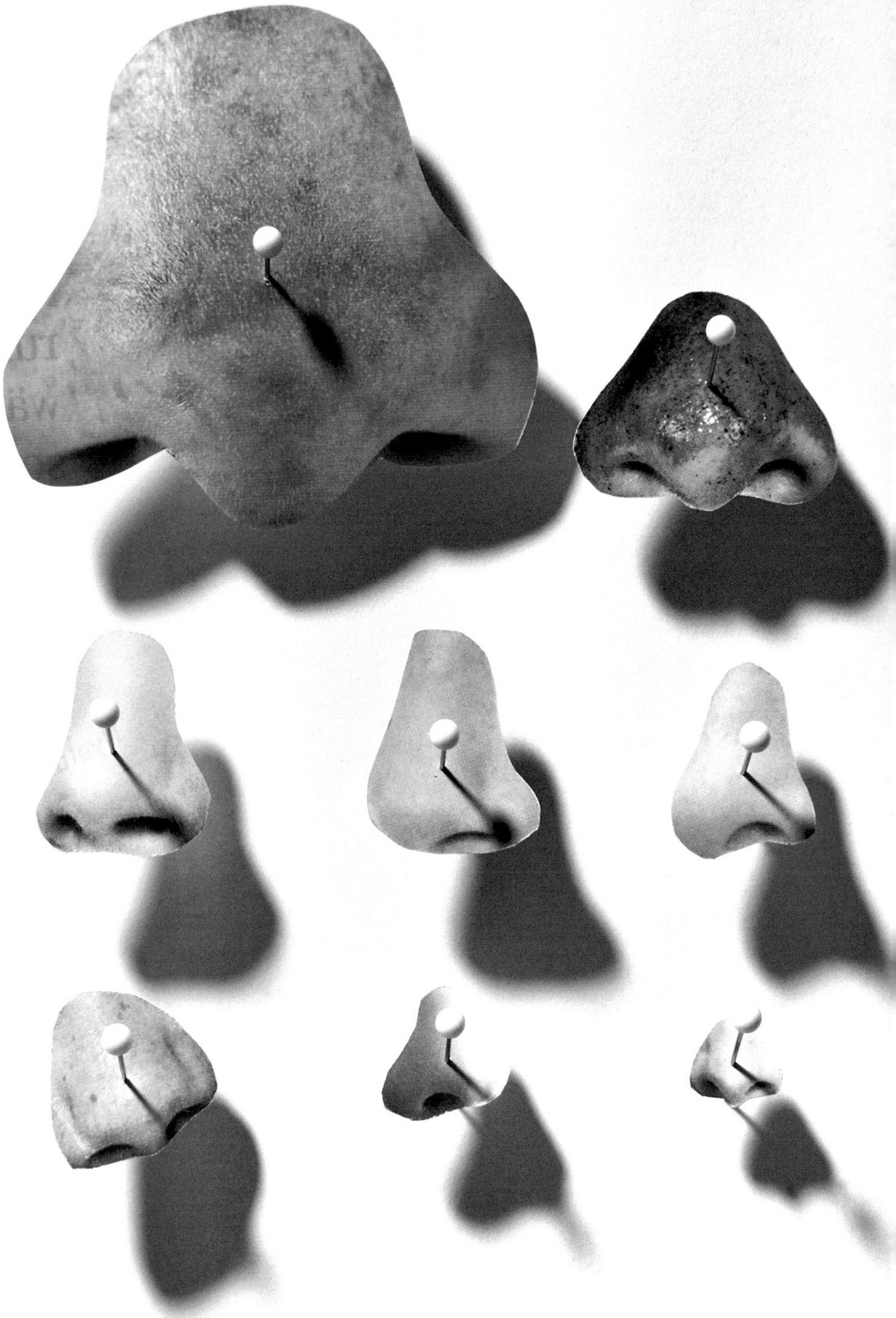

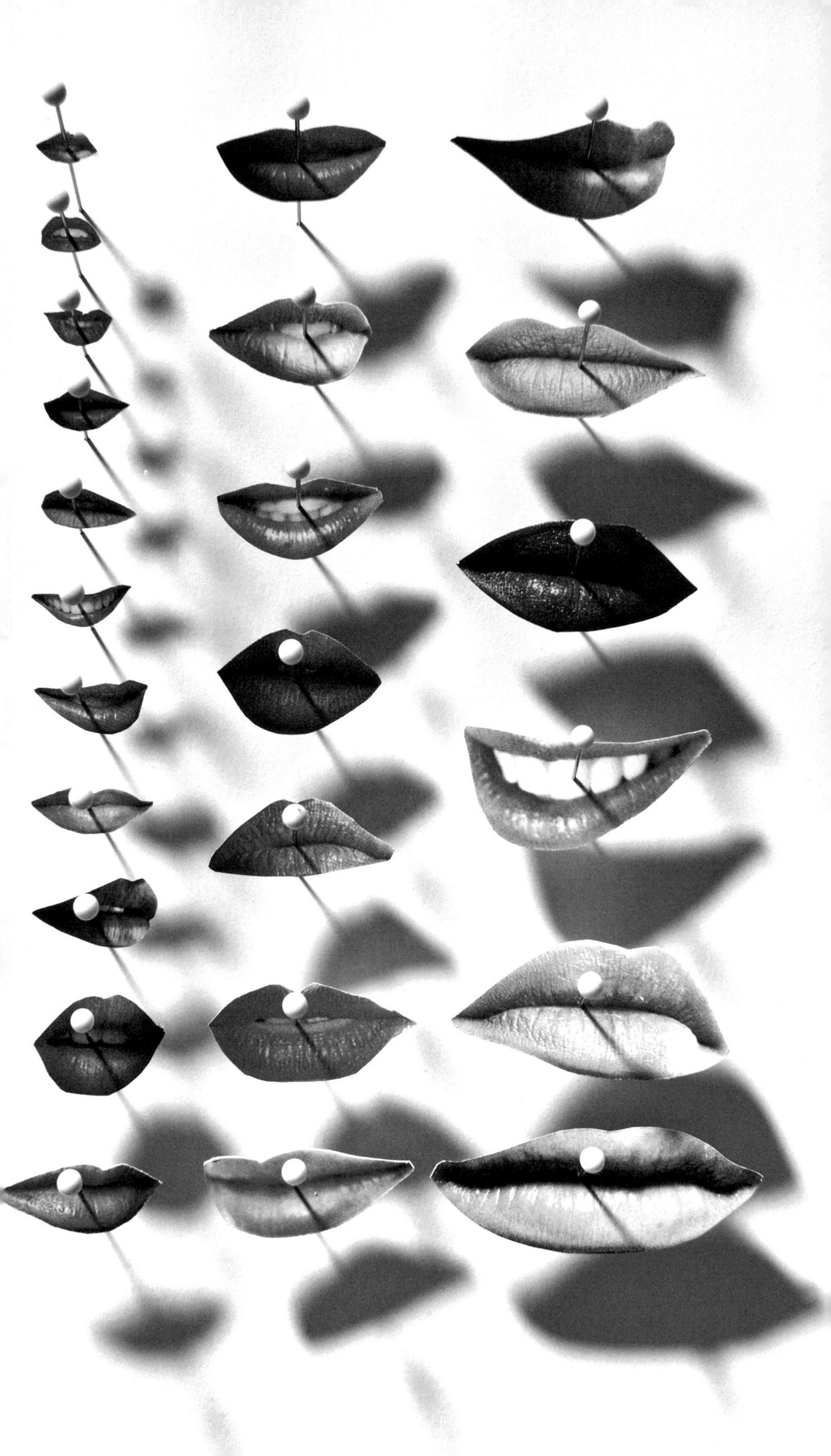

Ethics in Aesthetics?

jovis

Ethics in Aesthetics?

ANNETT ZINSMEISTER (HG.)

edition weißenhof

jovis

Inhalt

10

ANNETT ZINSMEISTER

Ethics in Aesthetics?

ANNETT ZINSMEISTER

Ethics in Aesthetics?

Zum Verhältnis von Ethik und Ästhetik | Ethik[1] – „das Sittliche" – bezeichnet eine normative Vorstellung von einem guten und richtigen Handeln, das sich in Gewohnheiten und Bräuchen manifestiert. Seit Sokrates und Aristoteles ist die Ethik ein zentrales Thema in der Philosophie[2] und ohne sie sind Religion, Politik und gesellschaftliche Modelle nicht denkbar. Der Begriff der Ästhetik, abgeleitet aus dem griechischen *aisthesis*, bedeutet Wahrnehmung, Empfindung. Allgemein gesprochen verstehen wir Ästhetik als eine Lehre beziehungsweise eine Theorie der Schönheit sowie als Erkenntnis oder sinnliche Wahrnehmung. Sie gilt als elementare Grundlage der künstlerischen Ausbildung und zahlreicher Lehrbücher für Proportion und Gestaltung. Die Verbindung bzw. Wech-

selwirkung von Ästhetik und Ethik ist im philosophischen Diskurs seit der Antike ein wiederkehrendes Thema: *Kalokagathia* (eine Wortschöpfung aus *kalós* = schön und *(k)agathós* = gut) bezeichnete in der griechischen Antike die Verbindung von Schönheit und Gutheit als Vollkommenheit und erstrebenswertes Ideal einer beispielweise vortrefflichen Persönlichkeit: Im Schönen kommt das Gute zur Erscheinung und wird als das Wahre offenbar. Das Schöne ist die „Wohnung" des Guten.[3] Unsere Vorstellung von Schönheit beziehungsweise unsere Schönheitsideale werden seit der Antike mit dem menschlichen Körper in Verbindung gebracht. Es ist eine lange Geschichte der Klassifizierungen und Evaluierungen leiblicher Schönheit, die seit Sokrates, vor ca. 2500 Jahren, in direkten Zusammenhang gebracht wird mit dem Guten, mit ethischem Handeln sowie positiven menschlichen Eigenschaften und Tugenden. Katharsis – seelische Reinigung – versprach sich

Aristoteles von der Schönheit und setzte hierbei große Hoffnung in die Künste. In der Renaissance nahm das Streben nach der Vervollkommnung von Mensch und Gesellschaft im kunsttheoretischen Denken und der künstlerischen Praxis einen zentralen Stellenwert ein. Das perfekte Maß und die Lehre von einer harmonischen Ordnung dienten als Werkzeuge zur Erschaffung eines idealen Menschen, einer idealen Architektur und idealen Gesellschaft. Die Dialektik von Wesen und Erscheinung, von Schönheit und Würde kommt in den Arbeiten von Leonardo da Vinci, von Leon Battista Alberti, Marsilio Ficino und vielen anderen facettenreich zum Vorschein. Der Rückblick zu den Ursprüngen der Begriffsbildungen und Schriften, die seit Jahrtausenden den

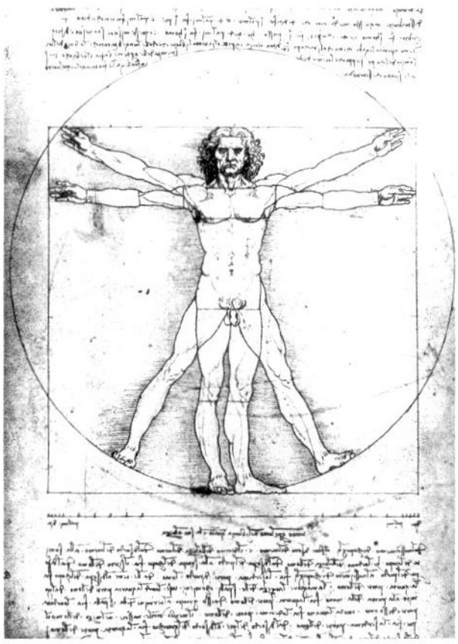

Zusammenhang oder die Unvereinbarkeit von Ethik und Ästhetik erörtern, führt heute, im 21. Jahrhundert, zu Klassifizierungen für die Verhältnismäßigkeit: „Das Verhältnis von Ästhetik und Ethik differenziert sich [also] nach folgenden Möglichkeiten: der Ästhetik wird entweder jeder Beitrag zur Ethik abgestritten, oder er wird nicht abgestritten. Die erste Position in dieser grundsätzlichen Alternative ist die einer *anti*ästhetischen Ethik, die zweite Position, diejenige, die die Ästhetik als Bestandteil der Ethik anerkennt, kann man eine *partial*ästhetische Ethik nennen."[4]

Ich habe das Thema *Ethics in Aesthetics?* bewusst als Frage formuliert, denn angesichts der Begriffe und ihrem changierenden Verhältnisses zueinander können wir uns nicht auf eine klare Vorstellung oder einen gesellschaftlichen Konsens berufen, sondern müssen uns um eine Begriffs- und Standortbestimmung bemühen. Dieser Band versam-

melt demnach sehr unterschiedliche Positionen und widerstreitende Ansätze.[5] Ethische und ästhetische Konzepte müssen immer wieder neu verhandelt werden. Sie basieren auf Idealvorstellungen und stellen Wahrnehmungsgrenzen in Frage, wenn sich diese Vorstellungen wandeln. Die zunehmende Einrichtung von Ethikkommissionen signalisiert, dass wir in steigendem Maße Expertengremien zu benötigen scheinen, um das Leben betreffende Einschätzungen und Entscheidungen – seien sie medizinischer, technischer, politischer, religiöser und gesellschaftlicher Natur – zu delegieren.

Schönheit ist ein Begriff, der ebenso an Wertvorstellungen gebunden ist wie der Begriff der *Ethik*. Die Diskussion um Schönheitsideale und Normen werfen zunehmend ethische Fragen auf. Dies lässt sich besonders gut an dem Umgang mit dem menschlichen Körper illustrieren, vor allem dann, wenn die Kunst ihren Beitrag leistet. Hierbei wird deutlich,

wie vergänglich und streitbar Schönheit bzw. die (Ideal-) Vorstellungen von Schönheit sind. Der Erhalt oder gar die Erschaffung von Schönheit, was immer man darunter verstehen mag, bereitet heute den Boden für eine internationale Schönheitsindustrie mit steigenden Absatzzahlen. So kann es zwar überraschen, aber kaum verwundern, dass bei der Eingabe des Begriffs *Schönheit* im Internet an erster Stelle Anzeigen von Schönheitschirurgen erscheinen. Der medizinische Markt um die Schönheit boomt weltweit und ist auch zu einem Thema in der Politik geworden. Seit 2000 stieg allein in den USA innerhalb von sechs Jahren die Anzahl der Schönheitsoperationen und kosmetischen Eingriffe um 59 Prozent; bis zum Jahr 2015 wird laut einer Studie der *American Society of Plastic Surgeons* (ASPS) mit einer Steigerung von 12 auf fast 55 Millionen Eingriffe gerechnet. 2007 entfielen 5 Prozent aller Schönheitsoperationen auf Jugendliche zwischen 13 und 19 Jahren und die Zahlen

steigen.[6] In Deutschland wurde wiederholt ein gesetzliches Verbot für Schönheitsoperationen an Minderjährigen gefordert: Im Mai dieses Jahres lehnte das Bundesgesundheitsministerium das geforderte Verbot unter anderem aus verfassungsrechtlichen Gründen ab, weil eine Grenzziehung zwischen medizinisch bzw. psychologisch zu begründender und rein ästhetisch motivierter Operation schwierig sei. Auch wenn derlei Diskussionen rund um den Globus politisch ausgefochten werden, so herrscht doch ein recht unterschiedlicher Umgang mit der Thematik. In den USA beispielsweise gibt es seit 1921 Schönheitswettbewerbe für Kinder, damals als Tourismuskonzept in Atlantic City erdacht. Die Suche nach *The Most Beautiful Child*, und ab den 60er Jahren nach *Little Miss America* beförderte die Reiselust amerikanischer Familien, die ihre Kinder in unterschiedlichen Städten in dem zunehmend erfolgreichen Wettbewerb zur Schau stellten. Der kommerzielle Erfolg

und die rechtliche Grauzone, in der diese Veranstaltungen möglich sind, verhindern den Schutz der psychischen und physischen Unversehrtheit der Kinder, deren größte Gefährdung offenkundig von den eigenen Eltern ausgeht.[7] Derlei Wettbewerbe messen Schönheit am Grad der Veränderung bzw. Verfremdung des kindlichen Antlitzes, sie propagieren eine visuelle Transformation des realen Kindes in die Simulation einer begehrenswerten Frau. Nicht das Streben nach Einheit von Form und Wesen ist hier das Ziel, sondern die Trennung bzw. Widersprüchlichkeit von äußerlicher Erscheinung und innerer Reife und Verfasstheit. So wundert es kaum, dass die aktuelle Schönheitschirurgie sich auch eines Zulaufes von Kindern erfreut, die ihren Idolen nacheifern und so aussehen wollen wie beispielsweise Britney Spears, auch in

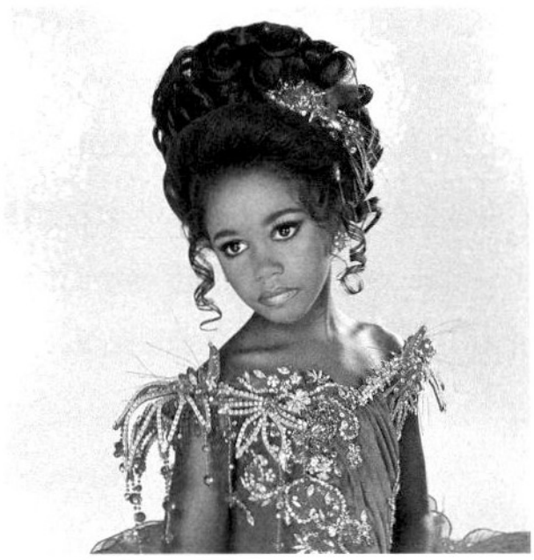

der Hoffnung, ihre Identität kraft ihrer äußerlichen Erscheinung verändern zu können. Was bis dato Kleidung und Kosmetik simulieren sollten, kann heute der chirurgische Eingriff richten, mit dessen Zurschaustellung in diversen Reality-TV-Shows sich zudem mittels Gruselfaktor Geld verdienen lässt.

Die französische Konzeptkünstlerin Orlan bedient sich der Schönheitschirurgie als performatives Mittel zum künstlerischen Zweck. Orlan verwendet seit 1978 ihren Körper als künstlerisches Material. Von 1990 bis 93 ließ Orlan ihr Gesicht mehrfach durch plastische Chirurgie verändern: „I was the first artist to use aesthetic surgery as a medium and deviate aesthetic surgery of its purpose: getting better and younger. I wished an operational gesture which had never been made and set up an intervention which

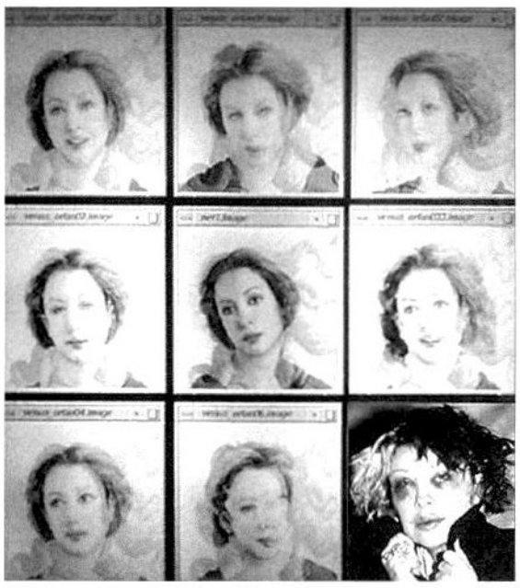

Imprint

Concept and Editing: Annett Zinsmeister
Design, setting and cover: Hannah Häußer, www.hhaeusser.de | Jakob Lauer, www.jakob-lauer.de
Translation: Lucinda Rennison (German–English), Ursula Haberl (English–German), Rae Walter in association with First Edition Translations Ltd, Cambridge: Essay Michaela Ott (German–English)
Lithography: Bild1Druck, Berlin
Printing and binding: DZA Druckerei zu Altenburg GmbH

Bibliographic information published by the Deutsche Nationalbibliothek. The Deutsche Nationalbibliothek lists this publication in the Deutsche Nationalbibliografie; detailed bibliographic data are available on the Internet at http://dnb.d-nb.de

Kindly supported by Staatliche Akademie der Bildenden Künste Stuttgart.

Weißenhof-Institut, Staatliche Akademie der Bildenden Künste Stuttgart, Am Weißenhof 1, D-70191 Stuttgart
www.weissenhof-institut.abk-stuttgart.de

jovis Verlag GmbH, Kurfürstenstraße 15/16, 10785 Berlin
www.jovis.de

ISBN 978-3-86859-191-0

was not considered to bring beauty. I decided to use the literalness of the performance to express the violence done to the body, especially to women's bodies."[8] Diese „ästhetischen" Eingriffe ließ Orlan nach der Vorlage berühmter Frauenbilder aus der Kunstgeschichte vornehmen, wie zum Beispiel dem Bildnis der *Mona Lisa* von Leonardo da Vinci, der *Venus* von Botticelli, der *Diana, Europa, Psyche* usw. *Omniprésence* war die siebte dieser Schönheitsoperations-Performances 1993 betitelt, die per Video live in Galerien nach Paris, New York, in das McLuhan Center in Toronto und in das Banff Multimedia Center übertragen sowie in einer fotografischen Installation dokumentiert und somit einer breiten Öffentlichkeit zugänglich gemacht wurde: *Ceci est mon corps... ceci est mon logiciel* (Dies ist mein Körper... Dies ist meine Software).[9] Die Schönheitschirurgie wird hier zum skulpturalen Werkzeug,

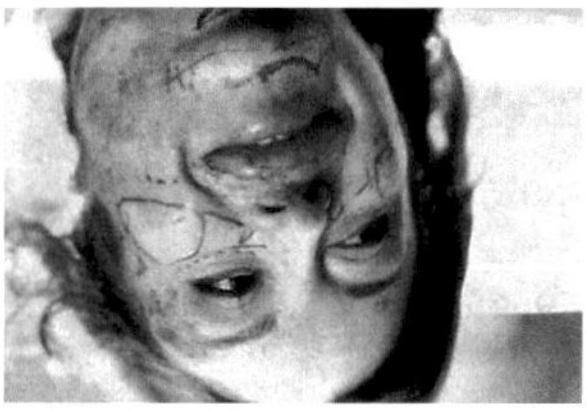

um etwas zu erschaffen, das sich gängigen und historischen Schönheitsidealen entzieht. Orlan beschäftigt sich mit standardisierten und kulturellen Schönheitsidealen und verdeutlicht anhand ihrer als Performance inszenierten Schönheitsoperationen deren Endlichkeit und Gewalt

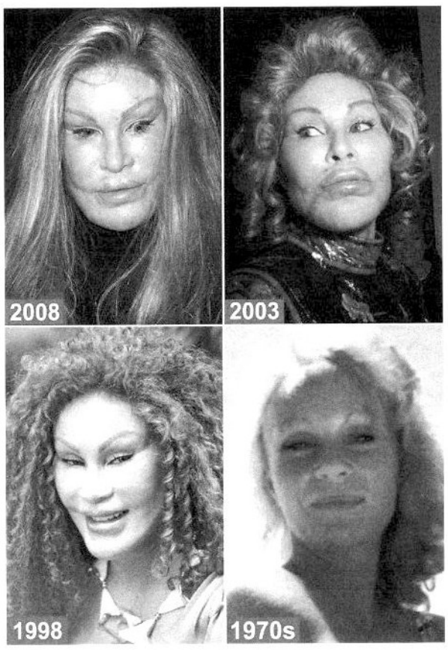

mittels einer drastischen Kunstsprache. Indem sie den menschlichen Körper als künstlerisches Material verwendet, stößt sie spürbar an ethische Grenzen von Schönheits- und Idealvorstellungen. Heute – fast 20 Jahre später – ist die plastische Umformung des eigenen Gesichts zum Beispiel nach animalischen Vorbildern zur Alltagskultur geworden: Jocelyn Wildenstein gewann als die sogenannte *Frau mit dem Katzengesicht* aufgrund ihrer zahlreichen chirurgischen Eingriffe bzw. Verunstaltungen

traurige Berühmtheit auf Prominentenveranstaltungen. Ideal und Realität, Perfektionismus und Obszönität, der Wille zu einer individuellen Schönheit erscheint hier als sicherer Weg in die Geschmacklosigkeit. Optische Transformationen des Körpers jenseits der üblichen Eingriffe sind en vogue und medial überaus präsent. Das Extreme und Hässliche gilt hier als Aufmerksamkeitserreger und beschert den Protagonisten Einträge in das *Guinnessbuch der Rekorde* sowie Fernsehauftritte. Die auffällige Zunahme von Tätowierungen und Piercings in den vergangenen zehn Jahren wird bei vielen Körperschmuckträgern zu einer echten Grenzerfahrung für den Betrachter. Ein Raubtier diente wohl auch der sogenannten *Vampirfrau* Maria Jose Cristerna als Vorbild, einer mexikanischen Juristin und Mutter von vier Kindern, die mit ihrer

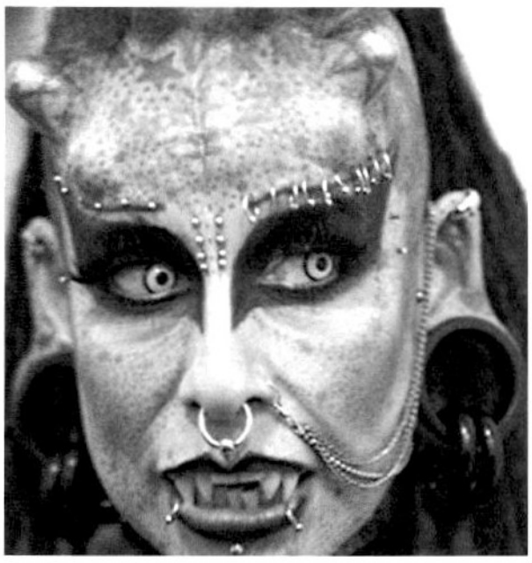

Bildenden Künste Stuttgart, where she has been director of the Weißenhof Institute since 2009. Her specialist fields are art, architecture, cultural and media sciences. Publications include: *Gestalt der Bewegung* (ed., 2011); *update! 90 Jahre Bauhaus – was nun?* (ed., 2010); *City + war. A trip to Sarajevo* (2008); *welt[stadt]raum. Mediale Inszenierungen* (ed., 2007); *constructing utopia. Konstruktionen künstlicher Welten* (ed., 2005). www.annett-zinsmeister.de

LEIKO IKEMURA is an artist, and since 1991, a professor at the Universität der Künste Berlin. International and national group and individual exhibitions include: *Korekara oder Die Heiterkeit des fragilen Seins*, Museum of Asian Art, Berlin Dahlem (2012); *Transfiguration*, National Museum of Modern Art, Tokyo (2011); *Perspectives of Contemporary Painting: 12 Horizons*, Tokyo Station Gallery (2010). Awards and prizes include the August Macke Preis (2009) and the Kunstpreis Iserlohn (2007). Publications include: *Leiko Ikemura* (2010); *Leiko Ikemura. Tag, Nacht, Halbmond* (2008); *umi no ko* (2006). www.leiko.info

DERRICK DE KERCKHOVE worked with Marshall McLuhan as a translator and co-author; he was director of the McLuhan Program in Culture and Technology from 1983–2008. He is concerned with questions of communication and art, located between technology and media communication. He is currently researching the effects of technology on human consciousness. De Kerckhove is the father of *Angel_F*, Autonomous Non Generative E-volitive Life_Form. Publications include: *The Skin Of Culture* (1995); *The Architecture of Intelligence* (2000); *McLuhan neu lesen: Kritische Analysen zu Medien und Kultur im 21. Jahrhundert* (ed. with Martina Leeker and Kerstin Schmidt, 2008).

RAINER LESCHKE is professor of media sciences at the University of Siegen. He has also lectured at the universities of Siegen, Bochum, Klagenfurt, Basel, and Innsbruck. He received an academic award from the University of Bochum for his doctoral thesis. In 1998, he completed his post-doctoral lecturing qualification (Habilitation) with a thesis on "Reproduction Cycles of Literature". Publications include: *Medien und Formen. Zu einer Morphologie der Medien* (2010); *Medienwissenschaft hörbar. Eine akustische Einführung* (2006); *Einführung in die Medientheorie* (2003); *Einführung in die Medienethik* (2001).

MICHAELA OTT has been professor of aesthetic theories at the Hochschule für Bildende Künste Hamburg since 2005. Her special fields of research are poststructural philosophy, aesthetics and politics, aesthetics of film, theories of space and affects. Publications include: *Hollywood. Phantasma/Symbolische Ordnung in Zeiten des Blockbuster-Films* (2005); *Deleuze – Zur Einführung* (2005); *„Raum", in: Ästhetische Grundbegriffe* (2004); *Ästhetik und Politik*, (ed. with Harald Strauß, 2009); *Affizierung. Zu einer ästhetisch-epistemischen Figur* (2010).

CÉSARE PEEREN is an architect, who founded 2012Architecten in Rotterdam with Jan Jongert in 1997. He studied architecture at the TU Delft. 2012Architecten develop products, strategies, and architecture that aim to facilitate our transition towards a sustainable society. The office has received numerous awards for its innovative projects. www.2012architecten.nl | www.superuse.org

ANNETT ZINSMEISTER is an artist and author; since 2003, she has taught as a professor at the Kunsthochschule Berlin Weissensee, the Bergische Universität Wuppertal, and at the Staatliche Akademie der

extremen körperlichen Umgestaltung persönliche Missbrauchserfahrungen verarbeitet hat. Diese Beispiele zeigen, wie vergänglich und streitbar Schönheit bzw. die (Ideal-)Vorstellungen von Schönheit sind und, welchen Einfluss die Medialisierung haben kann. Welche Rolle spielt hier die Bedeutung des religiösen und kulturellen Hintergrundes von Tattoos und Piercing? *Ta Moko* nennt sich beispielsweise die Tätowiertradition der neuseeländischen Māori, in der mit überaus schmerzhaften Verfahren auch das Gesicht mit Sinnbildern kultureller Schöpfungsmythen gestaltet wird. Es sind meist religiöse und spirituelle Traditionen oder Zugehörigkeitsrituale, auf denen derlei Körperkunst basiert. Oder auch artifizielle Schönheitsideale, wie die sogenannten Lippenteller, die in verschiedenen afrikani-

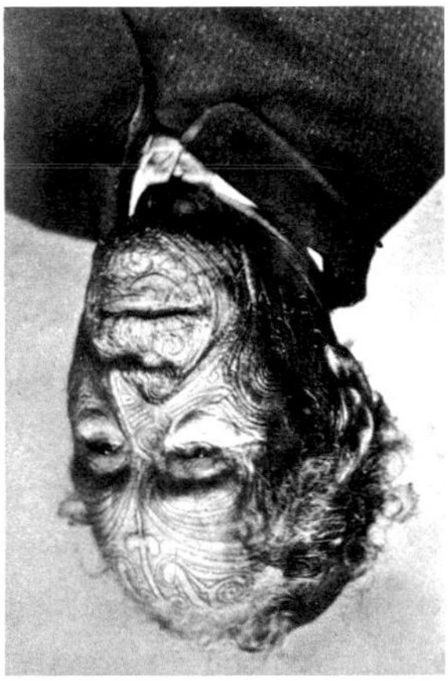

List of the Authors

List of the Authors:

STEPHAN BOHLE is an independent consultant in matters of communication and sustainability, assisting companies and organisations in developing sustainable business models. In 2008, he founded the think tank futurestrategy, and together with journalist Jutta Nachtwey he publishes the e-journal *Best of Green Business.* He lectures in sustainability management, sustainability marketing, and "green design". Bohle has been a member of the Society for a Sustainable Economy (Gesellschaft für Nachhaltige Ökonomie) and of the committee of the German Environmental Foundation since 2010.

CHRISTIAN DEMAND is an independent publicist and editor of *Merkur. Deutsche Zeitschrift für Europäisches Denken*. From 1986–95, he worked as an independent composer and from 1995–2006, as a radio journalist at Bayerische Rundfunk. He has doctorate and post-doctoral qualifications (Habilitation) in philosophy (specialising in aesthetic theory). From 2003–05, he was visiting professor of philosophical aesthetics at the University of Applied Art, Vienna. From 2006–12, he held a professorship as the Chair of Art History, Akademie der Bildenden Künste in Nuremberg. Publications include: *Die Beschämung der Philister: Wie die Kunst sich der Kritik entledigte* (2003); *Wie kommt die Ordnung in die Kunst?* (2010).

RAPHIE ETGAR founded the Museum on the Seam in 1999, the first sociopolitical museum of contemporary art in Israel; he works as its artistic director and a curator. From 1990–99, he was an artistic director and artist for S. Fischer Verlag. He studied art at Bezalel Academy of Art in Jerusalem. Exhibitions include: *Dead end* (2005); *equal and less equal* (2006); *bare life* (2007); *heartquake* (2008); *nature and nation* (2009); *the right to protest* (2010); *west end* (2011). www.mots.org.il

RENATE FLAGMEIER has been a curator at the Werkbund Archive Berlin since 1991. She studied art theory and literature of Romance languages in Berlin and Paris. Her museum-oriented educational projects include work for the Museumsakademie Joanneum in Graz and the Bundesakademie für kulturelle Bildung Wolfenbüttel. She has lectured at the Universität der Künste Berlin, the Fachhochschule Joanneum in Graz, and the FH Potsdam. Exhibitions include: *Kampf der Dinge – eine Ausstellung im 100. Jahr des Deutschen Werkbunds* (2007). www.museumderdinge.de

JOHAN HOLTEN has been director of the Staatliche Kunsthalle Baden-Baden since 2011. From 2006 to 2011, he was director of the Heidelberger Kunstverein. Previously, he studied art history and cultural studies at Humboldt University, Berlin. Since 2011, he has been a member of the jury of the Federal Cultural Foundation (Kulturstiftung des Bundes). Publications include: *Geschmack – der gute, der schlechte und der wirklich teure.*(2011); *Collaboration Vermittlung Kunst Verein: Modellprojekt der ADKV zur Förderung zeitgemäßer Kunstvermittlung* (2010); *Dellbrügge & de Moll – Artist Migration Berlin* (2006). www.kunsthalle-baden-baden.de

schen Völkern wie zum Beispiel bei den Mursi in Äthiopien den Frauen neben großen Schmerzen die Anerkennung des Mannes verschaffen sollen.

Der belgische Künstler Wim Delvoye tätowiert Schweine und betreibt in China bereits eine eigene Schweinefarm, die er *Artfarm* nennt. 1993 begann er mit der Gestaltung der Häute, ab 1997 tätowierte er auch lebendige Schweine. Ihn interessiert die Frage nach der Wertigkeit, nach den Mechanismen der Wertsteigerung zum Beispiel eines Tieres als Kunstwerk. Trivialitäten bis hin zu Labels von Luxusmarken zieren die rasierten Tiere, die oft bereits in jüngeren Jahren eine Tätowierung erhalten, die mit dem Schwein wächst. Am 21. Juni 2007 wurde bei Christies eines seiner Schweine für 71.662 Dollar versteigert.[10]

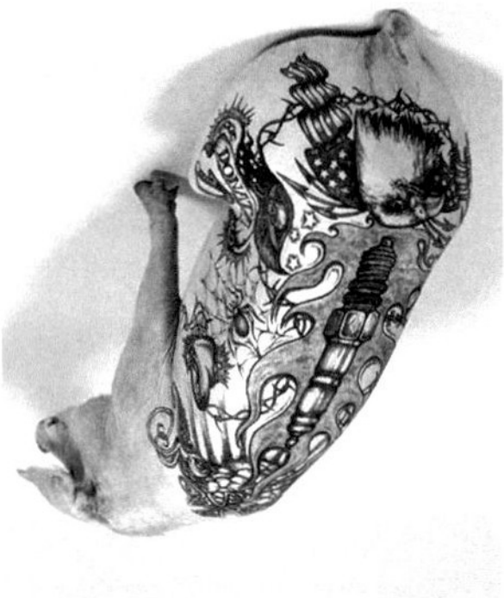

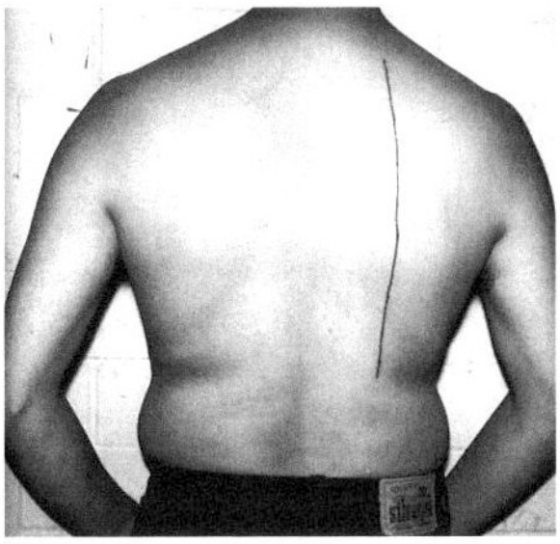

Der spanische Konzeptkünstler Santiago Sierra geht noch einen Schritt weiter. In seiner Arbeit *Eine jemandem gegen Bezahlung eintätowierte Linie von 30 cm Länge, Calle Regina 41, Mexiko-Stadt, Mai 1998* suchte er eine Person, die „weder Tätowierungen hatte, noch sich welche machen lassen wollte und sich nur wegen des Geldes bereit erklärte, sein Leben lang ein Zeichen auf der Haut zu tragen. Die Person wurde dafür mit 50 Dollar bezahlt." Mit der Arbeit: *160 cm lange Linie auf vier Personen tätowiert*[11] dehnte er die Tätowieraktion auf vier Personen aus. Das schriftliche Konzept Sierras zu dieser Arbeit lautet: „Vier heroinsüchtige Prostituierte gaben für einen Schuss Heroin ihre Zustimmung, sich tätowieren zu lassen. Für Fellieren verlangen die Prostituierten normalerweise 2000 bis 3000 Peseten, also zwischen 15 und 17 Dollar, während der

preparation and organisation of the symposium and to Regina Fasshauer, who joined the project in its final stages and immediately offered some very valuable support.

Annett Zinsmeister, Stuttgart | Berlin 2012

Acknowledgements

This publication is based on a symposium organised by the Weißenhof Institute at the Staatliche Akademie der Bildenden Künste (in Stuttgart in December 2011). The Weißenhof Institute was founded in 1980 and has developed into an institution promoting discourse between different disciplines; an interdisciplinary platform offering diverse events and publications. Special thanks to the Staatliche Akademie der Bildenden Künste Stuttgart for the financial support of the Institute. This is now the third publication (after: *Update! 90 Jahre bauhaus – was nun?* 2010 and *Gestalt der Bewegung* 2011) to appear in the specially established edition weißenhof at jovis Verlag Berlin. In only a few months we have succeeded in preparing this anthology, which will make the event's lectures available to a wider audience. My thanks go to all the authors, who have transformed their lecture manuscripts into texts for print within only a few weeks. Many thanks also to jovis Verlag for their usual professional cooperation, editing and friendly guidance, as well as to Lucinda Rennison, Ursula Haberl, and Rae Walter for their translations. The book has been designed by Hannah Häußer and Jakob Lauer, students at the Akademie and prepared for printing. I am very grateful to them. I would also like to express my gratitude to my colleague Prof. Uli Cluss for his outstanding cooperation during our shared responsibility. Special, personal thanks go to Christine Nasz for her committed, skilled project coordination, to Adeline Seidel for her engagement in the

Preis für einen Schuss Heroin bei 12.000 Peseten liegt, was ungefähr 67 Dollar entspricht." Seine Kritik am „System der Entlohnung" verbindet Sierra mit der Kritik an der Vorstellung, die Kunst sei ein von der gesellschaftlichen Wirklichkeit unangetasteter Bereich. So erklärt Sierra bezüglich seiner Arbeit mit dem Titel *Zehn Personen, die dafür bezahlt werden zu masturbieren* aus dem Jahr 2000: „[N]icht das Moment der Produktion ist erniedrigend, sondern das System der Entlohnung. Wir finden es nicht beschämend zu masturbieren, dafür zu bezahlen aber schon. Vom Standpunkt der entlohnten Person ist es egal, ob es um Produktion von Samen oder von Schrauben geht."[12] Sierra stellt mit seinen Arbeiten einen Umgang mit dem Körper zur Schau, der sich rigoros von ästhetischen und ethischen Prämissen verabschiedet hat. Auch der niederländische Künstler Joep van Lieshout pflegt einen durchaus provokanten und grenzwertigen Umgang

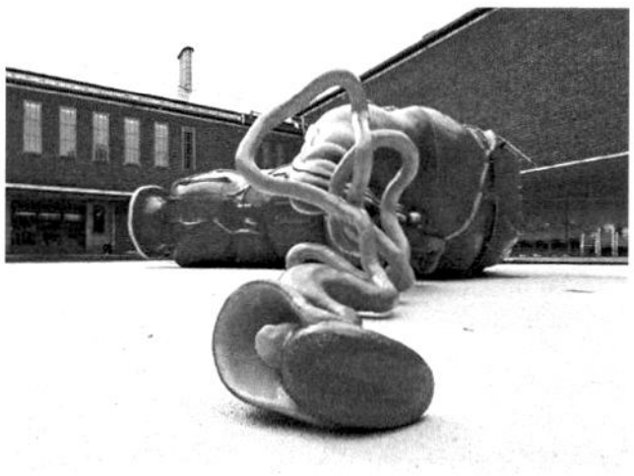

mit Körper und Raum: 1995 gründete er ein Künstlerkollektiv, um „die Rolle des Künstlers als Genie und isoliertes Individuum“ zu hinterfragen. Mit der Gründung des Stadtstaates *AVL-Ville* im Rotterdamer Hafengebiet erhielt die Gruppe vielseitige Beachtung. Das Projekt, das sich als „provokativer Gegenentwurf zu staatlicher Herrschaft und Monopol“ verstand, war ein künstlerisches Gesamtkonzept und verfügte über eine abgegrenzte Dorfstruktur mit containerartigen Gebäuden, eine eigene Währung, eine autarke Selbstversorgungsstruktur, eine eigene Verfassung und Flagge. Unabhängigkeit in Form von Selbstversorgung, Anarchie und Selbstregulation sind wiederkehrende Themen. Auch wenn der Kunst keine

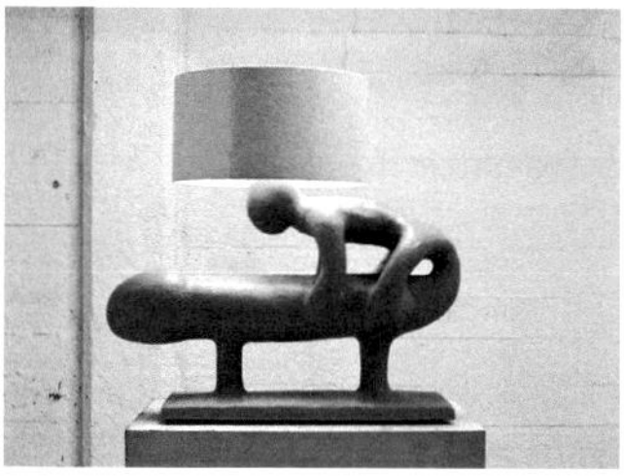

List of illustrations: p. 219, 220: Photos by Césare Peeren | p. 219: Metamorphosis of an insect | p. 220: A tree as a water transporting system – tree in Coimbra | p. 221: Image of an oil refinery. Photo by Edvard Burtynsky | p. 224: Wikado playground in Rotterdam, made from windmill wings. Photo by Allard van der Hoek ©2012Architecten

Grenzen gesetzt werden, diese Projekte werden zu Grenzgängen oder Grenzerfahrungen und sind mit tradierten Vorstellungen von Ethik und Ästhetik nicht in Deckung zu bringen.

Geschmacksbildung. Die Erziehung zum Schönen und Guten | Die Idee einer Erziehung zum Guten und Schönen begleitet die Geschichte von Ethik und Ästhetik seit Anbeginn und erscheint angesichts der vorgestellten Beispiele wohl wünschenswert. Doch lohnt hier ein weiterer Blick in die Geschichte: Erhoffte man sich in der Antike eine Läuterung der menschlichen Seele in Anbetracht des Kunstschönen, so durchliefen die Erziehungsversuche zum schönen, guten und sittlichen Menschen unterschiedlichste, bisweilen auch gewaltsame Konzeptionen, die einen eigenen Aufsatz erfordern, wie viele der Themen, die die Frage nach *Ethics in Aesthetics?* streifen. Knüpfen wir bei Friedrich Schiller an, der in seinen Schriften *Über Anmuth*